马铮 著

图书在版编目（CIP）数据

棋圣 / 马诤著. -- 北京：文化艺术出版社，2025.
6. -- ISBN 978-7-5039-7871-5

Ⅰ.I247.5

中国国家版本馆CIP数据核字第2025KE8806号

棋　圣

著　　者　马　诤
责任编辑　汪　勇　董良敏
责任校对　董　斌
书籍设计　赵　蠹
出版发行　文化艺术出版社
地　　址　北京市东城区东四八条52号（100700）
网　　址　www.caaph.com
电子邮箱　s@caaph.com
电　　话　（010）84057666（总编室）　84057667（办公室）
　　　　　　　　　　84057696—84057699（发行部）
传　　真　（010）84057660（总编室）　84057670（办公室）
　　　　　　　　　　84057690（发行部）
经　　销　新华书店
印　　刷　国英印务有限公司
版　　次　2025年7月第1版
印　　次　2025年7月第1次印刷
开　　本　710毫米×1000毫米　1/16
印　　张　17.25
字　　数　260千字
书　　号　ISBN 978-7-5039-7871-5
定　　价　58.00元

版权所有，侵权必究。如有印装错误，随时调换。

目录

1. 仙界一日内，人间千岁穷 / **001**
2. 闻道长安似弈棋 / **014**
3. 何处逢神仙，传此棋上旨 / **021**
4. 未去交战意，难忘胜负心 / **034**
5. 从来十九路，迷悟多少人 / **041**
6. 玉子纹楸一路饶 / **050**
7. 试坐观胜败，黑白何分明 / **063**
8. 棋圣争霸十盘棋 / **071**
9. 对面不相见，用心如用兵 / **080**
10. 纹枰对坐，谁究此味 / **091**
11. 坐观成败者，安得不惊魂 / **100**
12. 局终一大笑，惊起山云飞 / **110**
13. 选棋圣英雄排座次 / **120**
14. 新样梳妆巧画眉 / **132**
15. 范施骑鹤下扬州 / **144**

16. 山外有山，天外有天 / **155**

17. 十九条平路，言平又岖巇 / **165**

18. 绝艺如君天下少 / **176**

19. 老棋圣往事不堪回首 / **185**

20. 小狐仙挑战范西屏 / **193**

21. 众国手游宴瘦西湖 / **203**

22. 花边围国手之棋 / **210**

23. 范西屏迎娶小狐仙 / **218**

24. 胡肇麟无事生非 / **224**

25. 释愿船一心礼佛 / **234**

26. 施襄夏洞房花烛夜 / **241**

27. 吴敬梓下雨宜弈棋 / **249**

28. 如何一局成千载 / **255**

29. 试观一十九行，胜读二十一史 / **263**

1 仙界一日内，人间千岁穷

历代皇帝中会下围棋的人很多，比较著名的如汉高祖刘邦、唐太宗李世民、宋太宗赵光义、明太祖朱元璋、清圣祖康熙。

这里单说清圣祖康熙。

康熙会不会下围棋，正史中没有记载，野史中却有一些传说，康熙铲除鳌拜以后，在治国方面有意向汉文化靠拢，不仅推行了一些汉制，重用了一些从南方过来的汉大臣，如熊赐履、高士奇等，而且留意汉族艺文，琴书皆造极品，从臣应制赋诗常用险韵，往往不能成篇。不仅如此，康熙还喜欢用一些围棋图谱考校大臣，其一曰"独飞天鹅势"，其二曰"对面千里势"，其三曰"大海取明珠势"。这些图谱类似于现代的大型死活题，也不知是康熙自己想出来的，还是从某本古书上抄来的。大臣们多莫究所以，故不得已，相率上表求免。福建总督魏承谟尝有诗云："分题宣险韵，翻势得仙棋。"又云："恨无才应副，空有表虔祈。"盖当时事也。

皇帝喜爱围棋对朝野影响很大，王公大臣和平民百姓纷纷仿效，在京城及全国范围内掀起一股围棋热。各地的围棋好手咸集京师，干谒公卿，希冀最高统治者的赏识。其中最著名的两大国手就是黄龙士和徐星友。

　　黄龙士有"弈圣"之称，同时高手如何闇公、程仲容、娄子恒、卞邠原、谢友玉等皆望风披靡，纷纷草签"城下之盟"。唯有周东侯勉能抗礼，东侯的棋力原自不弱，但龙士毕竟技高一筹，故常从绵密深稳中出奇制胜。

　　当黄龙士名震天下之时，比他年长的徐星友尚默默无闻，遂从龙士学艺，龙士初让四子，后让三子，倾力相授而无保留，使星友一跃而为国手。从康熙中叶开始，黄龙士、徐星友成为照耀棋坛的双星。

　　这一天，康熙接见著名经学家阎若璩，问他："最近有什么著作？"

　　阎若璩说："臣最近写了一篇文章，专门列举了我朝各行各业的一些圣手。陛下可要看一看？"

　　康熙很感兴趣："带来了吗？"

　　"臣正要呈给陛下，所以带在身边。"

　　阎若璩说着将文章呈了上去。康熙仔细看了一遍，说："你怎么把黄龙士也列在圣人之中？"

　　"臣原说是各行各业的圣人，黄龙士可谓棋界的代表。"

　　"你列举了14个圣人，其中顾炎武、黄宗羲、朱彝尊、汪琬等，皆是学可究天人、文可变风俗的巍然大师，黄龙士不过是个技艺之徒，岂能与这几个人并列为圣？"

　　"黄龙士的棋已出神入化，超凡脱俗，故臣把他列为棋圣。"

　　"那你讲讲，黄龙士的棋究竟有何特点，值得你把他列为圣人？"

　　"臣不懂棋，但据懂棋的人评价，黄龙士实是五百年才出一个的天才。他的棋'寄纤秾于淡泊之中，寓神俊于形骸之外'，'一气清通，生枝生叶，不事别求，其枯滞无聊境界，使敌不得不受。脱然高蹈，不染一尘，臻上乘灵妙之境'。再有内行评价：'龙士如天仙化人，绝无尘想'，'用思尤密，深入奥窍。当危急存亡之际，群已束手智穷，能于潜移默运之间，益见巧心妙用，空灵变化，出死入生'。臣正是根据这些评价，才把黄龙士列为圣人的。"

康熙听了阎若璩的一番话，才开始留意黄龙士，命手下去找黄龙士，把他领进宫来。黄龙士来的时候，还带来一个人，就是徐星友。康熙把二人都封为内廷供奉。

这内廷供奉虽然也是内官，但没有品秩，属于使职差遣之类。像黄龙士、徐星友就是陪天子下下棋，无权也无势，但经常陪在天子左右，倒比其他人更亲近康熙一些。

这一天，康熙帝指着案子上的一个金漆匣子，对黄龙士、徐星友说："这个匣子里有一件东西，你们俩下一盘，谁赢了，我就把这东西赏给他！"

"敢问陛下，"黄龙士说，"匣子里是什么东西？"

康熙笑道："这个暂且还不能说。"

当下黄龙士和徐星友坐到棋桌两旁，准备对弈，康熙也走到一旁观战。

徐星友问："怎么下？"

黄龙士说："自然是猜先了。"

徐星友拿过白棋，笑道："还是我先走吧。"

黄龙士不置可否，康熙帝也知道黄龙士的棋要好一些，对徐星友的谦虚态度倒颇为赞许。

纹枰对坐，从容谈兵，两人一招一式走了起来，徐星友很是认真，对每一着棋都思虑再三，黄龙士却颇不在意，兵来将挡，水来土掩，随手而应。

徐星友的岁数要比黄龙士大许多，实际上两人也真有师徒关系。徐星友出身钱塘世家，家境殷实。但他学棋较晚，曾请黄龙士到家教棋，最初授四子，徐星友进步很快，棋力已达二子水平时，黄龙士仍勉力让三子十盘。双方竭心倾力苦思精索，极尽腾挪变化之能事，对局之紧张激烈，犹如以性命相搏，时人遂命此十局为"血泪篇"。经过这样一个刻骨铭心的阶段，星友一跃而为国手，成为龙士逐鹿棋坛的劲敌。

棋局正处于胶着状态，以康熙的棋力，尚难区别形势的好坏，一时踌躇难定，忽然抬眼看见宜妃从门前走过，就叫："宜妃，你过来一下。"

宜妃一笑，走了进来，后面跟着一个俏丫鬟。

宜妃是康熙最宠爱的妃子，不仅模样俊俏，琴棋书画亦无所不能。

像这样有才有貌的女子，康熙能不爱吗？

且说宜妃上前问："皇上，您叫臣妾做什么？"

康熙说："你看看这盘棋，形势怎么样？"

宜妃走上前仔细看了一回，黄龙士和徐星友正襟危坐，不敢抬头。宜妃说："我一时也判断不清，不如叫连锁瞅瞅。"

"连锁也会下棋吗？"

"我不是告诉过您吗？"

"这我倒忘了，那就让她看看吧。"

连锁走上前，认真点了一遍，回报说："这两位爷的棋真难分伯仲，恐怕要到官子阶段才能分出胜负。"

"你真会下棋？"

"不敢说会，只是奴婢的父亲从小教奴婢下棋，如今也下了十几年了。"

方才黄龙士一听到"连锁"两个字，心里不由得一动，原来在家乡他有位近邻的姑娘，也叫连锁，两人青梅竹马，两小无猜。但自从他告别了家乡父老，四处下棋游学，已有十几年没见连锁姑娘，也不知她变成什么模样了。

好想见见连锁姑娘呀！

趁康熙和宜妃说话，没注意他们这边，黄龙士迅速抬起头，偷瞄了连锁一眼，是他认识的那位连锁吗？好像不是，大大的眼睛，高高的鼻梁，尖尖的下巴，细细的腰……他的连锁没这么漂亮，可谁知道呢，女大十八变，没准就是他认识的连锁呢！

此时棋局已进入小官子阶段，局面微细。徐星友一个劲儿给黄龙士使眼色，仿佛催促他兑现自己的承诺。黄龙士不为所动，仔细审视一下局面，发现他赢得不多，也就是赢一子半子。以他的水平，棋局已经是板上钉钉，稳赢没跑。但是今天他不想赢，只想输，原因是他曾答应徐星友，让他赢这盘棋。这件事说来也很奇怪。赛前徐星友来求他，说："黄师父，您的棋力比我高，胜的盘数也不在少数，下次御前相较能否让我赢一盘，以全我一日之名？"

黄龙士笑说："是亦何难？"

谁知第二天康熙即命二人对弈，并有东西赏赐。黄龙士心说：什么东西呢？无非金银珠宝之类，也不是不可舍弃。既答应了人家，又岂容反悔！只是赢棋容易，将赢棋走输却不那么容易。因为盘面上只剩一子半子的官子，回旋的余地不大。龙士左思右想，颇费了一点工夫，最终将棋局定格在他输半子的形势上。

这个结局也大出康熙的意料，不由得问："就半子吗？"

龙士回答说："就半子。"

虽然只是棋局胜负中最小的半子，但输半子与输一百子是一样的，反正都是输了。

康熙长叹一口气，说："你的棋虽强于他，但命却不如他，奈何？"他命内侍打开案上的匣子，取出里面的东西，打开一看，原来是一纸知府文符，当即赐给了徐星友。

徐星友叩头谢恩。黄龙士愕然半晌，无语。

原来黄龙士为人诚朴不苟，徐星友则机巧百端，善于运动，专一接纳内监，凡内廷之举动，每事先知之。此次康熙下棋赐物的一番举动，徐星友也早得内监密报，故先一日跑到黄龙士处，求黄龙士让他一盘，黄龙士不知不觉便中了他的圈套。

幸亏黄龙士为人比较豁达，当时虽然恼怒不已，过后也就忘得干干净净了。

又过了几天，徐星友拜别朝廷及黄龙士等人，兴冲冲赴任去了，黄龙士依旧内廷当差，专一伺候康熙下棋。

康熙与黄龙士等高手下棋，从来霸气十足，坚持拿黑棋后走，因为当时是白先黑后,所以康熙下棋时往往一把拿过黑棋,一点不懂得谦让。不过话又说回来,一个当皇帝的人又谦虚个什么劲儿呢?

"您的棋力高,您使黑棋吧。"谦虚是够谦虚了,但这样的人能当皇帝吗?

那么,康熙的棋力究竟如何?黄龙士暗自评判:他得让三子,他是国内第一高手,他让三子也可算业余好手了。

康熙下棋常走一些无理的棋,不管你围多大的空,他想进来就进来,你又不敢吃他,只好让他活两眼。康熙管他这种活法叫"花园里面盖小舍",往往自鸣得意。

黄龙士初到内廷,第一次和康熙下棋,双方布局相互围空,等地盘大致划定,康熙便"哐"地打入对方空中,满不在乎,蛮横无理。当时黄龙士年轻,脑袋后头还有几滴未凉的热血,于是就毫不客气地拼命追杀,把康熙的大部分棋吃掉,在场观战的人都捏着一把汗,最后康熙无奈,只好投子认输,拂袖而去,一整天再没露面。

事后,康熙夸奖黄龙士性格耿直,不溜须拍马,是个靠得住的人。

康熙与徐星友也下棋。面对康熙蛮横无理的棋,徐星友分寸拿捏得当,从不赢棋,输也输不多,常在一子半子之间。

所以康熙喜欢与他下棋。

有一次,康熙与徐星友下棋,忽然说:"这么下没意思,朕与你赌点什么好不好?"

徐星友说:"万岁想赌什么?"

"咱们也学学平民百姓,赌点小的,二十两银子如何?"

"臣请万岁让臣二子。"

"你什么意思?平下我还不好赢呢,二子我怎么让得动呢?"

"万岁若不肯让,臣就不敢跟万岁赌银子了。"

康熙想想,说:"也好,我就让你二子,不过有个条件:你要赢了,赏你件黄马褂;你若再输了,就叫内侍把你扔到湖里去喂王八!"

徐星友只好同意,这盘棋他下得格外累,竟比平时还要累十几倍。

试想，他赢也不是，输也不是：赢，他怕康熙不高兴；输，他怕康熙真把他扔到湖里去。

等棋局结束，徐星友数棋，不多不少白棋一百八十一子，刨去贴还的一子，恰恰一百八十子，也就是白棋输了一子。

"这就怪不得我了，"康熙笑道，"让二子你还输，你说，是不是故意的？"叫侍卫："把他扔到湖里去。"

立刻过来四个侍卫，架起徐星友，往外走去，徐星友慌忙叫道："臣手中尚有一子。"

原来他趁数棋偷偷藏起一子，有了这一子，他就赢了。

康熙哈哈大笑。

君臣养颐之乐莫过于下棋。当时有大臣奏曰："黄龙士、徐星友每进新图妙势，悦惑明主，而万机听断，大致壅遏，复恐坐驰睿襟，神气郁滞。"

康熙说："朕非不知，聊避六宫之惑耳，卿等无须上言。"

所谓"聊避六宫之惑"恐怕不是真话，舍不得围棋才是实情，康熙对围棋的嗜好不可谓不深。

康熙平时不仅和黄龙士、徐星友这些国手下棋，也和大臣下，有时在深宫也和嫔妃下。宜妃是他最宠爱的嫔妃，有事没事他也要往宜妃住的地方跑几趟，跟宜妃下棋也就多一些。连锁是宜妃的贴心丫鬟，无时无刻不随侍左右，她会下棋，棋艺比宜妃还高，宜妃下棋还叫连锁过来支着。这一来二去，连锁也成了康熙的棋友，经常陪侍康熙下棋，康熙挺喜欢她的。

康熙喜欢下棋，常找一些"棋势"和"珍珑"考较大臣，这些"棋势"和"珍珑"也不是他自己创作的，而是从大内的藏书中找出来的。有些棋书在社会上失传已久，只有大内才有，大臣们看了，左思右想找不出解法，最后只得一起上疏求免。

这一天，康熙从大内藏书中找来一个"棋势"，叫宜妃破解。宜妃水平有限，就叫连锁一起研究。连锁思考了半天，也破解不了，急出了一头汗。

宜妃说:"万岁,您这是从哪儿找来这么一个棋势?"

"从一本古籍上,"康熙说,"《忘忧清乐集》。"

"什么《忘忧清乐集》?从来没听说过这本书。"

"这是北宋末年大内的棋待诏李逸民写的书,专供宋徽宗御览,大内也只此一本,从未在世面上印行过,你怎么会知道?"

"万岁,这道题太难,臣妾解不了。"

"连锁呢,你解得开解不开?"

"奴婢也解不开。"

"这个棋势其实挺简单的……"

康熙正要动手拆解,忽然有太监来报:"李光地求见。"

康熙正找李光地有急事,商量出兵准噶尔,忙令传见南书房。说着就走了出去,结果把拆解棋势的事忘在了脑后。

这一天,宜妃和连锁在乾清宫外面碰见了黄龙士,连锁就在宜妃耳边说了几句。宜妃笑说:"黄大人,您这是要去哪儿?"

黄龙士说:"下官刚去应卯,现在正要回家去。"

宜妃说:"那你何不到我们那儿去,教连锁下一盘呢?"

黄龙士连忙答应,因为康熙曾下旨让他教宜妃、连锁下棋,这是他职分内的事,倒不敢推辞。

三人来到宜妃的住处,进屋后,连锁就在棋盘上摆出康熙给的棋势,说:"黄大人,您瞧这个棋势怎么解?"

黄龙士是天下第一高手,康熙的棋势再怎么奇妙,怕也难不住他,所以他一眼就看出了答案,但他也不忙把答案说出来,而是问连锁:"你一般遇到这样的棋势都怎么解?"

"也没有固定的解法,"连锁说,"就是瞎蒙呗,不过这个棋势太难了,我解不开。"

"我教你个笨法子,把可能的着点一一试一遍,也许就找到答案了。"

"那要有一百个着点,还要试一百遍哪?"

"哪有那么多，比如这个棋势也就十几个着点……"

宜妃和连锁就照着黄龙士教的法子，一个着点一个着点地试，忽然连锁一拍手说："我找着了！"

宜妃不解，仍一个劲问："哪儿呢？哪儿呢？"

连锁指着棋盘上的一个着点说："黄大人，是不是这里？"

黄龙士说："还是连锁聪明。"

宜妃说："为什么是这一着点？"

"您瞧，"连锁说，"这一着点把两边的征子全防住了。"

这下宜妃也明白了，不由得赞道："果然是好点！"

黄龙士说："这个棋势是唐代国手王积薪在实战中走出来的，即有名的'一子解双征'。"

连锁瞧着黄龙士，眼睛里露出些许钦佩与爱慕之意，宜妃瞧在眼里，微微一笑，忽然问："黄大人，你成家了吗？"

黄龙士说："还没有。"

"把我们连锁许配给你怎么样？"

黄龙士不知怎么回答才好，连锁脸一红："您又拿我开玩笑！"

连锁和黄龙士虽然彼此都有好感，但他们只能藏在心里，不敢说出来。皇宫是个什么地方，岂容想怎样就怎样？连锁是个宫女，皇上的仆人。虽说宫女有个规程：三年一换，然而到时候换不换出去，换出去又花落谁家，均属未知。所以两人虽有好感，但也没抱希望，只是心里有这么个愿望，有时想想也觉甜甜的。

不想两人有缘，俗话说"有缘千里来相会"，缘来了，拦也拦不住，而他们的大媒人居然是康熙皇帝！

怎么回事呢？原来这一天康熙下了朝，来到乾清宫，无聊之际就找连锁下棋，宜妃在一边观战。康熙以为他宰连锁还不三下五除二，手到擒来，谁知连锁棋力原本不弱，自打和黄龙士学棋以来又有长进。而且她年轻气盛，管你皇帝老儿不皇帝老儿，死死守住阵地，就是不认输。康熙和她下棋，竟然比跟国手下棋还费劲，一不留神走了一步勺子，把十几个子送到连锁嘴边，连锁毫不客气，一口吃下，康熙咧咧嘴，只好认输。

康熙输了棋，当着宜妃的面感到下不来台，就叫宜妃去御膳堂传旨，晚上吃点清淡的，宜妃笑着去了。

康熙和连锁继续下棋，这一局康熙可不敢大意了，中盘时看看局势已优，这才大大舒了一口气，心里说："还真有点紧张，平日里看奏章，就算国家大事也没这么紧张过。"看看连锁，唇红齿白，憨态可掬，康熙不由得暗自赞道："清水出芙蓉，天然去雕饰。"

康熙一下就动了心，他虽然是万乘之躯，七情六欲却强于一般人，见了好吃好看好用的东西，就想据为己有。

"连锁，"康熙说，"朕封你为贵人好不好？"

连锁吓了一跳，不知怎么回答才好。

康熙又说："先封你为贵人，以后再封你为皇妃、皇贵妃，兴许还能封为皇后，就看你的造化如何了。"

连锁忙起身拜倒于地，说："奴婢不敢欺瞒万岁，奴婢在家的时候，父母已给奴婢定了亲。"

"这也不是什么大事，"康熙说，"回头叫你主子放你几天假，回去把这门亲退了就是了。"

连锁也不敢再说什么，只好点头称是。

这一天，黄龙士又来教连锁下棋，看看周围没有人，是个千载难逢的大好机会，连锁就对黄龙士说："黄大人，我有事和您商量。"

黄龙士说："什么事？"

"我先问您一句话，您可得如实回答我。"

"好，如实回答。"

"那我问您，您可喜欢我？"

黄龙士蒙了，不知怎么回答才好，要说喜欢他是真喜欢，可他不敢回答喜欢，因为有礼法拘束着他。

两人正说着，忽然外面有说话声，由远渐近，两人也就闭嘴不说了。

连锁鬼机灵，拿毛笔写了个字条，塞给黄龙士，黄龙士偷偷一瞧，上面写着："明天中午，同和居见。"

同和居是北京的一个饭馆，有名的八大楼之一。连锁因为经常外出替宜妃办事，对同和居比较熟悉。

第二天中午，黄龙士早早就来到同和居，挑二楼一个雅座，沏一壶花茶，等连锁。左等也不来，右等也不来，黄龙士想放弃，又怕人家真来了，正犹豫间，却见一个小厮打扮的俊俏后生怯生生走上楼来，仔细一瞧正是连锁。黄龙士忙起身招呼连锁过来坐下。连锁说"饿了"，黄龙士叫来伙计，点了三个菜：盐爆散丹、红烧牛尾、银签烤肉，都是同和居的招牌菜，一会儿菜来了，两人边吃边聊。

"你昨天的一席话，可真叫我吓了一跳。"黄龙士说。

"什么话？"连锁说。

"就是什么喜欢不喜欢……"

"昨天我也是急了，要不我怎么会说出那么不要脸的话。"

"什么事那么急？"

"万岁爷说要封我为贵人。"

"恭喜姑娘！"

"可我不愿意当贵人。"

"贵人你都不想当，那你想当什么？"

"就像黄梅戏里唱的'夫妻双双把家还'，做个平民百姓我就满足了。"

"可你能逃出万岁爷的手心吗？"

"逃得出逃不出也得逃逃看，反正我是不当这个贵人。"

两人说了半天，连锁又问起关键话题："您还没回答我，到底喜不喜欢我？"

"这真叫我难以张嘴……"

"您得说心里话，喜欢就是喜欢，不喜欢就是不喜欢，说出来咱们好商量下一步！"

"喜欢!"黄龙士终于说出了心里话,他十分佩服连锁这个丫头,不羡慕荣华富贵,甘愿当平民百姓,这样的姑娘不喜欢,还想喜欢什么样的人?

"这么说,您是愿意帮我逃走了?"

"愿意,跟你一起逃走也行。"

两人商量了半天,越谈越亲热,真像小两口一样。又过了两天,连锁奉宜妃之命,回老家退亲。这是奉康熙的口谕,宜妃虽然心里不太愿意,也不得不遵命照办。

连锁出了皇宫,会着黄龙士,两人雇了辆车,神不知鬼不觉离了京城,向南而去。两人也不敢回老家,怕康熙派人追捕他们。黄龙士的老家是江苏泰州,连锁的老家是浙江台州,两人远远避开,找了一个谁也不识的陌生地方安顿下来,一心一意过日子。

黄龙士和连锁秘密逃亡,一开始康熙也被蒙在鼓里,但连锁长期不归,黄龙士也不知去向,康熙是何等聪明之人,立刻将两人的失踪联系到一起。心说:技艺之徒也如此狂妄,竟敢将朕喜爱之人拐走,是可忍孰不可忍!遂下旨全国通缉黄龙士和连锁,特别安排人去两人的老家访拿,折腾了半年多也没个结果,时间一久,康熙捉拿两人之心也渐渐淡了下去,觉得黄龙士是个人才,就这样丢失了,对朝廷也是个损失。但一想起连锁的可爱动人之处,竟然便宜了黄龙士这小子,心里毕竟有点愤愤不平。

黄龙士和连锁隐居乡间,过着平淡的生活,对连锁倒还无所谓,对黄龙士则是个重大牺牲。他是全国围棋第一高手,声誉日隆,可从此再也不能公开下棋,只能隐姓埋名,老死乡间,对于一个名震大江南北的国手,该是一件多么痛苦的事!

但是黄龙士认为值得,为了连锁值得,平生能得一知己于愿足矣,他甘愿为了连锁放弃他辉煌的棋艺生涯。

随着岁月的流逝,黄龙士隐姓埋名这桩事竟成了一桩悬案。围棋史书上说:一代国手黄龙士,三十岁出头,突然从国内棋坛消失,不知去向。从黄龙士所遗棋谱看，他既未与范西屏、施襄夏对局，也未与范、施之前的程兰如、梁魏今对局。一般史家认为他中年早逝。其实这段时间他正和连锁结为夫妇，隐居乡间，粗茶淡饭过日子呢。但是知道这段隐情的人只有康熙和宜妃，两人一去世，就没人知道了。

　　史家也说不清楚，随着时间的推移，黄龙士中年早逝就成了一桩历史悬案。

2 闻道长安似弈棋

康熙五十八年,围棋国手徐星友赴京述职,住在前门外王升客栈。

一天中午,店小二来找徐星友,说有客来拜。徐星友出外一看,原来是张闲如,此人广有钱财,喜欢交友,在京城棋界也是大大有名。徐星友在京当朝廷供奉时就认识他,但自从他外放到杭州做知府,两人已有七八年没见面了。

张闲如作揖说:"徐大人一向可好?"

徐星友回礼说:"托福,托福。"

张闲如说:"闻徐大人来京公干,京城几位棋友特备小酌,为徐大人接风。"

徐星友正闲得无聊,想找个饭友,遂跟张闲如来到同和居,见到几位棋友,原来都是熟人,寒暄了几句,入座吃了起来。

席间几位棋友介绍说,京城棋界新近来了一个年轻人,名叫程兰如,很是厉害,自称"奉饶天下棋先",此人爱穿一身白袍,人称"白袍小将"。

"年轻人不知天高地厚,说点大话也是有的,"徐星友说,"你们几位跟他交过手没有?"

"这倒没有，"那几位说，"不过跟他有过接触的人说，他既无师承，又不看谱，鏖战中时出巧着，他的棋自成一路，很难对付。"

"若如此其人恐怕天分极高，倒有可能成为一路诸侯。"

张闲如说："徐大人愿意不愿意跟他约一盘，也好试试他的清浊？"

徐星友说："恐怕时间不允许。"

"徐大人若不出面，北京城怕就没人能抵挡他了。"

那几位棋友都说："自黄龙士失踪以来，京师棋坛越发凋零，竟难恢复昔日鼎盛时的景象了。"

"徐大人，"张闲如说，"近日可有黄龙士黄大人的消息？"

"没有。"

"北京这边倒有一些消息。"

"什么消息？"

张闲如一笑说："都是一些无稽之谈，不说也罢。"

几个人又把话题转到"白袍小将"身上，说老一代棋手逐渐凋零，棋坛改朝换代怕是不免。

一席话勾起徐星友的兴趣，说："既然如此，不妨跟他约一盘，也好看看我这员老将还行不行。"

众人见徐星友答应与白袍小将一战，都很高兴。张闲如又告诉徐星友：白袍小将已被康熙皇帝的儿子雍亲王胤禛收为客卿，现正住在胤禛的府邸。

饭后，张闲如又自告奋勇充当徐星友的信使，去雍亲王府邸下战书。

程兰如一听来挑战的人是徐星友，不由得吃了一惊，但他也无可推托，因为他迟早要过徐星友这道坎，否则他也很难成为国手。

接下来双方商讨比赛事宜，在比赛用时方面，程兰如提议，由一日改为三日。张闲如跑去找徐星友商量，徐星友也是慢棋，由一日改为三日正中他的下怀。

比赛那天，徐星友早早来到雍亲王府邸，只见府邸人来人往，熙熙攘攘，这都是前来观看比赛的人。听说老国手徐星友挑战白袍小将程兰如，京城棋友无比兴奋，咸以为这是多年未见的棋坛盛事，无不欲先睹为快。

徐星友先见过雍亲王胤禛及诸王公大臣，又见到各位棋友，接着张闲如引白袍小将程兰如来见。徐星友对这位棋坛新人印象不错，英俊潇洒且不说，态度也极为谦恭，完全不像他人所说"奉饶天下棋先"那样张狂。

比赛开始，双方猜先，程兰如猜到白棋先手，心中暗暗高兴。当时没有贴子的规定，执白先走极为有利。据后来日本某些高手推算，先行的一方大约有十目棋的优势。尽管如此，程兰如也不敢掉以轻心，行棋极为小心谨慎，踌躇一子，历时数刻。

徐星友也格外谨慎，不敢大意。第一天双方只走了三十几步棋，棋盘上寥若晨星。

第二天，双方开始了接触战，速度加快。几经折冲下来，双方应对无误。旁观者认为局面两分，但对局者却有不同看法。尤其是程兰如，暗暗心惊，感觉徐星友确实厉害，原因是不知不觉中局面已向黑方稍稍倾斜。程兰如仔细计算了一下，黑方多半子到一子的样子。也就是说，黑方不仅挽回了白方先行的优势，而且还稍稍超出一些。

"哪儿走错了呢？"程兰如想了半天也没弄清自己到底哪儿走得不对。幸亏对方的优势不大，只有半子到一子的样子，但要挽回则难上加难，因为现在盘面上只剩一些官子，像徐星友这样的高手是很难再犯错误的。

程兰如低着头，不再走棋，像是在深入思考，其实他也不知怎么办才好。

这一天直到结束他也没再走棋，差点没把众棋友耗趴下，大家不由得喻喻营营，怨声载道。程兰如看看时候差不多了，提议封棋，然后回家，准备利用晚上的时间，彻底研讨一下局面，商量对策。

晚饭后，众棋友齐聚雍亲王府邸的议事厅，研讨棋局。雍亲王亲自主持，他说："万岁爷对这局棋也很有兴趣，晚饭前曾把我召去，询问这局棋的战况，我说局面还差不多。话虽如此，但我心里却没底。你们说说，局面究竟如何？"

众人随声附和说："确实差不太多。"

"程先生，"雍亲王说，"你以为如何？"

程兰如说："形势微细，但我恐怕稍亏一点儿。"

雍亲王说："一点儿是多少？"

程兰如说："半子左右吧。"

雍亲王说："梁先生，您的看法呢？"

雍亲王问的这个人，名叫梁魏今，也是当时的一位绝顶高手，与程兰如并驾齐驱，两人曾反复较量，可谓工力悉敌，其他好手则难与二人争锋。

此时梁魏今见雍亲王问他，遂回答说："我与兰如的看法相同，是稍亏一点儿。"

"难道就无法挽回了吗？"

"目前盘面上只剩一些官子，"众人说，"徐星友的官子又称天下第一，想让他犯错误，可谓蜀道之难，难于上青天了。"

"不管怎么说，也得想出点办法。"雍亲王说，"刚才万岁爷说，程兰如是年轻人，徐星友是老头子了，年轻人要是还赢不了老头子，那棋坛还有什么希望？"

"既然万岁爷都这么说了，"众人笑道，"咱们好歹也要想出办法来，帮兰如赢下这盘棋。"

于是众人纷纷出谋划策，提出几套方案，又一一否决。

雍亲王说："梁先生，你一向足智多谋，你给出个主意？"

"我倒是有一个方案，但还不太成熟，"梁魏今说，"还是先听听大家的吧。"

众人都说："这都什么时候了，还拿捏什么，有话就快说吧！"

"那我就说说，"梁魏今拈起一颗黑子，放在棋盘上，"请诸位参详参详。"

众人定睛一看，只见那颗白子投在黑空中，上不着天，下不着地，被黑棋截断后，也退不回来，这不是白送吗，不知梁魏今是什么意思？只见他先在黑空右下断了一手，这是先手，黑必应。接着又在黑空左上打吃两子，然后一路打去……在座的都是高手，眼睛逐渐放光，脸上也现出笑容，原来白棋一路打去，正好快一气吃黑。

众人又细细拆解了几回，发现黑棋无解。梁魏今的这手"空投"，可谓"天赐妙手"，一旦打在棋盘上，黑棋毫无办法，败局已定。

"梁兄，"程兰如起身抱拳，鞠了一躬，"谢谢你帮小弟渡过一劫！"

"好说，好说，"梁魏今笑道，"不过咱们这么做，可有点对不住那位老国手了。"

"怎么呢？"

"下棋是两个人的事。观棋不语真君子，"梁魏今说，"像咱们这样聚众研究，暗中策划，公开讨论，不是有点欺负人家吗？"

"围棋如兵法，孙子曰：兵者，诡道也，"雍亲王说，"两个人下棋若都像你说的这样，如谦谦君子，你敬我一尺，我敬你一丈，那还怎么分出胜负？"

"王爷说的也是，唐代诗人皮日休不是说过，棋有害、诈、争、伪，"梁魏今说，"不害则败，不诈则亡，不争则失，不伪则乱，是弈之必然也。"

"表面上咱们好像是欺负徐星友，实际上对棋艺的提高也有好处，你想，若不是咱们这么些人研究讨论，你那着'天赐妙手'能想出来吗？"

"王爷说得不错，果然是棋高一着，"众人道，"害诈争伪就害诈争伪，说出大天咱们也不能让徐星友把棋赢了去！"

"程先生，你有把握吗？"雍亲王说。

"有梁先生这招'天赐妙手'，我有把握！"程兰如说。

"你估计能赢多少？"

"一子左右吧。"

第二天，比赛继续进行。

一上来程兰如即打出他们研究好的"天赐妙手"。徐星友初不以为意，但是他越瞧越心惊，先是愕然瞧瞧程兰如，继而叹气摇头，最后汗也下来了。他足足想了一个多钟头才应了一手，虽然勉强守住了空，但也被白棋巧妙吃去三子，最终这盘棋徐星友输了二子。

又过了几天，康熙皇帝抽空召见了徐星友，问他："你最近可曾见过黄龙士？"

徐星友说："没有。"

"知道他的下落吗？"

"不知道。"

"一点消息都没有吗？"

"没有。"

"你可真是一问摇头三不知啊。"

"臣真不知黄龙士的一点消息。"

"这个人也真怪，都这么些年了，还怕什么？也该露露面了。"

"臣也不理解他为何如此深藏不露，为此外人生出许多闲话，弄得臣里外不是人，枉担了许多不白之冤。"

"你担了什么不白之冤？"

"有一则闲话说，臣嫉妒黄龙士声望比自己高，乃延请他到家中，饮食供奉极为丰腴，乘间蛊之以声色，三年，黄精力耗竭，遂死。还有一则闲话说，臣请了几个高手，在家中摆了三盘棋，问黄龙士：'敢不敢以一敌三？'黄说：'何不敢之有！'东奔西顾而弈，弈竟黄胜，然这天夜里遂吐血而死……"

"这两则闲话还有点意思，都说黄龙士死了，"康熙哈哈大笑，"你以为如何，黄龙士死了吗？"

"臣以为不会死，黄龙士要活着到今年也不过四十来岁，他怎么会死呢？"

"有一个叫阎若璩的人，你认识吗？"

"臣不认识。"

"是个经学家，他以前写了一本书，把黄龙士列为当代十四圣人之一。"

"何为圣人?"

"阎若璩所列圣人,如顾炎武、黄宗羲、朱彝尊、汪琬等,皆是学可究天人、文可变风俗的巍然大师,阎若璩能将黄龙士与这些人列在一起,可见对他评价之高。"

"棋艺只是游戏、小道,恐怕难与经史、文学相比肩。"

"你回去以后,留心一下黄龙士的消息。若有他的任何消息,立刻派人前来禀告朕。"

"臣遵旨。"

康熙本是好意,想见黄龙士一面,对他有所怀念,但黄龙士犹如石沉大海,一直没有消息。

一代天骄就此烟消云散,令人疑惑不解。

难道黄龙士已驾鹤西去?

3 何处逢神仙，传此棋上旨

浙江海宁是个人杰地灵的好地方，例如著名的钱塘潮也被老天爷转移到海宁来了。想要观看钱塘潮，在杭州是看不见了，只能到海宁去看，看那惊心动魄的天下奇景。

康熙朝末，在海宁的一个小镇上诞生了一个婴儿，天赋异禀，对围棋很有兴趣。三岁的时候，见父亲与客人下棋，即"牙牙指画之"，客人无不惊异，都说："此儿将来定会以弈名天下！"

孩子的父亲姓范名百里，给孩子起名世勋，字西屏。

范百里是个老棋迷，整天下棋，不善治家，结果"好弈破其家"，而"弈卒不工"。遂把希望寄托在儿子身上，亲自教他下棋，还聘请县中好手郭唐镇、张良臣担任教师。

一天，有棋友来找范百里下棋，范百里不在，只有范西屏在，客人也听说过他的一些事，心里说："不过是一个小孩子，棋能好到哪儿去？"就把他抱在膝上，说："你父亲不在，你跟我下一盘棋，好不好？"

西屏说："好，我跟你下。"

客人怜其幼，问："让你几子？"

西屏跪在椅子上说："我是主人，您是客人，愿让客先。"

棋客笑而从之，刚下数着，棋客已感西屏出手不凡，遂皱眉苦思，好久才下一子，西屏即随手支应，又跑到阶下嬉戏。棋客害怕损名，借故遁去。

西屏天资聪颖，七八岁时即能与郭、张两位老师抗衡，郭、张遂知难而退，建议另请高明。

时山阴俞长侯弈名远播，是除徐星友、梁魏今、程兰如之外的高手。范百里携西屏慕名前往，拜俞长侯为师。在长侯的悉心指导之下，西屏的棋艺进步很快，十二岁时已与老师齐名。

这一年，十一岁的施襄夏也拜在俞长侯的门下，和西屏日夕切磋，如鱼得水。

施定庵，字襄夏，出生在一个世代书香门第。其父是多才多艺的封建士大夫，"工诗文、擅书法、兼画兰竹。晚岁家居应酬之暇，常焚香抚琴，对客围棋"。襄夏自幼入塾，性拙喜静。课余见父亲抚琴、围棋，闻声心慕，请问其旨，父亲说："琴尚淡雅而鄙繁支，棋贵虚灵而病黏滞。汝羸弱多疾，琴尤宜也。"襄夏先是学琴，后来还是嗜好围棋。

两位少年资质不凡，技艺突飞猛进，长侯既高兴又惊奇，为让他们开阔眼界，长侯曾携二人前往杭州，拜访前辈国手徐星友。星友授三子指导，勉励有加，并赠以他写的《兼山堂弈谱》。西屏和襄夏如获至宝，潜玩经年，技艺愈加成熟。

雍正元年西屏十五岁，相传这年"西屏与长侯弈，受先十局，长侯皆北，自是师徒不复对垒"。说明两人师徒名分虽在，但西屏的棋艺水平已超过老师许多。

这一天，朝廷大臣刘墉路过海宁，他是一个围棋高手，国手梁魏今、程兰如让两子的水平。闲暇无聊，想找一个当地好手切磋一盘。诸乡先生以西屏应召，等西屏来后，刘墉一看，是个少年，甚为惊奇。两人一共下了三盘棋，刘墉全输了。

诸乡先生私下对西屏说："刘公深受皇帝宠信，你何不假装输几盘，怎么能屡屡获胜呢？"

西屏艴然说:"围棋固然是小技,但利用它溜须拍马,我感到羞耻。刘公是一位贤者,岂会因此怪罪我呢?"

刘墉听说后,对西屏愈加器重,问他:"你跟梁魏今、程兰如怎么下?"

西屏说:"这二位都是前辈,是我学习的榜样,我跟他们二位还没下过。"

"那你跟我一块回北京,会会他们二位如何?"

"这得问师父。"

后来西屏真的问师父,他可不可以会会梁魏今、程兰如?

"现在海宁还有一个方渭津,"俞长侯说,"你要是能打败他,就够火候去会会程兰如、梁魏今了。"

方渭津是海宁一位少年高手,当时与西屏齐名。西屏决心打败他。

这一天西屏走了很长的路去找方渭津,说要与他决一死战,说着两位少年便噼里啪啦下了起来,这一天两位少年共下了三盘棋,西屏1比2反倒多输了一盘,再要下,天已经快黑了,西屏只好告别方渭津回家。

一路上,西屏自怨自艾,懊恼万分。此时天已完全黑了下来,西屏正走在山路上,欲退不能,只得鼓勇前进,希望能找到一两户人家,胡乱借宿一夜,谁知走了老大一程,也不见半个人影,但觉古木森森,冷风凄凄,不由得心里发慌。

正心惊胆战之际,忽然发现林中透出一点灯光,奔过去一看,原来是一间农舍。西屏不禁大喜,当即叩门求宿。一位老者前来开门,问明来意,笑着应允。

西屏进到屋内,不由得一怔,原来房屋虽小,却清雅异常,文房四宝,古玩字画,一应俱全,老者也是鹤发童颜,精神矍铄,西屏心中暗暗称奇。

老者说:"后生夜晚投宿,想来未用晚餐,舍下还有粗茶淡饭,若不嫌弃,便请一用。"

西屏正饥肠辘辘,当即狼吞虎咽,吃个干干净净。

吃完饭后，老者说："清夜良宵，客官可有兴趣手谈一局为乐？"

"原来老先生亦喜此道，"西屏说，"晚生自当奉陪。"

老者拿出棋盘、棋子，西屏心想："我受人家如此款待，总得认真指导他一局才是。"

老者微微一笑说："我与后生有缘，可以指导一局，先置四个子吧。"

西屏闻言，险些被气破肚皮，心里说："你竟敢口出狂言让我四子！"又一想："既然投宿人家，又吃了他的饭食，倒不便计较，罢了，就先摆上四子，拿这老儿开开心也好。"

谁知十数手后，西屏发现老者棋风飘逸，进退有度，间有妙手，所占皆为要点。西屏勉强应付，左支右绌，早已汗流浃背。

下了百余手，老者打着哈欠说道："下完了吧，还下吗？"

西屏正窘迫至极，忙说："打挂、打挂，明日再续不迟。"

老者双眼一瞪，厉声叱道："不知死活的东西，全都死光了，还不自省，真是蠢材！"说着抓起棋盒迎头掷来。

西屏"啊呀"一声，猛然惊醒，但见月明星稀、古木环绕，原来是南柯一梦。

自此以后，西屏的棋力大涨，再找方渭津下棋，不消几个回合便将他杀得大败，方渭津无奈，高挂免战牌，再不敢和西屏下棋了。

但赢方渭津，只是赢一个地区高手，并不能说明什么，只有赢全国顶尖高手，才能证明价值。

事后不久，俞长侯也提到这个问题，问两位徒弟："你们想不想争天下第一？"

两位徒弟异口同声地说："想啊，当然想了！"

"你们知道怎么争天下第一吗？"

"不知道。"

"要想争天下第一，捷径就是打败顶尖国手，比如梁魏今、程兰如这些人。"

西屏说："您以为我们已可以和梁魏今、程兰如分庭抗礼吗？"

"我感觉你可以,襄夏稍微嫩一点,但让先没问题。不过这只是我这么一说,不真刀真枪较量一下,谁也不知道。"

"窝在这个地方,怎么找梁、程二人较量呢?"

"窝在这个地方不行,你们要出去闯一闯,直接去北京吧。"

于是西屏和襄夏辞别师父,一起来到了北京城。一打听,梁魏今、程兰如都不在,外出访友下棋去了。去了哪儿?众棋友说:两人如闲云野鹤一般,也不知去了哪儿。

西屏和襄夏无奈,又去找刘墉。刘墉一见两位翩翩少年,十分高兴,把他们安置在自己家里款待。

康熙、雍正、乾隆年间,朝廷的达官贵人中盛行围棋,也常延请高手到家下棋,因此四方善弈者咸集京师。

爱好下棋的朝廷大佬们都知道西屏在江南一带已很有名气,但究竟如何,谁也没有亲眼见过,心里不免存些疑惑。

当时有一位姓黄名得功的老国手,常在达官贵人家走动,擅名已有二十余年。有几位当朝大佬从中撮合,拿出一千两银票,权当彩头,邀请二人一决胜负。

消息不胫而走,很快传遍京城,大家都想一睹为快,新老国手谁更厉害。

有人见西屏年少,就偷偷关照他说:"这个姓黄的心胸狭窄,阴险狡诈,二十年前就曾将一位高手逼得吐血而死,你可要小心了!"

西屏听说后很觉奇怪,忙问是怎么回事。

那人说:"我看你年纪轻轻,恐怕经事不多,哪里知道这里面的利害,待我从头讲起……"

原来二十年前某部郎家有一位姓韩的年轻秀才,本也是弈中高手,但大家并不知晓。有一天,部郎邀请这位姓黄的国手来家下棋,韩秀才在一旁观战,事后对部郎说:"黄某的名声虽然很大,但据我看,他于攻守之法还有不到家的地方,谁说不能胜他?"

部郎诧异地说:"听你的意思,是想与他一战?"

韩秀才笑说:"也没什么了不起的!"

部郎表面似有赞许之意,内心却认为韩秀才说大话。年轻人眼高手低,哪里知道国手的厉害,让他吃点苦头也好。于是派人去请黄得功,说家里来了一位好手,想请教一盘。一开始黄得功还推三阻四,先说某王爷请,又说某国公请,竟不得空闲。

来人从怀里掏出一锭银子,说:"我家主人知道先生从不白下,这是十两银子,权当车马费,过后还有五十两银子送给先生。"

黄得功一听有钱可拿,也就欣然前往。等见到韩秀才,原来十分年少,心里就有点瞧不起他。

两人在棋盘两边坐下,黄得功发话说:"怎么下呢?"

韩秀才说:"初次见面,自然是分先了。"

"我有一个规矩,凡不认识的人,初次对局一律让六子。"

"天下纵然有让我六子之人,只怕还没有出世呢。"

"无规矩不能成方圆。想我堂堂国手身份,岂能随便与人分先对局?"

部郎见二人争执不下,便说:"黄先生且请息怒,听我一言如何?"

"请大人指教。"

部郎说:"黄先生与人下棋理应授子,但韩秀才年少,不知天高地厚。黄先生何不给他一个教训,也让他知道'山外有山,天外有天'的道理?"说着叫人拿出几封银锭,说:"这是二百两白银,谁赢了就归谁,如何?"

黄得功暗想:对下还不跟砍瓜切菜一般,先把二百两银子弄到手再说吧。因说:"既然大人说情,我就破一回例。不过起码也要让先,分先是万万不能,省得人家说我为了两个臭钱,自贬了身份。"

韩秀才见他既要面子又不舍财,竟要一箭双雕,不觉微微一笑,顺手拈起一颗白子,轻轻放在"天元"上。这步棋不能说是坏棋,但对高手来说,布局之初就走"天元",则稍微有损实利之嫌。尤其是下手对上手,第一步就这么走显然含有轻蔑的意思。

黄得功一见顿时气冲两肋，心里说："好小子，竟敢如此无礼，早晚叫你死在我手里，方知我的手段！"他当下忍住气，抓起一颗黑子，"啪"的一声，重重打在棋盘上。

两人你来我往，几个回合之后，黄得功就感到韩秀才出手不凡，每步棋都应在裉节上，叫人分外难受，稍一用强，顿时陷入窘境，好不容易突出重围，早已累出一身臭汗。

黄得功心里老大吃惊，不由得小心谨慎起来。按说他这个国手也非浪得虚名，肚子里的骗着少说也有几千种，而且花样翻新，层出不穷。眼见局势已非，他就设下几个"套子"，故意露出破绽，专等秀才上当。谁知韩秀才根本没当回事，随手而应，不假思索，轻轻松松将他的几个"套子"化解于无形。

那一天两人一共下了三盘棋，黄大国手三战三北。第三盘棋也只下了一半，黄得功突然捂着肚子，紧皱眉头喊"疼"，部郎忙问："怎么啦？"

黄得功说："抱歉，今天旧病复发，精神实在难以支持，等明天病好了，我再与韩先生一决胜负吧。"说着起身拱手告辞。

部郎说："黄先生慢走，请将这银子拿去。"

黄得功脸一红，说："这怎么好意思呢……"

"这五十两是原先就说好的，至于这二百两嘛，就等先生病好了再来拿吧。"

"恭敬不如从命，那就多谢大人了。"黄得功讪讪接过银子，垂头丧气而去。

这一战的影响非同小可，没几天整个北京城都知道了。

棋友们街谈巷议，议论纷纷。

"听说了吗，黄某被一个不知名的后生连败三局，这一下面子可丢大了！"

"姓黄的平日趾高气扬，见人爱搭不理，连他爹姓什么都忘了，不想也有今日！"

……

　　自此之后，黄大国手的身价有所跌落，韩秀才的名字也渐被人知。但他得意之余，却不知有一场阴谋正偷偷向他逼来。

　　一日，某王爷的人来找韩秀才，说王爷听闻他大名，请他去下棋。韩秀才正患病，本不想去，但又不敢得罪王爷，只好勉强应命。

　　来人叮嘱他说："我们王爷什么都好，就是脾气不大好。赢了棋比抱座金山还高兴，输了棋就想杀人。你可小心伺候，万一有什么差错，可就吃不了兜着走了。"

　　韩秀才听后，心中颇生怯意，但他一个小人物如何能掌握自己的命运？只好硬着头皮去见王爷。

　　王爷见他来了也很高兴，说："听人说你赢了黄某三盘棋，没想到竟这么年轻。"

　　韩秀才说："那是黄先生有意相让，晚生赢得实在侥幸。"

　　王爷说："我这个人也没别的什么嗜好，就是喜欢下棋。这两天没棋可下，饭也吃不香，觉也睡不着，没着没落，竟比不抽大烟还难受。你来了就好，我们下两盘解解闷儿。"

　　说着叫人拿出一块古色古香仿唐雕花榧木棋盘，一副名贵的玛瑙棋子，在桌上摆正。那棋盘身份倒还有限，但那棋子却极有来历，白子名曰"鱼冻"，黑子名曰"猫眼"，据说一枚棋子要值一百两银子，所以这副棋子已是一笔不小的财产。

　　两人先后在棋盘两边落座，有人上来在棋盘四角星位各摆一枚座子。王爷说："我跟黄某下棋，让他一先，我也让你一先吧。"

　　韩秀才说："我的棋力不如黄先生，还请王爷让两子才好。"

　　"这样吧，我们先让一先下一盘，如果你实在抵挡不住，我再让你两子，如何？"

　　"只怕晚生出乖露丑，叫王爷见笑。"

　　说着他拈起一枚白子，恭恭敬敬放到棋盘上。这一回他可不敢张狂了，而是小心翼翼专走些平易、常见的着法。没多久他就发现，王爷的棋力并没他想象的那么高，而且经常走一些无理的着法，只要见他的空大一点，就不管不顾"啪"地打进去。可秀才哪里敢杀王爷，怕他生气，只好假装攻杀一番，最后还得让他两眼做活。

王爷见棋活了，嘴里不由得哼起了京剧"长坂坡"，又念白说："山人张翼德，于千军万马之中取上将首级如探囊取物……"又说："圣祖爷管这叫'花园里面盖小舍'，你看，不多不少只两扇窗户，怎么样？"

韩秀才说："果然高明，晚生佩服得五体投地。"

这一局下得别提多累了，为什么呢？王爷的棋太差，想输他也不容易。收官子时韩秀才故意一损再损，看看盘面还有十目左右，又让王爷白吃五子，总算差不多了。但他又不想输，怕被王爷看轻。所以数着空，一目一目计算，格外劳神，最后总算走成了和局。

第二局与第一局相仿，在韩秀才的惨淡经营之下，又成和局。

王爷连称"厉害"，但韩秀才是何等聪明之人，早从王爷脸上觉察到一丝不豫之色。心里明白，这第三局是只能输不能和了。但输棋也要像那么回事，不能一塌糊涂，让王爷瞧出是有意相让。要经过一番激烈厮杀，而局面却呈胶着状态，最后王爷虽然赢了，也要让他感到侥幸，感到突然，有意外的惊喜。

王爷高兴了，目的也就达到了。

韩秀才的战略可谓一心求败，但要贯彻始终也相当劳神。他虽然是高手，但这盘棋也让他费尽了心机，少说费了十万脑细胞。

终局数棋时，王爷的脸色相当严峻，他直感形势微细，但谁输谁赢却没数清楚。

屋子里的气氛十分凝重，似有一股杀气。只有韩秀才一人知道结果，但他两眼发呆，面色发绿，坐在那里如木乃伊一般。数棋的是王爷的一个清客，但属滥竽充数之类，所以他也判断不清，心怀忐忑，怕担责任。数棋的手哆哆嗦嗦，但他最终数清楚了，黑子共一百八十一枚，王爷胜半子。

"哈哈！"王爷顿时眉开眼笑，众人也都松了一口气，屋子里的气氛也一下变得祥和安谧。王爷眉飞色舞地说："终盘以为不行了，谁知关键时刻竟弈出天赐妙手，冥冥中有如神助一般！"又对韩秀才说："你的棋比黄某厉害，我跟黄某下棋，还从来没这么费劲呢。"

韩秀才苦笑不语，他想说些感谢的话，可努了半天劲也没说出，只觉头晕目眩，五内翻腾，别人看他好好坐着，实际上他是勉强支持，恨不能一头栽倒。

这三盘棋竟比平日下三百盘棋还累，他的精力已如灯油耗尽。

王爷赢棋了，高兴了。高兴的时候，他是个仁慈和蔼的王爷，出手也很大方。韩秀才虽然输给了他，但他并不想抹杀人家的功劳，随手就赏给他一千两银票，并说改日还要向他请教。

韩秀才千恩万谢，拜辞而去。

出了王府大门，韩秀才只觉两腿发软，实在支撑不住，一屁股坐在石阶上，喘息不止。休息了老半天，方缓过一点劲儿来。起身想找辆马车代步，正四下张望，忽见黄得功从街角转了出来，身后还跟着几个人。

"幸会，幸会。"黄得功走过来，拦住韩秀才的去路，"我正说去找韩兄呢，不想竟在这里相遇，真是天从人愿。"

韩秀才说："黄先生找我何事？"

黄得功说："韩兄何必明知故问，上次我因病输了韩兄几盘棋，耿耿于怀，竟无一日忘记，今日愿各展所长，决一雌雄！"

韩秀才说："我刚与某王爷下了半日的棋，精神实难支持，容我休息两日，再向黄先生请教如何？"

韩秀才苦辞再三，但黄得功纠缠不休，忽然使一个眼色，跟他来的人将韩秀才团团围住，七嘴八舌地说："黄爷是何等身份，黄爷要跟你下棋，那是瞧得起你。小子，别敬酒不吃吃罚酒……"不由分说，连推带扯将他架起就走。韩秀才也不知这是些什么人，害怕不是良善之辈，身不由己，被众人拥至一处酒楼。

上了二楼，拣一处靠窗的桌子，韩秀才被强按在座位上，两边站着"保镖"。有人从布袋里拿出棋盘、棋子，摆放在桌子上，看来倒不是巧遇，完全是有备而来。

黄得功说："诸位，今天我与韩先生一战，乃生死之战，所以要请诸位做个评判。我要是输了，就从这扇窗户跳下去，诸位也别拦我，任我死就是了。韩先生若输了，咱们也别逼人家跳楼，只叫我一声'师父'就行了。"

有人说："光叫师父不行，还得学韩信钻裤裆！"

又有人说："口说无凭，立下字据！"

说罢一齐叫茶房借笔墨。

韩秀才说："黄先生，这下棋乃斯文之事，总不成'牛不喝水强按头'吧？"

黄得功说："也罢，韩兄也是读书人，想必不会学市井小人赖账吧？咱们摇头不算点头算，只要你点头，这字据就免了吧。"

韩秀才百般无奈，只得点头应许。

他心里抱有一丝侥幸，以为自己的棋比黄得功多少强一点儿，但他方才与王爷周旋，精力消耗过大，身体虚弱，头脑如灌铅一般。况且人家有心做局，而他却无心恋战，所以那形势也如和尚头上的虱子——明摆着，棋还未下，败局已定。

大抵下棋的人心气都是高的，岂能不战而降？士可杀不可辱。韩秀才决心拼死一搏。但有一桩事他不知道，死神不知什么时候已悄悄来到他的身后，冷冷地盯着他的后脑勺，死神似乎并不急于下手，但也随时准备攫走他的性命。

俗话说：争棋无名局。这是说对阵的棋手若太注重金钱、名誉等利害关系，就很难下出好棋。黄、韩二人虽然都称得上是国手，但此时他们的心理已经扭曲，手中的棋子犹如淬毒的刀剑，都欲将对方置之死地而后快。所以两人一上来就斗气，你快我也快，你狠我更狠，招招不离后脑勺，胡杀乱砍，天昏地暗。

这样下棋就像光棍耍赖，泼妇骂街，又能走出什么好棋？但两人的情况实有所不同，黄得功是有备而来，他用的是盘外招，专要激韩秀才上火,把他气昏头,走出"漏勺",然后将其一举击溃。韩秀才也知道黄得功的阴损之处,但他精力难支,只求速战速决,也就顾不了许多。等于人家拴了一个套儿,诱他来钻,他心里也想着不能钻,但又身不由己,到底把脖子伸了进去。

到了中盘,韩秀才的棋形势已非,脸也白了,筋也青了,汗也下来了。黄得功看在眼里,轻轻摇着折扇,做出一副愁眉苦脸的样子,摇头叹息,嘴里不停地念叨:"不行了吧,唉,不行了,完了,认输吧……"手里又不时搞些小动作,合上扇子,"哗啦"一声打开,又合上,又打开,故意弄出点声响,忽然眼一斜,嘴一撇,鼻子"哼"的一声,那几个跟来的人,像是得到信号,立刻七嘴八舌乱嘈起来。

一位说:"这棋还耗什么呢?趁早认输叫师父、钻裤裆不就结啦!"

又一位说:"老不走,要不我先回家睡一觉去?"

还有一位说:"今天我算是瞧出便宜来了,您也甭管是什么棋,咱们闭着眼睛直接向国手挑战,万一赢了国手,咱不也是国手啦?"

旁边一位说:"你还知道自己吃几碗干饭吗?"

后面一位说:"我也不知道我能吃几碗干饭!"

这几位一唱一和说起了群口相声,忽听"啪"的一声,黄得功用扇子敲一下桌子,说:"诸位,下棋乃文雅之事,没听过'观棋不语真君子'吗?你们这样乱糟糟,如果影响了韩先生的思考,韩先生本来有回天妙手,结果没走出来,这个责任谁负?"

那几位挤眉弄眼,一脸坏笑,不说话了。

黄得功又说:"我替韩先生求求各位,只要各位把嘴闭上一句话不说,晚上我在媚香楼摆酒,请请各位。"

他这么一说不要紧,那几位顿时又打开了话匣子:

一位老成持重的说:"听说媚香楼新近来了一位江南姑娘,瘦刮刮细皮嫩肉,手指一弹就破,一口苏侬软语叽叽喳喳像百灵一样,哎呀呀,真叫人受不了……"

一位眉清目秀的说:"细皮嫩肉倒也罢了,只是一提到酒字,又把我的馋虫勾起来了。不行，我得先喝几杯去，要不非死在这里不可。"

又一位貌似忠厚的说："黄爷，有句话不知当说不当说？"

黄得功说："你说、你说，又没人缝住你的嘴。"

那位说："依我之见，这盘棋胜负已定。韩先生既然不肯认输，不如您认输算了。您大人有大量，杀人不过头点地，何必浪费时间，倒耽误了弟兄们去吃花酒。"

黄得功说："我倒想认输呢，只怕韩先生不答应，待我问问看。"说着向韩秀才一拱手："韩兄，咱们彼此也都是个中高手，不比街头摆摊骗人的混混儿，棋到这般田地，再耗下去还有什么意思呢？"

韩秀才也知道这棋不行了，无可挽回，心中异常悲愤。听着这一干混混儿夹枪带棒冷嘲热讽，实在忍不下这口气，一时急火攻心，只觉一股热流从胃里往上顶，他强忍着压了回去，但内里如决堤之水，汹涌翻腾，忽然眼一黑，身子一挺立了起来，嘴一张，一腔热血直喷到棋盘上，吓得众人躲闪不迭，只见韩秀才一头撞倒在棋桌上，又烂泥似的顺着桌子瘫倒在地。

众人面面相觑，怕是要出人命，赶紧脚底抹油，想溜之大吉。还是黄得功见过点世面，忙说："不要慌，就是到了衙门，这是他自己要死，与我等何干？"他大着胆子走到韩秀才身旁，蹲下身，说："韩兄，不就一盘棋吗，何至于装出这副模样？"用手探探韩秀才的鼻子，早已没了气息，他心里也有点发毛，又用手往韩秀才的怀里摸去，摸出一张银票，打开一瞧，不禁意外之喜，忙掖进袖口，站起身说："诸位，此地不可久留，我们还是到外面去吧。"

有人就冲韩秀才那边努嘴使眼色，黄得功说："韩先生一时发病晕倒，让他静静躺一会儿就好了。"又小声说："人早死了，还不快走！"

说着，带众人一溜烟地去了……

4 未去交战意，难忘胜负心

以上即是好心人向范西屏讲的故事。

西屏听后，心想："人还不至于这么坏吧？"一笑了之。

他毕竟还年轻，经历的事不多。死人虽然见过，但要说下棋能死人，他却不大相信。原因是他下棋从来有如神助，落子如飞，不假思索。所以他对那种呕心沥血、苦思精索的事不大理解，有时他见师弟施襄夏步步棋都要长考，不大耐烦，问他："你到底长考些什么？"

襄夏说："我是从最不可能变化的一步算起，再算可能的变化，一步棋总要算它几百个变化，务求算无遗策。"

西屏说："你这不是脱裤子放屁吗？不可能的变化你算它做什么，只拣几种可能的变化算算就行了。"

襄夏点头称是，但心里并不服气，所以他长考的习惯至死未变。当时下棋也没有时间限制，一步棋考虑五六个小时也是常事。这是两人的棋风不同使然，也很难说谁对谁不对。大抵西屏的奇着妙想多一些，而襄夏的漏着恶手少一些，可谓春兰秋菊，各擅胜场吧。

西屏和黄得功的对局，在一位军机大臣家举行。会下棋的朝廷命官来了不少，其中还有几位王爷、贝勒，济济一堂。

然而偌大北京城中会下棋的何止这些人，谁不想躬逢其盛呢？只是军机大臣的门槛太高，除几位有头有脸的棋界名流以外，其他人，包括一些有名的棋手在内，都只能望门兴叹了。

黄得功一见西屏，就大吃一惊，感觉似曾相识。仔细端详，似乎有点韩秀才的模样，心里不禁犯了狐疑。

他这个人迷信得很，年轻时干的阴损事太多，晚年又皈依了佛门，意思要修修来世。对轮回之说尤其迷信，看见西屏的样子，疑惑是韩秀才投胎转世来报仇的，心里先就有了怯意。

西屏虽然听人讲过黄某的故事，却没见过真人，此时也不免打量一番。只见黄某两鬓及胡须已然花白，额上虽有皱纹却不明显，面庞消瘦，两睛如隼，不怒自威。西屏心想：不管人家怎么说，毕竟是一位弈林前辈，不觉产生几分敬意。

两人在棋盘两边坐下以后，首先要解决的仍是交手棋份的问题。众人都说："既然徐大军机是主人，就请徐大军机裁夺吧。"

徐大军机有一个外号，叫作"琉璃蛋"，他做官的秘诀是"好好好，是是是"，对一切事情均不置可否。在今天这种场合，他也不改初衷，因说："我虽然是主人，但于这种事情怎好随便置喙，还是请黄、范二位先生自己商量吧。"

西屏说："黄先生乃老前辈，德高望重，威名素著，就请黄先生让我一先如何？"

黄德功此时已六十余岁，昔日的火气已洗去不少，忙说："我虽痴长几岁，徒有虚名而已。俗话说：自古英雄出少年。咱们也不必拘礼，还是分先对弈为好！"

西屏说："黄先生说怎样就怎样，我一概遵命就是。"说着抓一把棋子，握在手里。黄得功说："单。"西屏松手放下棋子，一数，恰恰十七枚。

黄得功一见猜中白棋先行，心中不禁一阵狂喜。

原来当时并没有贴目的规定，先行的一方自然会占很大便宜，若按现行贴目制计算，先行的一方起码要便宜七目以上。对国手来说，这七目可不是小数目，足以决定一局棋的胜负了。

黄得功棋坛征战一生，经验异常丰富，尤其是在控制局面上有独到之处。一般他执白棋先行，与他实力不相上下的棋手很难讨到便宜，故有"先着不败"之誉。但他对范西屏显然估计不足，西屏乃五百年才出现一位的天才，他的棋极富创造性，变化多端，充满了激情，"不依古法但横行，自有云雷绕膝生"。

不要说黄得功只是执白先行，即便他摆上两子，结果如何也很难说。何况岁数不饶人，他的精力已大不如前，前半盘或许尚可维持，但后半盘肯定有照顾不到的地方，怎能敌年轻人之锐气？

这盘棋初看煞是平淡无奇，没有什么激烈绞杀的场面。但从布局开始，两大高手便各施韬略，互斗心机，可谓着着陷阱，步步荆棘，只是表现在棋盘上，却又绚烂至极而归于淡泊，不是绝顶高手很难窥测其中的奥秘。

随着棋局的不断演进，两位对局者的不同心态也表露无遗。

西屏似乎漫不经心，随手而应，不管棋局如何变化，他都无动于衷，脸上始终带着一点淡淡的微笑。

黄得功就不同了，他心里有个欲念，就是那一千两银子。他虽然皈依了佛门，却又勘不破红尘，把钱看得太重，显得十分贪婪，脑子里老想的是钱，这棋能下好吗？

面对西屏这样一位旷世奇才，他的棋也如汪洋中的一条小船，一会儿沉下去，一会儿浮起来，随着船的起伏，他的心脏也备受折磨，一会儿忽然不跳了，像是要罢工；一会儿又嗵嗵狂跳不止，似又积极得过了头。

别人看他好好的，实际上他的心脏早已不堪重负，犹如一辆年久失修的破车，随时都有抛锚的危险。但他仍旧强努着拼老命，为的是那一千两银子。

棋到收官阶段，局势仍很微细。旁观的众人也都分辨不清，纷纷进行猜测。

某王爷问徐大军机:"你看谁的形势好?"

徐大军机说:"恐怕还很难说。"

某王爷说:"昨天皇上问你与英吉利通商的事,你难说,现在我问你局势如何,你又难说,你这个老滑头,还有没有不难说的时候?"

徐大军机嘿嘿一笑:"昨天难说,今天又难说,不是非要难说,只因确实难说。"

王爷懒得理他,又问另一个人,这一位道行还深一些,因说:"局势确实也差不太多,但依我之见,似乎白棋略好一点。"

王爷说:"英雄所见略同,我也说白棋好一点嘛,姜还是老的辣!"

王爷的棋虽然不怎么样,却是个超级棋迷。不让他下棋,只让他看棋,他就在一边着急,看着棋下得平平淡淡,没有什么大杀大砍的场面,他觉得没劲,直打哈欠。又看见双方都不敢往空里打入,他急得不得了,抓耳挠腮,恨不能把人家拉下来,自己上去下一回。这还客气什么呢,又不是遇见了大姑娘、小媳妇,管他三七二十一,进去不就得啦?

王爷正着急呢,棋盘上风云骤变,只见范西屏拿起一枚黑子,"啪"地去白棋左上角点三三。王爷不由得瞪大了两只眼睛,心里说:"刚才空虚时你不进去,眼下都跟铜墙铁壁一般了,怎么倒进去了?"忙拉过一把椅子,坐到了棋盘旁边。

观战的一干人也都一个个伸长了脖子,心里纳闷儿:难道这里也能打入,不要命了?

黄得功原本刚刚松了一口气,盘面上领先三四目,但只剩下一些一两目的小官子,只要不抢勺子,就算赢下来了。谁知西屏突然来点三三,他也不禁吓了一跳。

黄得功的第一个反应是,西屏知道要输棋,所以来他的空里瞎扑腾,企图浑水摸鱼。这哪像个高手,太失风度了!黄得功有点恼怒,狠狠朝西屏瞪去。不想西屏也正温和地朝他望来。两人的目光在半道上相遇,顿时撞出了火花。

黄得功又将角部的变化细算了一遍，发现事情并不像他想的那么简单，原来这里有棋，不由得出了一身冷汗。

　　实际上西屏早已算定这里有一个劫，不过他宅心仁厚，只要局势尚可他就不准备点角了。赢一目是赢，赢一百目也是赢，何必非让人家老前辈下不来台呢？但现在局面稍弱，只好采用非常手段，这也是不得已而为之，所以他心里也略感歉意。

　　这也许正是年轻人的特点，心太软，凡事总要顾及对方的感受，不愿赶尽杀绝。黄得功就不同了，他原本心黑手辣，一身的毛病，如今又是黄土埋了一大截的人，想想来日无多，心里更不平衡了。瞧这世上的人，一个个都像该他二百吊大钱，平常没事就想"弄他一下"，再不就是"弄死他们"。试想，整天是这种心态，他那日子能好过吗？

　　此时此刻，煮熟的鸭子眼看就要飞走，黄得功那颗疲惫的心更是难以承受。他不说自己本事不济，反而迁怒于西屏，恨不能一刀将他杀死。但下棋靠的是智慧，即便棋能杀人，也只能在棋盘上见个真章，不能抡着大刀片明火执仗土匪一般。黄得功二十年前曾气死了韩秀才，用的就是阴谋诡计，他当然懂得这一层道理，不管他怎样恼恨西屏，也只能先忍下这口气，看看棋还有没有救。于是他拼命地计算，角部的各种变化起码算了十几遍。结论是无论怎么走，都杀不死黑棋，至少是一个劫。目前盘面上也就领先三四目的样子，即便劫打赢了，对方随便在哪里便宜一点，这棋就不行了，可以说败局已无可挽回。

　　弄明白这一点以后，黄得功登时万念俱灰，透心冰凉。但一想到那一千两银子，又五内沸腾，大汗淋漓。就这样一会儿冷一会儿热，冷呀冷得牙关挫，热呀热得蒸笼里坐。只觉浑身的血液一下子都冲到头顶上，几乎要把天灵盖掀开。远处似乎传来一种打桩的声音，"哐哐"的，一下又一下，一下比一下快，每一下都打在他的心脏上。他不由自主地用手捂住了胸口，想要按住心脏，生怕它从胸腔里跳出来。

　　这一刻黄得功正在鬼门关前徘徊，进不进去，只是一念之差。对于这一点，或许只有他一个人明白，在座的一干人众就都不知道了。

西屏见黄得功久不落子，只是坐在那里发呆，心中有些不耐烦。这棋虽然是一个劫，但黄得功的劫材多，而自己的劫材少，所以黄得功并非没有机会。既然如此，何必耗时间呢？因此随便问了一句："黄先生，是该我走棋，还是该您走棋？"

西屏本是无心问一下，但黄某听在耳里，却觉话中有话，似有逼他认输的意思。不禁怒从心头起，想要回敬两句，又有苦说不出，那种打落牙齿往肚里咽的感觉，分外令人难受。二十年前逼迫韩秀才认输的情景不禁又浮现在眼前，想想自己今天也落到这步田地，更觉锥心刺骨。不由得长叹一口气说："报应啊，既然老天爷要我输，我还争什么呢？"一时心痛难忍，仿佛有人攥住了他的心脏，实在坐不住，愤然起身，两手胡乱挥舞，像是跟人撕扯，又像拼命挣扎，忽然身子一歪，一头栽倒在地上。

一屋子的人"呼啦"一声都围了上来，只见黄得功龇牙咧嘴，面目扭曲，没了气息。众人惊疑不已，不知是怎么回事。徐大军机一见出了命案，也没了主意，自己是主人，显然脱不了干系，不住地跺足叹息："这是怎么说的，这是怎么说的……"

其实黄得功的猝死，现代医学上称为"心肌梗死"，也不算什么疑难病症。但若论前因后果，他的猝死与他的为人有很大关系，主要是他心胸狭窄，尖酸刻薄，一辈子老算计别人，做了不少亏心的事。这样的人神经常处于紧张之中，心理灰暗，情绪忧郁，久而久之，自然会留下隐患，所以他的猝死也怪不得别人，只能怪他自己。

黄得功生前虽然口碑不佳，但人死为大，京城里的一些棋友念他是一位老国手，就凑了一些份子，在梁家园寿佛寺做了一场法事，请和尚念了几天经，为他祈祷冥福。

西屏自经历了这一场人间惨剧之后，深感世事难料，生死无常，了无意趣。心想：黄某虽然不是我杀，却是因我而死，不禁十分歉疚，于是买了香烛，前去拜祭。见了黄某的神位，想起他的音容笑貌，心中也觉伤感。上了一炷香，施了半礼，从怀里掏出他赢的一千两银票，送到黄得功老婆手里，说："这是我的一点心意，请不要推辞。"

那寡妇一看银票的数目，吓了一跳，就要跪下磕头，西屏忙拦住了。

自从与黄得功这一战以后，西屏的名声大振，朝廷的达官贵人纷纷来请，西屏应酬了几家，颇不耐烦。他这个人一向无拘无束，不习惯仰承阔人鼻息，为五斗米而折腰。俗话说："梁园虽好，不是久恋之家。"于是和师弟施襄夏商量，准备回家，襄夏也同意。两人都觉得这一次是为会会程兰如、梁魏今而来，可惜没见着二位，是个遗憾。但也难以久等，主要是盘缠不够。只好先回家，等将来有机会再说。

于是两人打点行装，也不通知任何人，只雇一个脚夫，悄悄动身回南方去了。

5 从来十九路，迷悟多少人

雍正八年，范西屏和施襄夏拜别老师俞长侯，结伴外出，寻棋访友。兄弟二人一路向西行来，走至湖州地面，忽然听到一个消息，当时的棋坛盟主程兰如、梁魏今正在湖州转运使吴敬堂家中做客。二人不禁有意外之喜，连忙问路寻至吴敬堂府邸。等见到程兰如、梁魏今，二人一口一个"老师"，程、梁也视他们为入室弟子一般，口称贤侄，亲热之情溢于言表。主人吴敬堂也说："一时群贤毕至，老少咸集，顿使蓬荜生辉。"当即吩咐下人收拾房间，安排范、施二人住下。

这吴敬堂也是一位业余高手，嗜棋如命，而且热情好客，喜欢接纳各地高手。他的府邸过往棋客络绎不绝，颇有一登龙门身价十倍之感，棋坛高手无不为之倾倒，尊崇有加，都说："生不愿封万户侯，但愿一识吴湖州。"

范、施二人稍事休息后，又到程、梁这边来问候。四人闲聊，兰如说："西屏，这两年你的棋力又大涨了吧？去年我到京师，犹听人们谈论你与黄得功的那盘棋。只是你一句话就把人家气死，也未免太恶了一点吧？"

西屏说："黄老前辈这个人，您很熟识吗？"

兰如说:"也不是很熟,认识而已。不过我欠他一份人情,总想补报于他,谁知他竟这么驾鹤而去,想补报也没机会了。"

西屏说:"这事说来蹊跷,黄老前辈原本好好的,突然倒地就死,若说是我一句话说得不当,我也无以自辩,所以这两年我总感到有些内疚。"

魏今说:"贤侄,你这又何必?俗话说'生死由命,富贵在天',黄某的死总是因他作孽太多,阎王爷也不饶他,又与你何干呢?"

西屏又问兰如:"方才您说欠黄某一份人情,此话怎讲?"

兰如说:"说来话长,但此事牵扯几代棋手之间的恩恩怨怨,一时也难以说清……"

原来黄得功是清初围棋名家周东侯的大徒弟,康熙年间,"棋圣"黄龙士中年遁世后,棋坛盟主地位空缺,当时的有力候选者只有徐星友和周东侯两人。两人曾在北京定弈十局,含有争夺棋坛盟主的意味。

这一场棋坛悬崖边的白刃格斗,在北京引起极大轰动。著名文学家、《桃花扇》的作者孔尚任曾亲历此事,他的《续燕台杂兴诗》之一云:"疏帘清簟坐移时,局罢真教变白髭。老手周郎输二子,长安别是一家棋。"自注云:"周东侯弈林国手,武林徐星友来京,在某贵公处对局,早食方罢开始,踌躇一子,历时数刻。余窃旁观,日移午矣,周老输二子,袖手而去。"

诗中所述正是徐、周二人对局的真实写照。十局大战的结果,徐星友胜多负少,从而奠定了他在棋坛的盟主地位。

彼时棋坛门派之风甚盛,黄得功作为周派的掌门大弟子,自然咽不下这口气,但本门弟子中并无出类拔萃者可与星友抗衡,黄得功也只能说些"君子报仇,十年不晚"的门面话,忍气吞声,一忍就是二十年。

这时候有一位年轻人崛起于江湖,所向披靡,渐露王者气象,这位年轻人就是程兰如。黄得功眼见本门弟子报仇无望,就想假手兰如,将徐星友赶下棋坛盟主宝座。他这个人棋虽无大长进,但工于阴谋诡计。于是撺掇某王爷出面,重金邀请徐星友和程兰如到北京来,下一回"十番棋"。黄得功叫人放出话去，徐星友若托词不来，就是怕了兰如，干脆交出"帅印"，俯首称臣算了。

徐星友本不想去北京，但迫于形势又不得不去。他是棋坛领袖，身份不同，如果任一位无名小辈指着鼻子叫阵，而他缩头乌龟一般不敢应战，那无疑会酿成一桩丑闻，他的声望也会一落千丈。况且他这个人自负得很，虽然上次输过兰如一盘棋，但心里很不服气，并不认为这个后生会对他构成什么威胁。

徐星友如期来到北京。

这一回十番棋大战，从一开始便充满了浓烈的火药味，对阵双方有一种严重对立情绪。之所以形成这样的局面，主要与黄得功有关，黄某一向是唯恐天下不乱，其特点是善于把一桩小事弄得像一场战争。

实际上他是在搞一场"棋坛政变"，而他也是这场"政变"的幕后策划人。

为了操纵比赛进程，黄得功利用关系，为自己谋得裁判长的职务。每当棋局进行到紧要关头，或者兰如的棋势稍有不妙，黄得功都会不失时机地站出来，宣布暂停。回到家里他就召集一帮观战的好手，帮助兰如拆解局面，寻找对策。这些好手或者难却黄某的情面，或者原与徐星友有些过节，况且又都受了黄某的好处，一个个也都见利忘义，竭心尽力为兰如出谋划策，想出了不少妙手。兰如有几局棋已陷入万劫不复的境地，正是凭借这些妙手而转危为安。

当时的局面颇为尴尬，徐星友作为棋坛德高望重的领袖，忽然四面楚歌，孤家寡人般地面对整个棋界的挑战。如果时光倒退二十年，也许他并不惧怕这种"背叛"，凭他个人的智慧和神勇，他完全可以轻而易举地搞定这些"乱臣贼子"，重整山河，一统棋坛朝纲。但如今不行了，他已六十余岁，已有力不从心之叹，只能把命运付之上苍，任人宰割。

这一回十番棋大战以程兰如大获全胜而宣告结束，徐星友默默地接受了这个事实，从此退隐棋坛，不再出山，专心著书立说，志在以所得传人。

程兰如如愿以偿登上棋坛盟主的宝座，黄某也为师门了却了一段积怨。但就事论事，黄某推出程兰如，于周派并无实际好处，由于周派弟子皆不争气，周派也很快凋零殆尽。

这一场棋坛争斗的结果，只有程兰如成了唯一的赢家。

关于这一段棋坛变迁，西屏和襄夏也曾听俞长侯粗略讲过。当时两人都有些疑惑，按理徐星友执掌棋坛二十余年，众人本不该联合起来暗算他。此时又听当事人程兰如亲自讲述，二人才明白其中掺杂了门派之争，心中也不由得感慨万千。

程兰如说："这都是些陈谷子烂芝麻的事了，况且黄某已死，我们还说他做什么？倒不如趁空下两盘棋，试试你们的深浅，如何？"

西屏和襄夏正巴不得他这么说呢，连忙赞好。于是西屏对兰如，襄夏对魏今，摆开战场，厮杀起来。这当世四大高手遇到一起非同小可，虽然只是玩玩，但也妙着、奇想随手拈出，令人拍案惊奇。这下棋乃是手谈，不需嘴巴说话，所以屋子里静悄悄，唯闻棋声丁丁。棋盘上却刀光剑影，风云诡谲，别有一番惊心动魄的景象。

有趣的是西屏和兰如的棋风极为相似，如神龙莫测首尾；而襄夏和魏今的棋风也如出一辙，似老骥不失尺寸。一盘棋是以快对快，另一盘棋则是以慢制慢，这样在时间上就显出了差距，不大工夫西屏已连胜兰如两局。虽说是让先，兰如的脸上也有点挂不住，不由得说："老了，不中用了，再下咱们分先算了。"又说："我这盟主看来得让贤了！"

西屏说："您可别这么说，这快棋能作数吗？"

一看襄夏和魏今的棋，还只下了小半盘，不过襄夏的形势不太好，正皱着眉苦思冥想，魏今则满面笑容，一副胸有成竹的样子。兰如看了一会儿，说："太慢了。西屏，咱们再下两局如何？"

正说着，吴敬堂遣仆人来请，说："酒宴已经摆好，就请四位爷一并过去。"

兰如等忙答应这就过去，只有襄夏仿佛没有听见，仍坐在那里发呆。魏今哈哈一笑，说："这盘棋刚下了一半，就算和棋，好不好？"

襄夏说:"那怎么行呢!"

西屏说:"该认就认,耗什么呢?"走过去一把将棋局胡噜碎了。

襄夏一笑起身,说:"这棋我输了,还是梁老师厉害!"

四个人到前面大厅,见着吴敬堂,一起入席,边吃边聊。

吴敬堂说:"你们四位能聚到我这儿,也不是容易的事,我想办一个棋会,由你们二老对他们二小,好好下几盘棋。既可为湖州的山水增色,我这做主人的也可以借此留名了。"

魏今说:"我没意见,看兰如的意思吧。"

兰如说:"我在此也盘桓了不少日子了,一两天准备动身去扬州,时间上恐怕不允许。"

敬堂说:"你去扬州也没什么要紧事,还在乎这一天半天?就算给我个面子吧。"

兰如只好勉强同意:"那就下一盘吧。"

当下商定由兰如、魏今为一方,西屏、襄夏为另一方,来一场对抗赛,吴敬堂的意思是要看看这两代棋手的实力究竟怎样,年轻的是否已经赶上年老的,但在谁对谁的问题上又发生了一点争执。

兰如心里明白,他在西屏身上绝讨不到便宜,因说:"我刚和西屏下过两盘棋,那就再和襄夏下一盘吧。"

敬堂说:"咱们还是让老天爷来决定吧。"他起身走到书桌旁,裁了两张纸,一张写"范",一张写"施",折好,说:"挑上谁算谁。"

兰如说:"梁老,您先来吧。"

魏今随手拈起一张,打开一看,不觉哈哈一笑,把纸面示给众人,上面是个"施"字。

兰如无话可说。

第二天一大早,天刚蒙蒙亮,梁魏今便起身了,别看他已是近六十岁的人了,却一向讲究黄老养生之道,天天按时打坐练功,精神特别健旺。郑板桥为他写过一首诗《赠梁魏今国手》:"坐我大树下,秋风飘白髭。朗朗神仙人,闭息敛光仪。小妇窃窥廊,红裙飏疏篱。黄精煨正熟,长跪奉进之。食罢仍闭目，鼻息细如丝。夕影上树梢，落叶满身吹。机心付冰释，静脉无横驰。养生有大道，不独观弈棋。"

梁魏今走到西屏、襄夏住的屋子前敲门，襄夏惊醒，忙起身披衣开门。魏今说："我老人家都起来了，你们年轻人还睡懒觉？走哇，跟我去外边溜达溜达去。"

襄夏就去推西屏，说："师兄，该起床了！"西屏迷迷糊糊嘟囔两句，翻身又睡着了。襄夏说："师兄一向是睡得早、起得迟，睡起来就没够，还是我跟您去吧。"说着穿上衣服，随魏今出去了。

两个人顺着街道一直往前走，魏今一边走，一边深呼吸，做些扩胸、扭腰的动作。襄夏也不知他闹的什么玄虚，只是跟着走而已。那湖州城也不大，走着走着就走到城门口了。但见人头攒动，熙熙攘攘，原来是一处早市，两人转了一圈，多是些卖活鱼鲜菜的，间或也有一些卖小吃的摊点。魏今拣一处略微干净的，要了两碗粥，几笼包子，分给襄夏一半。魏今的食量颇高，吃了包子仍觉不饱，又要了一碗馄饨，十几个油炸果子，如风卷残云，一扫而空。

魏今拍拍肚子，面露满意之色，见襄夏也已吃好，就说："这城里人多，转不开，咱爷俩城外走走？"

襄夏问："可有什么好玩的去处？"

魏今说："怎么没有，出城往北十余里，有一座棋盘山，景致还不错。"

襄夏说："怎么叫这么一个怪名字，难道那山像棋盘吗？"

魏今说："要像棋盘还能叫山吗？只因那山顶有一块石头上刻着棋盘，相传是神仙下棋之处，所以叫棋盘山。"

襄夏说："有出处吗？"

魏今说："那倒没有，比如安徽黄山有'棋石峰'，湖南宝庆府有'棋盘崖'，四川灌县灵岩山有'棋盘石'，这都是有说头的。湖州这座棋盘山却不见记载，我还是这次听吴使君说起才知道的。"又说："其实出处就那么回事，哪天咱们爷俩去山上下一回棋，再过几百年，不就成典故啦？"

两人出了城，奔棋盘山走去，走了十余里，就到了山脚下。魏今奋力向上爬去，健步如飞，如履平地。襄夏跟在后面，呼哧带喘，哪里撑得上，距离也越拉越远。等他好不容易爬到山顶，早已大汗淋漓，连背后的衣服都湿透了。只见魏今盘腿端坐在一块大石头上，闭目调息，秋风吹动他那白须，朗朗如神仙中人。

襄夏心中不由得一动，上前作揖说："请问老师，这棋与禅可有相通之处？"

魏今说："肥边易得，瘦肚难求。思行则往往失粘，心粗则时时头撞。休夸国手，谩说神仙，赢局输筹即不问，且道黑白未分时，一着落在什么处？"顿了一会儿，方说："从来十九路，迷悟多少人。"

襄夏听罢，点头叹息。因问："棋盘又在哪里？"

魏今说："就在我屁股底下。"他说罢忍不住哈哈大笑，睁开眼睛，跳下石头。

襄夏定睛看去，只见那石头平滑如镜，刀削一般，正中央刻着些纵横的刀痕，一数，纵横各二十一道。襄夏不由得大失所望，因说："这棋盘会有二十一道的吗？"

魏今说："过去十七道，如今十九道，将来为何不能二十一道呢？"

襄夏想想，也无从辩驳，就不说话了。

魏今又说："看问题要通透一点儿，不要太过死板。比如三年前我让你一先，现在仍让你一先，你以为是怎么回事？"

襄夏说："大概是我比较笨，不如师兄聪明。其实我下的功夫并不比他少，却不如他进步快。"

魏今点头说："西屏原是个旷世奇才，不是一般人比得了的。"

"依您老法眼，我的棋毛病究竟在哪里？"

魏今沉吟半响说："你的棋已经够厉害了，但要胜我和兰如，似乎还差一点。至于你的棋毛病究竟在哪里，我还没有想好，容我再想一想。"

爷儿俩休息了一会儿，又四处走走，但那山既无亭台，也无庙宇，实在没有什么可驻足寓目之处。两人意兴阑珊，都说"还不如回家下棋去呢"。说着就往回走，走至半山腰，忽见一股泉水从石壁中流出，曲曲折折向山下流去。襄夏正口干舌燥，连忙跑过去捧起泉水喝了几口，只觉甘冽异常，沁人心脾，精神为之一振。

魏今似有所感，忽然说："襄夏，你看这泉水……"

襄夏不解何意，顺着魏今手指之处看了几眼，也没看出什么特别的地方。

魏今说："你往远处看……"

襄夏又往远处看去，仍旧看不出有什么好处。

"你看这泉水，行当乎行，止当乎止，任其自然，而与物无争，这其实也是下棋的道理。"

襄夏略有所悟，不由得连连点头，但在心里仍是朦朦胧胧，似是而非，一时还不能将流水与棋道融会贯通。

魏今说："你不是问我你的棋毛病在哪里吗？我送你八个字：'锐意求深，过犹不及。'你只从这八个字上去想，就知道毛病在哪里了。"

襄夏忽然有醍醐灌顶、豁然开朗的感觉，他原是个聪明人，悟性极高，魏今一语点中他的要害，他也就明白自己的病根了。

那么，他究竟领悟了什么道理呢？后来他在所著《弈理指归·序》中曾回忆说："余因悟化机流行，无所迹象；百工造极，咸出自然。则棋之止于中正，犹琴之止于淡雅也。回忆从前登高涉远，每入迂途，言下有会，即与诸前辈分先角胜。"

从这段话中可以看出，襄夏的毛病主要是"登高涉远，每入迂途"。也就是说，他的棋太过追求完美，反而显得勉强，不够自然。这"自然"二字，看似普通，却是国手与大师之间的一道分水岭。大多数国手都跳不过这一关，所以也很难达到更高一层的境界。有诗说得好："黄河三尺鲤，本在孟津居。点额不成龙，归来伴凡鱼。"可这世上又有几条大鱼能够"点额成龙"呢？不多，不多，多乎哉？不多也！

爷儿俩说说笑笑下山，回到转运使衙署。吴敬堂一见就埋怨说："你们这是去哪儿了？我派人找了好几回，也找不见。"

魏今问："有事吗？"

吴敬堂说："咱们不是说好午后开战吗？我突然心血来潮，想到一个主意……"

"什么主意？"

"我想，咱们索性办一个大一点的棋会，将全国的好手都请来，来一个梁山泊好汉排座次，看看究竟谁是当今天下第一？"

"好啊，我举双手赞成，不过兰如怎么样，他不是要去扬州吗？"

"我刚才和兰如、西屏商量了一下，他们俩也极表赞成，尤其是兰如，说早该举办一个大型比赛了。为了参加这个比赛，扬州他也先不去了。"

"全国的好手都分散在各地，"襄夏说，"要想把他们召集到一起，恐怕颇费时日。"

吴敬堂说："知名好手大多集中在几个地方，如北京、南京、杭州、扬州，我准备派人去通知一下，顺便印几百张告示沿途散发，一些不知名的好手闻讯也会赶来的。"

"这些好手聚集到这里，您估计得多长时间？"

"一个月左右吧。"

6 玉子纹楸 一路饶

午饭后，休息了一会儿，吴敬堂提议程兰如与范西屏的比赛开战，程兰如不同意，说最好改在晚上，要不他就不下了。

了解程兰如性格的人，都知道他喜怒无常，只能顺着毛慢慢摩挲。他是棋坛盟主，脾气自然大一些，平日人们众星捧月一般捧着他，凡事也都让他三分，生生把他惯出毛病来了。

但这一次无非是下一盘棋，他老兄何至于又犯病呢？

其实说穿了一钱不值，原来他老兄有点怕西屏。自从昨天与范西屏下了两盘快棋之后，他就试出西屏的斤两，绝不在他程某人之下。这使他陷入了两难的境地。如果他不答应下这盘棋，恐有失他盟主的身份；如果他输了这盘棋，则有失他盟主的威名。下也不是，不下也不是。头上戴一顶盟主的帽子也不是好玩的，就如把人放在火上细细地烤，活不成又死不了，分外难受。

当然，如果能"跳出三界外，不在五行中"，那也没什么。有的人原来称雄一时，后来不行了，见谁输谁，直输得一塌糊涂，但仍把着"盟主"的称号不放。人家称他"盟主"，他听着心里舒服，安之若素，犹如吃了蜜糖一样。不过这需要有点"道行"，脸皮得比城墙还厚才行。

但程兰如不是这样的人，他把名誉看得比生命还重。他心里也明白，正如当年他将徐星友逼得退隐武林一样，他这个棋坛盟主的地位，也不可能永远保持下去。总有一天会有年轻人向他发起挑战，最终取而代之。但他也有一点私心，希望这一天来得越晚越好。"年轻人还不行吧？"有时他也这样安慰自己。但是这一次见到西屏以后，这个年轻后生使他感到了巨大的威胁。

他有一个直觉，不愿意发生的事情终于要发生了。在他的心里，不由得生出一种莫名的恐惧。所以，当吴敬堂来和他商量与西屏的比赛时，他突然大发雷霆，说他有午睡的习惯，二十年来天天如此，雷打不动，要是不改在晚上，他就不下了。

吴敬堂深表诧异，心里说："昨天商量时你并无异议，怎么今天又节外生枝？"前后一想，似有所悟，因说："兰如，说句不怕你见怪的话，咱们是不是有点怕了西屏？"

程兰如说："我怕他？笑话！"

"真的不怕？"

"怕还谈不上，"程兰如叹了一口气，"不过是有点怵他罢了。"

"怵者，怕也。难道有分别吗？"

"他输一盘棋没什么，人家会说理所当然。我输一盘就严重了，人家会说程某人不行了，该退位让贤了！"

"这种事还要想开一些，"敬堂微微一笑，"除非你从此高挂免战牌，不和西屏下棋了，否则总要在棋盘上见个输赢。躲也不是办法，你躲得了初一，躲得了十五吗？"

"我躲他做什么，不是我说句大话，他要想赢我，恐怕还得个三年五年！"

话是这么说，但兰如心里却不敢有丝毫轻视西屏的意思。所以他坚持要中午睡一觉，准备养足精神，晚上好和西屏见个高低，似乎是把这盘棋看成了决定命运的生死之战。

西屏倒没把这盘棋看得那么重，心态也比较放松。存在决定意识。

他头上没有"盟主"的帽子，背上也没有"不能输"的包袱，况且他一向洒脱惯了，输赢无所谓。但要说他不想赢兰如，那也是假的，只不过心里没有非争盟主不可的念头而已。

吃罢晚饭，吴敬堂叫人在厅堂里摆开两张八仙桌，放上两张棋盘，围着桌子点起十几支大红蜡烛，照得屋里如同白昼一般。这时被邀请的客人们也陆续到来，还有一些听到消息后慕名前来观战的人。吴敬堂也一概不拒，都让了进来，总有三四十人之多。

湖州的地面本来就不大，会下棋的人也不是很多，像今天这样的棋会还从未有过，何况当代四大高手一起出场，当众表演旷世绝技，真可谓集一时之盛了。

兰如虽然养足了精神，自以为身心均处于最佳状态，但是当他和西屏坐到棋枰两边，看着西屏年轻自信的面容，心里忽然有点发虚。他感到十分奇怪，为什么一面对西屏自己就信心不足呢？莫非老天爷在暗示他，这位年轻人就是新一代的棋坛盟主吗？

兰如心想，为保险起见，还是让先为妙，这样即便输了，也有托词。于是他决定先发制人，因说："西屏，自两年前滁州一别，咱们就再也没有机会好好下一盘棋了。"

西屏说："记得那次您还让我二子呢。"

"这就不必提了，今非昔比，眼下不要说二子，恐怕让先也没这个力量了。"兰如说，"我看今天这盘棋，咱们还是分先吧？"

"自从那一次二子棋以后，我就再也没跟您正式交过手，怎么能一下就跳到分先呢？"

"既然如此，那咱们就让先下一盘吧。"兰如忙顺水推舟，"唉，你这可是叫我当众出丑呢。"说着，伸手将黑棋拿了过来。

"且慢，"吴敬堂一见忙说，"咱们今天是要决一胜负的比赛，依我说就不要管过去如何，一律分先才是。"

"只要梁老没意见，我无所谓。"兰如说，"我原说要分先嘛。"

魏今说："年轻人长得快，一日不见，便当刮目相看，分先也是应该的。"

兰如无话。于是由吴敬堂主持猜先，结果兰如和魏今双双猜到白棋。

魏今哈哈一笑，兰如则有点恼怒，气不打一处来，抓起一枚白子，"啪"的一声，狠狠打在棋盘上，他心头一股无名火全都运在手指上，那棋子如何承受得住？顿时碎成了四五块。

敬堂说："兰如这一着似有千钧之力，看来今天是要拿出真功夫。西屏，你可要小心了。"

西屏说："只怕小心也抵挡不住。"

兰如是何等人，立刻领悟了敬堂的话外之音，也觉得自己有点失态。他这个人确实有王者风范，善于控制自己的情绪，连忙调匀呼吸，消解无名之火，将心思全都转移到棋上来了。

兰如这一转移不要紧，可就苦了旁边观棋的人。为什么呢？原来他决心死活也要拿下这盘棋，因此频频长考，每走一步都深思熟虑，慎之又慎。

据吴敬堂的现场记录，兰如第7步棋用了半个小时，第13步棋也用了半个小时，西屏仅考虑了四分钟，即应下第14步棋，而后兰如竟长考近一个半小时，才走第15步棋……

他在这盘棋中的长考，在围棋史上也相当著名，后代棋家都以此为例，用来证明一个有趣的论点："长考出臭棋。"原因是西屏的第14步棋大有疑问，兰如不管怎么应都能轻易确立优势，但他长考了一个半小时，却选择了最不可能的一步棋，反让西屏因祸得福。这种情况表明，当时兰如的心态不太正常，或许他太想赢这盘棋了，无端给自己背上一个沉重的包袱，结果导致技术变形，难以发挥正常水平。

其实对于专家来说，长考与不长考结果往往是一样的。专家之所以长考，主要是想算清所有变化。但若思虑过头，也会走火入魔，眼前幻化丛生，难以取舍，似乎到处都是陷阱，自己被逼到悬崖上，走投无路，只有闭上眼睛跳下去。

这种状态实在是棋手的大忌，会使他陷入万劫不复的境地。此时若有佛语从远处传来，或有高僧出现，手敲木鱼，口念"南无阿弥陀佛"，自会消解棋手心中的魔障，使他恢复正常的心态。但这是小说中的情节，现实生活中很难有奇迹出现，棋手只能靠平时的修炼，才能在战局纷纭之中，克制情绪方面的干扰，达到心如止水的境界。这就是人们常说的：要想战胜敌人，首先要战胜自己。

兰如很快就意识到自己的失着，悔恨不已。这使他愈加小心谨慎，反复长考，生怕再犯类似的错误。时间就这么一分一秒地过去了。兰如也不知爱惜，可着劲儿地长考。

古人云："一寸光阴一寸金，寸金难买寸光阴。"在一旁观战的人，看着程大盟主如此糟蹋他们的光阴，无异于谋财害命，一个个愁眉苦脸，如丧考妣一般。

一般地说，观棋的人比较欣赏才思敏捷的棋手，手疾眼快，落子如飞，也比较喜欢热闹的场面，大杀大砍，妙着迭出。但要遇上兰如这样的棋手，就算倒大霉了。

试想，对着棋盘空坐一两个小时，他才走一步棋，又坐两三个小时，他再走一步棋，多有耐性的人也会被耗趴下了。但慑于兰如的威名，这些观战者不敢有丝毫不满的表示，只能老老实实坐在那里活受罪。

兰如才不管看棋的人是什么感受，他的心思专注在棋盘上，周围的一切事物都已不存在了。他索性闭起眼睛，如老僧入定，只在心里默默地计算。

后来，终于有人忍不住了。湖州知府李大人走到吴敬堂身边坐下，对他说："年兄，今天我才算明白'烂柯'是怎么回事了。"

敬堂笑问："怎么回事呢？"

"孟郊有诗云：'仙界一日内，人间千载穷。双棋未遍局，万物皆为空。'"李大人说，"看兰如的意思，今天是非让咱们'万物皆为空'不可了。"

吴敬堂说："只要他能走出好棋，'万物皆为空'也奈他不得呀。"

"老同年，难得你有这份雅兴，我就不行了，我一个俗人，有点耗不起,"李大人说,"别回家一看,老婆、孩子都已'不复当时之人',那多糟心哪,没奈何只好先走一步了。"说着起身告辞。

榜样的力量是无穷的,李大人一带头,立刻就有人仿效。先是他的几位下属,见上司要走,他们自然要表表忠心,坐不住了,也连忙告辞,跟随李大人而去。后来走的人越来越多,最后只剩吴敬堂一个人了。

时至半夜三更,魏今和襄夏的棋先结束了,襄夏胜一子半,这是他在分先的情况下第一次胜魏今,自是兴奋不已。但他心里也有点疑惑,感觉魏今在官子阶段走得不够精确,似是有意相让。这样一想,他的兴奋又打些折扣。

两人将棋子收进棋盒,一起过来看西屏和兰如的棋,只见棋盘上寥寥落落不过七八十手棋,而且双方的兵力多聚在左半部,右半部还空空荡荡尚未打响战斗呢。

兰如仍在长考,吴敬堂也有点熬不住了,因说:"看这样子,我先去打个盹儿再回来,这棋也未必能下完。"

"早呢,早呢,"兰如说,"你就是睡一觉,明天早上再来,这棋也下不完。"

敬堂笑道:"那我真的睡觉去了。"又嘱咐下人:"别偷懒,沏茶续水,小心伺候。"

两个下人忙点头答应,但敬堂一走,这两人便哈欠连天,坐在椅子上打盹儿,后来见那四人只顾下棋,也不瞧他们一眼,就干脆溜回去睡觉了。

屋子里只剩下当世四大高手,他们的棋瘾之大是不用说了,饭可以不吃,觉可以不睡,棋不能不下。就算刀架在脖子上,泰山崩于面前,天外飞来巨石,对不起,他们也要把棋下完再说。

但这四人的情况还略有不同。兰如是个"夜猫子",黑白颠倒,白天时常昏昏沉沉,夜里反倒来了精神,这大约和他经常挑灯夜战有关。魏今和襄夏也毫无倦意,虽然只是旁观,但他们对棋的关注不亚于对弈者,毕竟是决定新老盟主的较量,岂容轻易放过?

四人之中只有西屏早有倦意，这主要是因为兰如频频长考，而他只是陪坐，久而久之，身心都感到困乏不堪。其实他早想去睡一会儿，但又苦于找不到适当的托词。想催促兰如快走吧，又怕他不高兴。自从与黄得功那一战以后，西屏在对局的紧要关头就不敢随便说话了，生怕哪句话说得不当，又惹出什么是非来。他坐在那里打起瞌睡，上眼皮和下眼皮一个劲儿打架，刚费了九牛二虎之力把它们分开，转眼它们又往一块儿凑。他头一歪，几乎碰到桌子，猛然惊醒，抬头朝兰如望去，只见兰如仍闭着眼睛沉思，又看魏今和襄夏，那两人正瞅着他笑。

西屏苦笑一下，用手指指自己，又指指门外，轻轻摇摇手，意思是他要出去一下，千万不要惊动兰如，然后起身，蹑手蹑脚地出去了。

过了一会儿，兰如睁开眼睛，抓过一枚棋子，正要用力打下去，忽然诧异说："西屏哪儿去了？"

魏今和襄夏也不知西屏做什么去了，只好装聋作哑。兰如说："襄夏，你去找找。"

襄夏起身去了，刚走到卧室门口，就听见里面鼾声大作，知道西屏睡着了。正欲推门，又停住了，想了一下，转回大厅，告诉兰如："师兄睡着了，要不要叫醒他？"

"叫醒他做什么，让他睡吧。"兰如说，"他睡了才好呢，你们帮我看看这棋，形势如何？"

魏今看了半天，沉吟说："白空似乎多一点，但黑棋各处都很坚实，官子恐怕不容易收。"

"我担心的也正是这一点。"兰如说，"襄夏，不如你暂代西屏，我们演练一下，看看有无万全之策。"

三大高手就将这盘没下完的棋反复拆解，一面揣摩西屏的可能走法，一面寻找最佳对策。最后他们一共总结出十四种下法，据他们估计，西屏的棋再刁钻古怪，也难逃这十四种下法。针对其中的每一种下法，他们都已布下陷阱，设置了机关埋伏，有一整套克敌制胜的方案。西屏不管从哪条道上来，都难逃灭顶之灾。

三大高手的结论是，无论怎么走，白都可小胜半子到一子半。达成这样的共识以后，兰如的脸上露出满意的笑容，说："没跑了吧？"

襄夏说："恐怕就是神仙下凡也没咒念了。"

兰如说："既然如此，咱们也睡一会儿吧，天就快亮了。"又百般叮嘱襄夏："见了西屏什么也别说，我要看看他到底还有什么高招。"

襄夏笑着答应了，兰如这才放心去睡觉，这一觉直睡到10点多钟方醒，草草洗一把脸，用凉茶漱漱嘴，就往大厅而来，一进门朝众人拱手，说："起晚了，累诸位久等，抱歉、抱歉。"又对西屏说："咱们接着战吧。"

敬堂说："眼看快到中午了，索性吃完饭再战吧？"

"我还想饭前结束呢，要不也吃不踏实呀。"

"饭前结束，可能吗？"

两大高手说战就战，上来即噼里啪啦一阵短兵相接，看得人眼花缭乱。西屏果然按照兰如等人的预谋，亦步亦趋分毫不爽，大有"盲人骑瞎马，夜半临深池"的样子。兰如看在眼里，喜在心头。襄夏与西屏手足之情甚笃，见师兄真的中计，不免有些担心，但他已上了"贼船"，不好有所表示，只能暗中着急。只有魏今依然笑哈哈不动声色，他心里希望有奇迹出现，但如果奇迹未能出现，他觉得也很正常，毕竟是当世三大高手算计西屏一个人，西屏真能化险为夷吗？

走着走着，西屏突然变着，这步棋出乎兰如的意料，兰如不由得心中一惊，魏今和襄夏则眼前一亮，但三大高手瞧了半天，愣没瞧出这步棋有何高妙之处。兰如以为，他们总结的十四种下法已将最佳下法计算殆尽，西屏若有意外之着，显然不是好棋。因此他也未及深入思考，仅凭第一感随手而应。谁知二十步棋以后，西屏的变着就显出了效果，局势也为之一变。兰如不由得手忙脚乱，自信心大受影响，又开始频频长考。转眼已至中午时分，吴敬堂见兰如仍皱着眉头苦思焦虑，就提议先封盘吃饭，兰如正想有个缓冲时间，以便寻找应变之策，也就同意了。

这顿饭兰如吃得味同嚼蜡，只用茶水泡了半碗饭，三口两口扒下肚，就回到居处复盘。经过反复拆解，感觉形势极为微细，输赢大约在半子之间。但他信心不足，不知西屏还会有什么奇着怪想，万一西屏又走出妙手，那他必输无疑。

"这个妖怪，简直不是人！"兰如心想，"人再厉害，能斗得过妖怪吗？"

这么一想，兰如不由得叹了一口气，连复盘的心劲儿都没有了。起身走到西屏他们那边，只见魏今正高谈阔论，两位年轻人正听得入神。

"襄夏，你来，我跟你商量点事。"兰如说。

襄夏忙答应着出来了。兰如把他带入卧室，关上门，说："西屏是怎么搞的，咱们给他设了那么些套儿，他怎么不乖乖往里钻呢？"

"师兄这个人一向喜欢标新立异，不按常规行事，"襄夏笑道，"我对他这一点也很不满呢。"

"咱们爷俩也不是外人，我就直话直说，"兰如脸红得像布一样，"你去跟他商量，叫他让了这盘棋，我情愿送他五百两银子！"

一听兰如愿出五百两银子，襄夏不禁吃惊。兰如心里有谁呀，能让他老人家如此屈尊下节，那可是破天荒的事情，不由得问："这盘棋已经输了吗？"

"输倒不一定输，但我也不想跟他耗下去了，"兰如说，"不如破点财省事。"说着走过去，从枕边一个小箱子里拿出一张银票，递了过去。

襄夏说："成不成还不一定，等说成再给也不迟。"

兰如说："西屏的为人我了解，他不一定会驳我的面子。"

听他这么说，襄夏心里虽有些犹豫，但还是接过银票揣进怀里。

"你回去的时候，若梁老还在，你就说我找他。"兰如又说，"等他走了以后，你再和西屏商量，这件事千万不可让梁老知道。"

襄夏点头应了，回到住处，魏今已去，西屏正在复盘。襄夏坐下看了一会儿，问："这棋赢了吗？"

西屏说："你看呢？"

襄夏说："我看也差不太多吧？"

西屏说:"按正常收官,输赢当在半子与一子半之间。"

襄夏说:"你猜刚才程老找我去做什么。"

西屏不答,静待下文。

襄夏只好说:"他愿出五百两银子,叫你让了这盘棋。"

西屏颇感诧异:"他真是这么说的?"

"那还有假?"襄夏从怀里掏出银票,"你看,银票都拿回来了。"

西屏沉思半响:"师弟,你说这棋可以让吗?"

"论理不能让,你不想想对手是谁?"襄夏说,"一旦传出去,天下皆知,错过机会,岂不可惜?"

西屏说:"咱们带的盘缠够不够?"

襄夏说:"省着点花也凑合了。"

西屏笑道:"有这五百两银子,咱们不就可以松快一点吗?"

襄夏说:"那你是决心让了?你可要考虑清楚!"

西屏叹了一口气:"师弟,看来你是真不了解我。"

襄夏说:"此话怎讲?"

西屏说:"程老出此下策,实有不得已的苦衷,咱们做晚辈的,能不给他一点面子吗?一盘棋算什么,以后的日子长着呢。"

襄夏听罢,默默无言。他这个人"一根筋",不如西屏灵活变通。他帮兰如已是乱了规矩。但师兄决意要让,他也不好说什么。

过了一会儿,襄夏又说:"师兄,我有一个问题不解。"

西屏说:"什么问题?"

襄夏说:"程老是棋坛盟主,盟主就不能输棋吗?若为赢棋就五百两五百两地花钱,这到哪天是个头呢?"

西屏说:"程老也是为名所累,这世上的人都把名、利二字看得太重,有谁是看得破的?"

襄夏说:"师兄,那你是为名还是为利?"

"这就不好说了,若说不为名,我整天跟人家争来争去争什么呢?"西屏笑道,"若说不为利,我总得吃饭吧?所以,别看我说得好听,其实也不能免俗。"

两人正聊着，吴敬堂打发下人来请，两人就随下人来到前面大厅。兰如一见襄夏，忙把他拉到一边，问："事情谈得怎么样？"

襄夏说："都已谈妥，您尽管放心。"

兰如心中的一块石头总算落了地。

谁知战事刚起，西屏就跑到兰如的空里闹事，一靠一断，顿时火花四溅。双方犹如在夹壁中进行白刃格斗，你死我活，不容喘息。兰如费了九牛二虎之力，才将西屏的一队黑子吃下，但又被西屏筑了一道雄厚外势，局面仍呈胶着状态。这一战可谓惊心动魄，西屏是早有预谋，胸有成竹，挥洒自如，大有"谈笑间樯橹灰飞烟灭"的样子。兰如仓促应战，左支右绌，捉襟见肘，心里不由得暗骂道："五百两银子都收了，还这么玩命，什么德行？"

兰如心里一急，不由得浑身冒汗。头上的汗可以不时擦去，身上的汗就没辙了，顺着脊背流下去，汇聚到屁股沟。后来他起身时，袍子后面靠近大腿处就显出一大块水渍痕迹。他不知道，大摇大摆地到处走动，结果在场的人都看见了，想笑又不敢笑，怕他生气。

历史上关于这盘棋有许多传说，其中有一则说，临到官子阶段，西屏突然祭出杀手，兰如一时不知如何应付为好，惶急之中不觉尿了裤子。

这里面自然有一些添油加醋的东西，实际上兰如只是生了一肚子气，又出了一身汗，还未到尿裤子的程度。他之所以生气和出汗，主要是因为西屏，而不是因为棋。他以为西屏既然收下五百两银子，就不应节外生枝了。但西屏也有苦衷，即便让棋，也不能叫人瞧出破绽，说是有意相让，那样的话就会留下话柄，对彼此都没有好处。

当时西屏已经完全控制了局面，想赢就赢，想输就输。到了小官子阶段，局面仍极微细，西屏只是让人不易觉察地走了一两步缓手，胜负的天平才稍稍倾斜。但除了四大高手之外，在场的所有人都被蒙在鼓里，不知道棋局在不知不觉中发生了微妙变化。

等收完最后一个单官，大厅里鸦雀无声，空气也仿佛凝固了一般。

人们屏住呼吸，等待最后的结果。

吴敬堂上前准备数子，但西屏做手势阻止了他，轻轻点头说："我输了！"

兰如不由得吐了一口气，一面擦汗，一面说："半子吧？"

西屏说："半子。"

"西屏，你这官子是怎么收的？"吴敬堂动手复盘，"你这样走不就赢了吗？那样走也赢了……我都瞧出来了，你会瞧不出来？"

西屏拍额说："晕了，晕了！"

吴敬堂摇摇头，惋惜良久："西屏，你这盘棋恐怕是输大了。"

吴敬堂这么说，西屏并不在意，襄夏也说过类似的话，西屏也没往心里去。若干年后，当他再回忆这段往事，才知吴敬堂的话中其实大有深意，只是后悔已经来不及了。

吴敬堂阅人之深，非西屏可比，吴敬堂当时已有预感，以兰如的为人，今后不会再跟西屏对局了，因此这盘棋也就成为二人之间的绝响。能赢而不赢，再想赢已没有机会了。

在清代这四大家之间，有一件十分奇怪的事情，从现存的棋谱看，兰如和魏今的对局最多，有三四十局。西屏和魏今的对局有十余局，襄夏和兰如、魏今的对局各有十余局，西屏和襄夏的对局也有十局左右，即"当湖十局"。唯独西屏和兰如仅有一局棋谱留存。

两人之间的对局何以如此之少，已成为围棋史上的一桩悬案。

对于这个问题，前人也有过一些解释，如晚清鲍鼎的《国弈初刊·序》中讲述了一则传闻，略谓：

> 范、程毕生独少对弈者，则以兰如昔争天下国手某藩邸。同时十七人，西屏最少。兰如已胜其十六人，末至西屏，凡二日而局未终，通盘筹划，总输半子，会范酒后官子误一道，反负半子。某藩遂定兰如为天下大国手，一时公卿缙绅具币争迎，声名藉甚。西屏闻而悔之，欲出争胜，沽三载，不果往。及愈而程已耆老归，谢绝人事矣，故无程、范对局之谱。

按这一段解释，西屏和兰如对局绝少的原因是西屏曾患病，所谓"痁三载"，就是患疟疾三年。等他病愈，再想与兰如争胜，而兰如已老，"谢绝人事矣"。

这个解释多少有些勉强。我们知道，西屏与兰如的年纪相差约二十岁。西屏二十岁时已成"天下第一高手"，其时兰如不过近四十岁，正当壮年。那么兰如是何时"谢绝人事"的呢？从记载看，兰如六十二岁时还曾偕黄及侣、韩学元等国手，在高岱家中对局，并将三人对局辑为《晚香亭弈谱》。就算兰如六十二岁以后"谢绝人事"，他和西屏也有十多年的时间可以交往。在这样漫长的时间里，两人若想对局一决胜负，机会尽多，即便下几回"十番棋"也没有问题。

看来西屏和兰如之间确实发生了一些事情，以致两人绝少对局。但真相究竟如何，限于史料今天已很难判断了。因此，西屏和兰如在湖州转运使衙署下的这一盘棋，就显得弥足珍贵。但令人遗憾的是，这一盘棋也未能流传下来。

从清代的棋谱看，只有《寄青霞馆弈选》中载有一局西屏和兰如的棋，但这一局的真伪也曾有人提出质疑。

7 试坐观胜败，黑白何分明

大约用了半个月的时间，吴敬堂府邸已经聚集了二十多个全国各地来的围棋高手。其中比较著名的有：释愿船、李步青、李湛源、臧念宣、童和衷、陈苑游、赵两峰、吴来仪、蒋再宾、吴凤来、周春来、黄及侣、朱天直、朱天叙、郑连漪、钮亮周等。

其中释愿船、李步青、臧念宣、李湛源在乾隆后期被称为京师四国手，声名显赫一时。当然这是在范西屏、施襄夏两大棋圣仙逝以后。这四人去吴敬堂家参加棋会的时候，棋还没这么厉害，大约是范西屏、施襄夏让两子的水平。

来参加棋会的一共有四十多人，但有的人是看热闹来的，有的人水平不够，最终筛选下来共有十八个人参加比赛。

这十八个人可以说是集中了当时全国最强的高手，再要找比他们厉害的已经没有了。这十八个人来参加比赛的目的很明确，就是要争第一，争冠军，争盟主的宝座。

围棋正是在争第一的不停比试中，保持它不朽的魅力。

既然是比赛，就要讲究公平、公正。这十八个人首先遇到的问题就是怎么比赛才公平。

究竟下多少盘比赛才算公平？众人产生了分歧。

"所有一一对下，"臧念宣说："下得越多越好，这样才能保证公平。"

"那样需下17乘17共289盘，"吴敬堂说，"恐怕不是我这小小衙署所能承受的。"

"那你说怎么下？"程兰如说。

"我的意见，咱们就下九轮，"吴敬堂似乎胸有成竹，"一开始抽签决定对手，然后胜者对胜者，一直下到最后两个胜者，决出冠军。"

"九轮比赛，最多遇九个人，会有十多个人根本对不着，"臧念宣依旧反对，"试问公平何在？"

"还有一个问题，"李步青说，"有的人一开始没有下好，他可能始终处于下风头，赢多少盘也赶不上一开始顺风顺水的人。"

"你提的这个问题确实存在，"吴敬堂说，"不过我们这个比赛不是英雄排座次，而是只拔头一名，所以你提的这个问题就可忽略不计了。"

"我看可以采取一些补救措施，"梁魏今说，"比赛虽然决出了第一名，但任何人都可以向他挑战，这样大家也心服口服。"

众棋手都笑道："梁老说得有理！"

商量好赛事规则，比赛正式开始。

在吴敬堂衙署大厅里摆下九张棋盘，十八个人捉对厮杀，每天要杀到很晚才结束。

办这样一个私人棋会并不简单，吴敬堂不仅要负责比赛场上各种琐事，还要负担十八个棋手的饮食起居。有时赛场上发生一些意外情况，让他十分挠头。

这一天，臧念宣遇到范西屏，他前两轮已经赢了两盘，自我感觉还不错，决心要拿下第三局。

以前他没跟范西屏下过棋，虽然也听说过他的大名，但臧念宣想："高能高到哪儿去，也就跟自己差不多吧，真下起比赛棋，谁输谁赢还不好说，要看临场发挥。"

他暗自盘算，想夺得这个比赛的第一名。

他分析了一下形势，目前棋手中最厉害的要数程兰如和梁魏今，其次就是范西屏和施襄夏。程与梁是已经过气的人物，范、施属后起之秀，但和自己属于一个等量级，棋坛逐鹿，鹿死谁手，尚待分晓。

他想，只要这盘棋赢了范西屏，程、梁、施三人中再赢一个，这第一名就十有八九收入囊中。又开始做起第一名的黄粱美梦，心想得第一名千万不能骄傲，要谦虚、谦虚、再谦虚。又一想，已经是第一名了，还谦虚什么，此时不张狂，更待何时？又想到，得第一名是光宗耀祖的事，雍正皇帝召见，封他内廷供奉，披红挂彩，夸耀乡里……

棋手比赛最怕分心，棋还未下就想得这么多，这棋能下好吗？

想是想得挺好，但一交起手来却全不是那么回事。西屏的棋经常出人意外，颇费思索，有的棋前人已有定论，但若按定论应，在西屏这里必定吃亏，所以臧念宣缩手缩脚，应也不是，不应也不是，害怕中了圈套。

后来他索性不走棋了，例如第94手，西屏仅考虑了2分钟，下了一步。第95手臧念宣愣了两个钟点也没走棋。西屏闲得无聊，就起身走到别的棋桌看别人下棋。几年前在京城和黄得功的那盘棋，只因为他的一句话黄得功倒地猝死，从那以后他就再也不敢在对局时随便说话了。

西屏观战半个多钟头，等他回到自己的座位，臧念宣仍没有走棋，只是愣愣地瞧着棋盘，也不知他瞧什么。西屏一看，要照他这样的走法，这盘棋今天是下不完了。他只好去找吴敬堂，说出自己的担忧。

"今天下不完还行？那就把明天的计划全都打乱了。"吴敬堂说，"我去找他谈谈。"

吴敬堂走过去，把臧念宣叫到一边，说："你老不走棋是什么意思？"

"棋正下到关键之处，"臧念宣说，"我不计算清楚怎么走？"

"那你要算到什么地步才能走棋？"

"起码要算到一千步以后吧！"

"那得算到猴年马月呀，你这盘棋今天还下得完吗？"

"下得完下不完你总不能不让我想棋吧？"

"你要是老不走棋,我们就不得不追究你的态度问题。"

"我违反规则了吗?"

"那倒没有。"

"那你指责我什么呢?"

吴敬堂语塞。

臧念宣与范西屏这盘棋当天终究没有下完,原因就是臧念宣不走棋,需要第二天接着下。

这一下,整个比赛的节奏全打乱了。如果臧念宣第二天仍不走棋,吴敬堂还真不知怎么办才好。

当天晚上,吴敬堂召集了几个有名望的人,共同商讨对策。

首先他请臧念宣发言,这也是为了群策群力,不能因为一个人不走棋影响了比赛,就剥夺其发言权,而是让其充分发表意见,这也符合围棋"平等、公正"的精神。

臧念宣说:"我的意见很简单,不能因为我不走棋就指责我,因为我没犯规,这一点我与吴老也充分表达过。"

"西屏,你谈谈你的意见。"吴敬堂说。

"我是当事人之一,"西屏笑道,"我不好置喙吧?"

"我看这件事也好解决,"程兰如说,"干脆判两个人和棋算了。"

他这样说也是有私心的,比如赢一盘棋得两分,和一盘棋得一分,这一轮他赢了而西屏和了,那他在积分上就和西屏拉大了差距。

"和棋不行,会落下后遗症的。"吴敬堂连连摆手。

"落下什么后遗症?"

"以后都不走棋怎么办?"

"不可能,像今天这种情况只是个别,大多数棋手不会这样干吧?"

经过一番讨论,众人逐渐统一了认识,认为弊病出在时间上,一场比赛没有时间限制不行。

但过去从没有时间限制,完全靠棋手自觉,这是众人感到疑惑的地方。

"西屏和念宣这盘棋没下完,是一件好事情,"梁魏今说,"不是这盘棋,我们也不会想到限制时间。"

"我不赞成限制时间。"臧念宣说。

"为什么不赞成?"

"古人不限制时间,自有古人的道理,不能因为我们一时不理解,就一概否定。"

"你这是强词夺理……"

争辩十分激烈,但很快臧念宣就陷入孤立,因为在场的大多数人都赞成限制时间,只有他一个人反对,于是他也不说话了。

最终大家一致决定:对比赛设时间限制,一天结束。

具体来讲,上午辰时开始,至晚上戌时结束。中午休息一个时辰,晚上戌时未结束者,可以读秒五次,每次半炷香,超时判负。

这个规定尽管很粗糙,有许多尚待推敲的细节,但一经推出,立刻起到很好的作用。

比如臧念宣与范西屏这盘棋,第二天一早很快就结束了。原因也很简单,臧念宣一见那棋形势已经大差,无可挽回,不准备再耗下去,早早便认输了。

这主要是因为吴敬堂他们规定了时间限制,臧念宣已经没有了耍赖的依据,只好认输。

臧念宣,失其名,通州人,著有《弈理析疑》三卷。

臧念宣是一个很奇怪的人,喜欢制造"冤假错案"。比如,他有一盘与范西屏的对子局,由西屏让先,但他中盘胜。由于西屏让先的人本就很少,中盘胜西屏的人就更少了,本应该是值得纪念的一盘棋,但有人对这盘棋提出质疑,认为是造假。

吴修圃,无锡人,乾隆时举人,臧念宣著《弈理析疑》,修圃为之校订。

吴修圃评,闻诸黄贤书云:"念宣初从西屏受三子,后减至二子,从未曾到对子身份。盖渠与臧弈，弈不过分先。然则此局不知与何人狡狯，嫁名西屏，以自矜夸耳。"

这是说棋局造假，《弈理析疑》三卷也有造假的成分。

首先，臧念宣与范西屏的一局棋究竟是真是假，直到今天仍无法搞清。有人质疑，我们也难断真假，只能存疑。

其次，有人质疑《弈理析疑》一书中部分章节抄自程兰如评语，也有人质疑其中部分章节抄自施定庵评语。是臧念宣无心还是有意造假？都很难说。

当然，臧念宣之所以敢把棋局和《弈理析疑》的手稿拿出来，是因为在范西屏、施襄夏、程兰如死后。

在前天的会议上，吴敬堂等人不仅限定了时间，而且成立了一个"裁判委员会"，负责解决比赛场上出现的一切问题。

这一天，比赛进行到第五轮，释愿船适逢李步青，两人都是四胜一负，因此这一轮非常关键。

在场的棋手中，释愿船最怕的是李步青，原因是李步青的棋太稳，滴水不漏，要想抓他的勺子，难于上青天。而释愿船就是盘抓勺子的棋，没勺子可抓，他就没咒念了。

这盘棋释愿船执白先行，开局不久就连犯了三个错误，先是一个大型定式走错了次序；接着强跑孤子，被李步青走在外面占了点便宜；再者，释愿船在逃孤的过程中，棋形的处理不够顺当，有点别别扭扭。

犯了这三个错误，释愿船的棋很快就处于下风。

日本有一位著名棋家说过：执黑先行可以犯三个错误，这是因为执黑先行大约有10目的优势，犯三个错误把10目的优势都抵消了，也就和白棋持平，还有望挽回局面。但不能犯第四个错误，再犯错误就一定要输棋了。

执白后走则一个错误也不能犯，因为一开始就有10目的差距，已经难上加难，如果再犯错误，肯定要输得一塌糊涂。

释愿船开局就犯了三个错误，局面虽然还能维持，但他心里明白，这局棋已处下风，很难挽回。不过他仍咬牙坚持，绝不肯轻易认输。

中盘时两人互相围了一块棋，准备对杀比气。李步青意定气闲，因为像这种你围我、我围你的棋，最多双活，没有死活的问题，所以他毫不在意。

释愿船就不同了，胜败在此一举，所以他睁大眼睛，苦思冥想，一心要走出妙棋来。

他的一番苦心居然打动了老天爷，他最终走出一个"三劫循环"。

这种"三劫循环"是一种很奇特的棋形，非机缘凑巧很难走出，大约一万盘棋能走出一盘就不错了。

李步青目瞪口呆，他没料到会走成"三劫循环"。由于当时没有人见过这样的棋形，都不知如何判断这盘棋的胜负。

这个问题就提交裁判委员会，由他们判断谁胜谁负。

吴敌堂找到李步青和释愿船，说："我们判没问题，关键是你们俩服不服？"

"服。"两人都说，"你评棋，谁敢不服？"

吴敌堂又去找梁魏今，问他："你对那盘棋怎么看？"

"如果要走，一万年也走不完。"梁魏今说，"没办法，只好判和棋。"

"那盘棋我看了一下，确实是李步青赢棋。"

"那他怨谁呀？谁叫他不小心，让释愿船走成'三劫循环'呢？"

"过去都说释愿船小错小胜、大错大胜，我还不信，今天算是领教了。"

吴敌堂当众宣布了裁判委员会的意见，判李步青、释愿船那盘棋"和棋"。两人也同意，没提出异议。

比赛已接近尾声，经过七轮比赛，两组各选出四人进行淘汰赛，又经过紧张激烈的三轮角逐，最后剩下范西屏和程兰如两人，由他们俩进行冠亚军决赛。最终范西屏中盘胜程兰如，获得第一名。

据说，晚清的某位棋家在编纂各大家弈选时，曾到处搜求西屏和兰如的对局，但一局也不可得，后来就去拜访吴敬堂的后人。据吴家的后人说，当年他们的老祖确实将那盘棋记录下来了，而且与他收藏的其他棋谱一起，装订成册，一生把玩，视为珍宝。并且立下遗嘱，死后要将棋谱陪葬，相随于地下。吴敬堂过世后，家人不敢违背他的心愿，就将棋谱放在棺材里，一同葬了。

那位棋家听后，叹息良久，知道事情已无法挽回，只好作罢。

8 棋圣争霸十盘棋

乾隆四年（1739），范西屏、施襄夏应浙江当湖世家张永年之请，去他家教棋。

当湖又名柘湖，乃浙江平湖的别称。永年字丹九，家中五世善弈。永年及其子敦坡、香谷皆能文工弈，有"柘湖三张"之称。张永年曾将范、施授子谱选录28局，辑为《三张弈谱》行世。

从《三张弈谱》可以看出，虽是授子，范西屏弈得少，施襄夏弈得多，这大约和两人当时的身份有关。西屏是天下第一高手，襄夏稍差一些。襄夏的进步是有目共睹的，但没经过比赛的考验，也很难认定他的棋力到底涨了多少。

这一天张永年和施襄夏闲聊："施先生，您和范先生下过十盘棋吗？"

"下过，十年前在北京下过一次，"襄夏回忆说，"五年前在海宁知县林凤溪家也下过一次。"

"胜负如何？"

"当时我的棋还不行，在北京那次2比7被师兄让两子；在林凤溪家那次我也以4比6输了。"

"后来就一直没下吗？"

"一直没下。"

"那如今何不在我这儿下一回十盘棋呢?"

"好哇,只要师兄愿意,岂止下十盘,下二百盘都行。"

张永年下定决心,说什么也要促成这次十盘棋。

按我国明清之际的习惯,高手相约,一般以十盘棋为一轮,净胜局每领先四局者,交手棋份即提高一格。这种十局棋含有正式对抗的性质,因此对棋手来说是一件生死攸关的大事。吴清源曾形象地称这种"擂争十盘棋"是一场悬崖上的白刃格斗,特别是在争夺棋界第一把交椅的擂争胜负中,胜者名扬四海,誉满天下;败者一蹶不振,棋士生涯就此断送。

张永年想找范西屏谈一谈,问他愿意不愿意和施襄夏来一回十盘棋比赛,凭他的老面子,想来范西屏不会拒绝。但成名的人物一般都有持泰保盈的思想,一旦拒绝,再想撮合他下十盘棋就不容易了。所以,张永年犹豫再三,也没敢和范西屏撮合十盘棋。

这一天,张永年和范西屏聊起棋坛掌故,说起黄龙士和盛大有的十盘棋,盛大有是明末最著名的国手,黄龙士初起时指名向他发起挑战,双方大战 7 局,龙士取得压倒性胜利。不过当时盛大有已年逾七十,精力不逮;龙士年方十八,正锐气无伦、所向无敌之际,胜负的天平倒向年轻人也在意料之中。

西屏对此颇为不满,对永年说:"大抵劲敌当前,机锋相迫,则智虑周详,若非劲敌,虽胜亦乏精彩。"

"两人年事悬殊,棋力亦有高下之分,"永年说,"因而龙士虽胜,也难免胜之不武。"

"真正的十局棋需要两位对垒者年龄相当,棋力相当,这样双方才能各尽所长,绝无遗憾,上下古今,殊不可多得也!"

"您提出一个标准,不过有点太难了。当今之世,能和您对垒十局棋的对手又有几个呢?"

"除了一个人,"西屏思索了一下,"恐怕再也没有了。"

"您说的是谁？"

"施襄夏。"

"襄夏的棋比您还是差一点吧？"

"不好说，我感觉他的棋最近涨了一大块……"

"您认为他能涨多少呢？"

"半子左右吧。"

"半子也能算一大块吗？"

"对于他那种水平，半子就是一大块了。"

"范先生，我有一个提议……"

"什么提议？"

"您和施先生在我这儿下一回十盘棋怎么样？"

"好啊，一来看看襄夏的棋涨了没有，二来看看我的棋退了没有。"

"您的棋怎么会退呢？"

"刀不磨就钝了，这几年很少遇到强手，我自感棋也生疏了不少！"

张永年也没想到十盘棋这件事没费吹灰之力就撮合成了，心中十分高兴，急忙去找施襄夏报告喜讯。

襄夏也很诧异，说："师兄真的答应了？"

两人一起去找范西屏，西屏首先说："师弟，永年出了个好主意，叫咱们下一回十盘棋，你意下如何？"

"好啊，师兄，你只要愿意下，我甘愿奉陪。"

"下之前咱们是不是要定一下棋份？"

"我的棋不行，你还是让先吧。"

"让先恐怕是让不了了，我看还是分先吧。"

"师兄，你真是不让人活了，这不是一开始就判定我输了吗？"

"你还是好好下吧，别到时候我这个棋坛盟主都要拱手相让呢！"

范、施十盘棋第一局，施襄夏执白先行。

按我国现在的规矩，一向是黑先白后。但在古代则是白先黑后，故这一局施襄夏执白先行。

双方交手一开始，即在左下角陷入混战。这么快就大打出手是有原因的。原来中国自古以来施行的是"座子制度"，即每当棋局开始时，双方要在对角星位各放一个子，即称座子或势子。

这种制度对我国古代围棋影响很大，产生两大特点：一是布局单调，永远只有对角星一个布局类型。二是由于布局单调，决定胜负大多在中盘，中盘战斗异常激烈。古代高手战斗力之强，计算之深远，现代高手都自叹弗如。

范、施左下角的战斗是从一扳一断开始的，俗话说："棋从断处生。"但这一断将黑白分为四块棋，每一块都半死不活，需要处理。范西屏从外面一拢，将白棋罩在里面，此手看似严厉，但有让子的嫌疑。对施襄夏这样的高手来说，想把他罩进去就吃是不可能的。果然，襄夏手筋、妙手迭出，将棋轻盈走出，而黑棋却落了后手。

当时的形势是：左下黑棋需补一手，否则白棋一点就死。左上白棋靠压出去，将黑棋分为两段，黑棋将陷于更大被动。

为大局着想，黑棋万般无奈，在左上跳了一步，为将两块棋连上。左下则被白跳进点死。

这盘棋是从下午开始的，此时天已渐渐黑了，张永年叫人点起大红蜡烛。

一上来不过几十步棋，就死一块棋，旁观的张永年和他的两个儿子张振西、张元若都暗暗吃惊，但见西屏不动声色，眼皮眨都没眨，心中却有几分疑惑。

见西屏正襟危坐，一门心思思考棋局，张永年朝两个儿子打了个手势，爷三个人走到屋外。

"爹，"张振西首先问道，"您认为形势如何？"

"差不多吧。"张永年犹犹豫豫。

"怎么会差不多？"张元若说，"这么早就死了一块棋，我这么臭的水平都看出范先生不妙了。"

"但范先生若无其事，"永年说，"他之所以这么走，肯定有他这么走的道理。"

"有什么道理?"元若说,"要是我的话就再加一刀,彻底把这块棋吃净,让他一点念想也没有!"

"高手怎么想的,"振西说,"不是你我这样水平的人所能料到的。"

"那倒也是。"元若一笑了之。

三个人又回到大厅里。

再看棋局,范、施二人无时无刻不在殊死拼杀,着着不离后脑勺,已是真刀真枪的血战。时近隆冬,对局场上呈现出一片阴气袭人、满地月色的凄凉景象。

关键时刻,范西屏突然在左下死棋处一挖,时机恰到好处,白棋若打吃黑棋,黑棋可先手补净下面断点,然后在右边吃白几子,占很大便宜。

施襄夏陷入了沉思。

突然,鲜血从范西屏的鼻孔中冒出,把他穿的白布长袍染红了一块。

永年和他的两个儿子吃了一惊,急忙上前帮忙,但那血已有止不住的趋势。永年叫两个仆人将西屏扶到厅外走廊,替他止血,扶他躺在一张木榻上,额头上敷一块湿毛巾。

西屏躺不住,几次挣扎着要起来,说:"对方考虑的时候,我也想去看看。"一时拦挡不住,他便强打硬撑地坐到棋枰前,只觉天旋地转,嘴里说:"不行!"又踉踉跄跄回到走廊躺下。

此时,表情严厉的施襄夏正在长考,刚才的事一发生,惊慌失措的人们水呀、药呀喊个不停,然而,刚才的事他全都置若罔闻,他就这样默默思考了一炷香,可谓寸心不乱。

"施先生,休息一会儿好吗?"张永年问道。

"还是快点下吧,可以早些结束。"施襄夏慢吞吞说道,又仰起脸向走廊那边问:"师兄,怎么样,休息一会儿好吗?我这一手马上就要下了。"

话音落下后,大厅里鸦雀无声,又过了几分钟,面色惨白的范西屏用湿毛巾缠住头，步履蹒跚地从外面走进来。与此同时，施襄夏也将他思索半天的棋打下。

"休息吗？"西屏问。

"休息吧。"襄夏应道。

两人商定休战一炷香。

襄夏倒了一杯茶，饮茶休息。西屏仍需冷敷头部，便低着脑袋，摇晃着走向侧室，在黑暗中消失。

张永年仔细审了一下棋局，判断说："局面似难挽回，不过……"

元若说："不过什么……"

永年说："范先生这一挖，施先生没理，恐怕不妥……"

振西说："我倒没看出有什么棋……"

三个人怕影响施襄夏，只是小声议论，又惦记范西屏，就一起到侧室去照看西屏。

自古以来，为争夺棋界第一人的地位，往往是由一次"擂争十盘棋"或二十盘棋来决定的。因此，任何对局者都会强烈感到成败在此一举，不得不舍生忘死地在棋盘上展开决斗。

其实，像范西屏这样下棋流鼻血是很普通的事，下棋吐血的事也屡见不鲜。我们前面所举姓黄的老国手，与范西屏对弈，因一句话不合，一时激愤，突然喷血倒地而亡，即是一例。

还有一个更典型的例子。日本天保年间，为争夺"名人棋所"，井上家的赤星因彻代表师父向第二世本因坊丈和挑战，输棋之后也吐血不止而倒下，可惜一代英才生命的火花刚刚闪烁了二十六个春秋，就溘然熄灭了。

为争夺棋界第一人的宝座而进行的擂争胜负，从来都充满着残酷的血腥味道。

一炷香的时间很快就过去了，范西屏、施襄夏又坐到棋盘两边。西屏的鼻血止住了，状态看起来也好多了，他仔细审视了一下局面，心中暗暗惊喜。原来，他挖了一步以后，襄夏没有理，而是在右边补了一步，显然对他的挖重视不够。在他流鼻血的时间里，襄夏本应该仔细思考西屏那一挖的严重性，但他却轻易放过了，走在不是要点的地方。

西屏不动声色，并不在右边动手，而是先走左边。两人一来一往，各有所得，西屏看看，即使他在左边动手，恐怕还不够。于是又在右边碰了一下，双方折冲的结果，西屏吃掉对方十几个子，襄夏断掉对方一个子，把右边的边空收为己有，右边折冲的结果基本两分。

可惜西屏沦为后手，襄夏此时也领悟到左边需补一手，若他小尖补一手，就什么棋也没有了，这盘棋肯定会赢下来，谁知他没有小尖，而是飞了一步，这样就留有漏洞，西屏抓住机会，毅然打下，结果双方走成双活。死棋走成双活，局势顿时逆转过来。

襄夏目瞪口呆，后悔不已，狠狠打了一下自己的脑袋。

之后双方又走了100多手，西屏再也没给襄夏一点机会。襄夏虽然竭力反扑，但西屏应对得当，终于赢下了这盘棋。

1比0，西屏在必输无疑的情况下，费九牛二虎之力赢了"擂争十盘棋"的第一局。

又过了两天，范西屏、施襄夏开始了"擂争十盘棋"第二局的角逐。

这一局双方交换黑白，由西屏执白先行。襄夏似乎吸取了第一局的教训，开局便低位占地，棋走得非常坚实，坚实到连劫材都不留给对方。西屏依旧潇潇洒洒，在对方牢固占地的同时，早已捷足先登地张开大网，布局阶段给人的印象是黑棋稍稍落后。

襄夏一手一手苦思冥想，反复推敲，比如他的第16步棋用时62分钟，第28步棋用时54分钟，第72步棋用时63分钟，他的长考给张氏父子留下了深刻印象。

中盘时，襄夏猛然打入白棋的大模样之中，双方短兵相接，绞杀在一起，结果黑棋吃了对方几个子，有一定收获，但白棋的模样也都成了实空，从整个局面来看，黑棋并无好转，陷入苦战的印象难以消除。

局面虽然稍差，襄夏仍耐心坚持，终于等来了机会。第127手西屏一路伸腿小飞，原本是想赚取小小的两目便宜，谁知竟是失着。襄夏猛烈反击，造成一个大劫。

这个大劫费了三十几手才彻底解决，打劫的结果是白棋净损 5 目。想便宜 2 目，结果净损 5 目，整个局势也变为黑棋好两三目。

这个结果是西屏始料未及的，后悔也来不及了，一时血压升高，鲜血仿佛要从天灵盖上喷出来。

张氏父子的立场分为截然相反的两派，父亲张永年偏向范西屏，儿子张振西、张元若偏向施襄夏。为什么？主要是襄夏比较随和，平时与振西、元若下棋也多，所以这两人和他亲近。

当西屏形势占优时，永年暗暗高兴，此时襄夏靠打劫翻转局面后，振西、元若喜形于色，不由得竖起大拇哥。

西屏和襄夏仍苦战不休，棋局已渐入尾声，由于是不贴目的对局，若照正常打下去，将是黑棋好两三目的局面。

不料棋局千变万化，关键时刻襄夏竟走出失着，第 207 手襄夏只要往上长一手，明显胜局已定，谁知鬼使神差，他却从下面顶了一手。这一手是先手，因为上面有一个打吃，黑棋如果补一手，白棋再长上去，黑棋依旧是胜局，但白棋没有长。

西屏已经机敏地发现这里有棋，兴奋不已，他想趁襄夏还没醒悟过来迅速打一手，拿起棋子，手又缩了回来。生死时刻，不得不谨慎从事，又计算半天，方从上面扳了一手。

这一手未免欺人太甚，襄夏只好打了一手，西屏反打挑起劫争。

这个劫很大，关系到黑棋吃哪几个白子的生死，故白棋提一子后，黑棋只好补棋，白棋又提一子，仍是打劫。

此时黑棋的劫材已经用尽，只好吃白棋两子，白棋在外面打吃黑棋一子，黑棋只得单官接回，白棋提黑一子，结束了劫争。

劫争的结果，黑棋吃白两子得 4 目，白棋提黑两子，加上里外所得，起码便宜了八九目。

这局棋最终白棋 2 目胜。

张永年父子三人看得目瞪口呆，他们一方面为西屏高兴，佩服不已，觉得西屏打劫这几手棋出神入化，匪夷所思；另一方面为襄夏感到惋惜，已经赢到家的棋，只因一步不慎，就胜局成为败局，叫人扼腕叹息。

振西和元若积极复盘，元若指着打劫前那一局部，说："白棋不顶，直接长怎么办？"

西屏微笑说："那我只好认输了。"

襄夏摇头苦笑说："晕了，晕了……"

"擂争十盘棋"的比数是2比0，西屏领先。

9 对面不相见，用心如用兵

前两局棋西屏连胜，旁观者张氏父子咸以为西屏是天下第一高手，他得胜也是理所当然的。大家都不看好襄夏，认为他剩下的棋堪虞。

唯有西屏不这么认为，他回到住处，仔细研究了前两盘棋，认为襄夏的棋涨了，万万不可轻视。

第一局棋，一开始西屏就被襄夏点死一块棋，可以说胜负已定，中盘时他挖了一步，襄夏没理而走在别处，之后襄夏补棋又大了一步，被西屏抓住机会，反败为胜。

第二局棋，一开始他形势占优，中盘时他为了便宜两目棋，被襄夏顽强做了一个劫，打劫的结果，襄夏便宜5目，整个局势逆转。直到最后，襄夏一着不慎，西屏再次挑起劫争，终于反败为胜。

棋局反反复复，精彩激烈，堪为棋人师表。两次反败为胜说明了一个问题，那就是襄夏一度形势占优，只能说西屏赢得有点侥幸。

西屏觉得，他和襄夏已经站在同一起跑线上，某些地方襄夏似乎还略占优势，谁胜谁负还很难说。

在西屏复盘的同时，襄夏也在他的房间里仔细研究那两盘棋。他主要研究自己是怎么输的。这两盘棋他都一度占优，最终却让"煮熟的鸭子飞走了"。他觉得和西屏相比，他在布局、中盘、官子方面并不差，唯独在中盘战接触方面算得不够精细，经常出现"勺子"。和师兄下棋，必须精细、精细、再精细，宁可想的时间长一些，再长一些，绝不轻易出手。

又过了两天，范、施开始了第三局的角逐。

这一局由范西屏执白先行。也许有人会问：上一局就是范西屏执白先行，怎么这一局又是范西屏执白先行？三局"投拆三"，彼此之间有关联，故不得不打乱"擂争十盘棋"的次序。

布局阶段，双方围绕一个拆三，展开了激烈战斗。白棋挂右上角，黑棋拆三夹击，白跳起，黑大飞守角。双方走得都很正常，关键是下一步白打入黑拆三，引起很大争议。《寄青霞馆弈选》中曾有"凡投拆三，有意挑战，弈家所忌"的说法，可见古人对这一激烈的着法基本持否定的态度。

白打入拆三后，黑两头处理，白打入一子也不得不跑，黑两边都处理得挺好，而白犹如从夹缝中向外出逃，出路狭窄，右上两子愈显孤单。

双方在右上角展开激战，白方腾挪巧妙，吃了黑方五子，基本挽回了左上投拆三所造成的损失。

接下去，黑白在右上角又展开激烈的争夺，西屏妙手频发，襄夏应付裕如，黑方虽破了一些空单官连回，白方也基本保住了角空。

战斗又转到右下角，黑160的靠，粗看使人莫名其妙，细算才发现奥妙无穷。白方只好在吃黑方几子的地方补一手，黑方得以将白方顺利封锁。

可以说，黑160的靠是决定性的妙手，非常人所能想象，其构思之巧妙、计算之深远，实令人惊叹。

最终黑方胜白方九子半。

这是施襄夏胜的第一盘棋。

张氏父子也为襄夏的胜利感到高兴，永年说："这么精彩的棋局，不记录下来岂不可惜！"

振西说："若下完后再记录，恐怕太费劲。"

永年说:"不如当场记录。"

"好啊,我和大哥包了。"元若说,"父亲就不用管了。"

三个人商量,在范、施对弈的旁边设一条案,由振西和元若进行记录,永年又找人刻了几百个黑红印章,黑的代表黑子,红的代表白子。

又过了一天,范、施的第四局开始了。

这一回由施襄夏执白先行。

布局阶段,黑14又投拆三,白15跳起,黑16跳下,这是接受了上一局的教训所做的改进,目的是声援打入的一子,白17尖住,不让黑一子度过。黑方只好出动打入拆三的一子,双方折冲的结果,黑方在右上角连压,使白方四路成了一块很大的空,黑方打吃一子,断下白方数子。但白方妙手连发,形成对杀,黑方不得已在左上吃白方二子,白方也在右上吃黑方三子,黑方虽然破了白空,但大块棋没有净活。

黑猛攻白大块,白虽然巧手做活,但将黑走得很厚,黑点角后,白只能打劫活,白找不到相应劫材,只好在右上角换个劫打,白遂提劫,杀了白角。遗憾的是右上角是个两手劫,一手提不净,打起来格外费劲,结果白活了右上角,黑吃中腹白几子,但没有吃净,有一个劫,白随时可以打劫逃跑。

双方争夺异常激烈,火星四溅。

中腹的劫还未解决,白棋利用找劫又在左上角弄出一个劫,但白不是为了活棋,而是把它当作劫材,打中腹的劫,极有成算。白201至205先将左下角黑两子割下,黑也加一刀把左上角吃下,双方又将焦点集中到中腹的劫上,由于白在左上有众多劫材,白最后打赢了这个劫,从而中盘拿下这盘棋。

本局从黑14投拆三开始,双方即展开激烈攻杀,从头杀到尾,丝毫不让。双方在右下角、右上角、中腹、左上角接连进行殊死劫争。每个子都物尽其用,即便是"牺牲",也要榨干最后一滴血,熬尽最后一滴油。

何谓围棋?我们可以从范、施两大高手的对局中,领会其真谛。

施襄夏连扳两局,双方战成2比2平。

又过了两天，范、施的第五局开始。

这一局由范西屏执白先行。

布局阶段，西屏一上来就白13投拆三，与前两局完全相同，由此开始了全局的战斗。前两局西屏全输了，为什么又"故技重施"？显然有不服气的成分在里面。这一次西屏做了两处改进，一是右上角白11跳起，与黑12大飞作交换，然后再白13打入。二是右下角不尖顶而是白21跳下。

施襄夏也敌变我变，放右下角不理，而是尖顶左下角白两子，进行攻击，力争主动。争持的结果，白虽巧妙腾挪，吃黑数子，但黑形成强大外势，并有相当实空。之后，黑在右下角的应对中70、86连续不当，白已扭转了序盘以来的被动局面。

白93、95攻势凌厉，白99着想奇妙，至白115扳出，基本已控制了局面。

白141毅然打入右边黑阵，破坏黑唯一的大本营，不仅仅是靠勇气，更主要是靠极其精确的计算能力。白棋的活法相当巧妙，先在左下角动手，当然不是为了活角，而是确保白155上长为绝对先手，至白161，在庞大的黑阵中轻松地活出一块棋，的确本领高强。

眼看局势已弱，黑棋疯狂反扑，间有妙手出现，白棋小心应对，使黑的努力成空。

最后，西屏中盘胜襄夏，场上比分3比2。

话又说回来，西屏赢了这盘棋，与投拆三有关系吗？或者与他的两处改进有关系吗？实际上，与投拆三没有多大关系，投拆三只是让左下角的黑子陷于被动，全局处于不妙的局面。右上角白11跳起与黑12大飞作交换，后来起到很大作用，这是西屏改进所起到的效果，但与投拆三没有太大关系。

统共才下五局棋，居然有三盘"投拆三"，是不是太多了？其实，这表现了西屏研究的精神。后来西屏在他的著作《桃花泉棋谱》中讲解了第三盘棋，对"投拆三"的评价只用了一个字"躁"，基本否定了这个打入。

这就是大国手对一个打入研究的结果。他的这种研究精神永远值得我们学习。

在范、施的"擂争十盘棋"中有一个怪现象，一是范西屏执白先行有六局，施襄夏只有四局，这与惯例不合。二是十盘棋中缺少"投拆三"的第二局。

这个不合理的现象一直流传至今，已有两百余年。

后来，有一个围棋爱好者翻看了大量资料，对这个问题提出疑问。

他的疑问如下：

1. 所谓的"当湖十局"，有一个问题常为人所诟病，即范西屏执白先行有六局，不符合"擂争十盘棋"的规矩。若把第二局纳入这十局棋，而拿掉一局范西屏执白而输掉的棋，双方均是五局执白，五局执黑，岂不更自然一些？

2. 第二局攻杀激烈，其精彩程度不亚于"当湖十局"中任何一局，这样一盘"绝妙好局"被排除在"当湖十局"之外，岂不可惜？

3. 还有一个重要的证据，即"当湖十局"中有两局"投拆三"，而拿掉的第二局也是"投拆三"。细究这三局"投拆三"，它们之间有着紧密的联系，从中可以看出范西屏探索棋艺的心路历程。由此可以判断，这三局棋从时间上说相隔不会太远，大约都是范、施二人在这场"擂争十盘棋"期间下出来的。

因以上三点理由，第二局理应入选"当湖十局"，将它排除在外是没有道理的。

下完第五局，范、施二人均感身心疲惫，西屏说："太累了，休息几天吧。"

"那就休息几天，"张永年说，"我吩咐厨房精心准备好饭好菜，你们好好补补身子。"

他又告诉范、施，他为了这次"擂争十盘棋"特地请了个名厨，其拿手的是淮扬菜："两位要不尝尝，那可就是终身的遗憾！"

他这么一说不要紧，第二天就有人登门拜访，好像要尝尝他们家的淮扬菜。接连几天，又有一些人上门求见，都是围棋高手和围棋爱好者，其中有袁枚、吴敬梓、李斗、李步青、释愿船、胡肇麟、童和衷、李湛源……

张永年家境殷实，为人极谦虚好客，看见来了这么多人，心中十分高兴，吩咐下人打扫房间，安排客人住下，又吩咐厨房加人加班打点伙食，务必让客人满意，不要落了褒贬。

客人大多与范、施熟悉，多时不见，相聊甚欢。一听"擂争十盘棋"已下完五盘，都说可惜，这么精彩的对局没看着，岂不是终身的遗憾？大家都找振西、元若要棋谱，两个年轻人说："我们也是从第四盘才开始记录，统共才记录了两盘棋。"

"那三盘呢？"众人说。

"两位老师从头杀到尾，一个劫接着一个劫，直杀得昏天黑地，我们也复得昏头涨脑，还弄不清楚呢！"

大家知道两位棋力稍差，倒也不能苛求，还是等他们慢慢复吧。几个会下棋的人技痒难熬，捉对厮杀起来。

李步青找释愿船练手，李湛源找胡肇麟下棋，胡肇麟不下，走去找范、施聊天，李湛源一时找不到对手，就站在旁边看李步青和释愿船下棋。

袁枚指着李湛源问胡肇麟："你认识他吗？"

胡肇麟说："认识。"

"这个人脸生得很，没见过。"

"他叫李湛源，江苏南通人。在京城闯出点名气，就是脾气太臭，站不住脚，所以就回来了。"

"怎么说呢？"

胡肇麟就给袁枚讲了一个李湛源的趣闻逸事：眼下京城弈风犹盛，王公贵族常邀高手下棋以为娱乐，高手往往慑于权势，利其资财，与权贵对局而故意退让。湛源性格桀骜，独不愿趋附这等陋习，凡与达官贵人下棋，科头跣足如平时。有一贵人常与湛源下棋屡战屡败，面子上很不光彩，使人暗中馈赠银两，希望手下留情。湛源表面应诺，但到对局时照胜不误。贵人一气之下遣使诘问，湛源大声说："我岂贪汝上司钱财？"

还有一件事。湛源在京城与达官下棋，见对手棋艺太差、下子缓慢，心中颇不耐烦，下到半盘时，脱下自己的袜子放在棋盘旁边。达官很为不满，责备他不懂礼貌，湛源顶撞说："你的臭棋与我的臭脚正是一样。"

讲到这里，胡肇麟说："就这么一个人，棋下得不错，只是行为怪诞，遭人嫉恨，在京城难以立身，只得落魄南归。"

"我倒挺欣赏他的为人，"袁枚说，"弈棋不为稻粱谋，如今这样的人是越来越少了。"

两人正说着，只听那边有人争执起来，两人走过去一瞧，原来李湛源和李步青为一步棋发生了争执。李步青在右上角双挂，释愿船尖出，李步青点角。就是这步棋招致旁观者李湛源的反对，说："点角有问题，这是自古以来就有的定论，你看有高手点角的吗？"

李步青说："我也是试一试，看看点角行不行。"

"你这不是强词夺理吗？"

李步青恼了，说："你高，要不你来？"

李湛源的指责并不错，中国的古棋确实没人点角，为什么？最合理的解释是，中国的古棋有一个贴子的规定：任何一块活棋，贴还2目，两块棋贴还4目、三块棋贴还6目，以此类推。古人不点角，就是怕增加了棋块，反而要多贴目。

那么中国古代这个贴棋块的规定有没有道理？其实大有道理。现代棋没有贴棋块的规定，结果现代棋家无所顾忌，随便打入，只求活一小块,有两眼就行,结果一盘棋活了七八块,其中好几块都是两眼活棋,缺乏艺术性。

解释完古人为什么不点角,我们再来说说李步青、李湛源之间发生的争执。

手谈、手谈,围棋为什么叫"手谈"?观棋不语乃是下棋人的准则,尤其是高手,最腻歪旁边有人支着、说话。李湛源也不是有意多话,但他不拘小节,不知不觉就犯了棋人的忌讳。

此时见李步青恼了,李湛源也挺生气,冷笑一声,拿一把折扇连扇了七八下,走到一边,看别人下棋去了。

袁枚回来问范西屏:"你现在和李步青怎么下?"

"原来让三子,"范西屏说,"现在让两子,前些日子让两子六盘,结果3比3,看来两子也快让不动了。"

袁枚又问胡肇麟:"你说,李湛源和李步青比,谁的棋高一些?"

胡肇麟说:"那谁知道。"

两人正说着,忽见一个姑娘从外面走了进来,嘴里说:"范西屏在吗?范西屏在吗?"

一屋子人都盯着她,感到十分诧异。一来下棋的女人少,男人堆里突然出现个女的,格外显眼;二来她一出现就找天下第一高手范西屏,自然引人好奇。何况这个姑娘年纪不大,也就十六七岁的样子,长得分外清秀脱俗,有一种让人欲近不得、欲远不舍的感觉。

"姑娘,"胡肇麟忍着笑,说,"你找范西屏做什么?"

"听说他是天下第一高手,我要向他挑战。"

听了她这句话,一屋子人都吓了一跳。胡肇麟说:"你既然知道他是天下第一高手,怎么还敢向他挑战?"

"我经过很长时间的认真研究,发现了范西屏的棋有一些重大缺陷。"那个姑娘一本正经地说,"我自信可以打败他。"

"姑娘,你是不是经常在家下棋?很少出来下吧?"

"不错,我是经常在家下棋,但我接触的也都是高手……"

"你接触的都是什么人?"

"我父亲、我伯父、我叔叔……"

"你不是要下棋吗,我陪你下一盘如何?"

"你是范西屏吗?"

"不是。"

"可我找的是范西屏,不是你。"

"你先跟我下一盘,你要是赢了我,再跟范西屏下不迟。"

其实范西屏就在旁边,但他不准备现身,只是瞧胡肇麟逗那个姑娘,感到很有意思。

只听姑娘说:"我跟你下也可以,怎么下呢?"

"一般不认识的我都让六个子,我就让你六子吧。"

"你懂不懂规矩?"

"什么规矩?"

"没下过的第一次下只能分先,然后一盘一涨。"

"好啊,那咱们就一盘一涨。"

那姑娘就是一个"书房棋",哪见过胡肇麟这样胡杀乱砍,隔着十八丈远张着大嘴就要吃人。结果那个姑娘连输了三盘棋,第四盘该让三子了,那姑娘见一屋子的人都瞧着她笑,不由得汗如雨下,满面通红,一副楚楚可怜的模样。

胡肇麟只装作没瞧见,嘴里说:"三子,该三子了吧?"

"我早上没吃饭,头有点晕,等我回去吃点东西,再来向你请教,行不行?"

那姑娘说着话,起身就走,胡肇麟忙叫住她:"你还要上哪儿吃饭?就在这儿吃点,这儿什么都有。"

"这儿的饭我哪吃得惯!"

姑娘撇撇嘴,一溜烟地走了。

夜晚,范西屏一个人在屋里拆棋。这个时候夜深人静,可以一个人静静思考,是他最喜欢的时候。今天他有点静不下心来,原因是上午来的那个姑娘不时牵动着他的心，他只觉心里乱糟糟的，根本思考不了问题。

忽然人影一闪，一个姑娘出现在范西屏面前，他吓了一跳，定睛一瞧，正是上午来的那个姑娘，不由得问："你怎么来了？"

"我想拜你为师，跟你学棋，欢迎吗？"

"你是谁家的孩子？这么顽皮。"

"我怕说出来吓坏了你，"姑娘微微一笑，"还是不说为好。"

"我怕什么？"

"真让我说？"

"说吧。"

"我是狐仙。"

"狐仙？"

"狐仙，你怕不怕？"

"不怕，狐仙有什么可怕？何况是你这么漂亮的狐仙。"

"那你收我为徒吗？"小姑娘坐到范西屏对面。

"咱们先下一盘，看看我能不能收你为徒。"

"怎么下？"

"你说呢？"

小姑娘码上三子，走了十几步，西屏发现她的棋力很一般，不由得说："你不是狐仙吧？"

小姑娘说："为什么呢？"

"狐仙的棋能这么差劲吗？"

"那你觉得狐仙的棋应该怎么样？"

"至少应该能和我抵挡一气！"

"我年岁小，道行浅，学棋时间也不长，所以棋力不高。"

"狐仙还要学棋吗？"

"狐仙不学棋，难道天生就会？"

"我以为狐仙天生就会呢。"

这一天两人一共下了三盘棋，小姑娘全都输了。时间过得很快，已经有鸡打鸣。

"天快亮了，"小姑娘说，"我得走了。"

"听说狐仙怕见阳光，"西屏笑道，"有这回事吗？"

小姑娘不答，起身就走，西屏追了出去，但哪里还有姑娘的踪影？

西屏回到屋里以后，不由自主回想刚才姑娘的一举一动，心里说："她真是狐仙吗？"又一想："真要是狐仙，娶来当老婆也不错。"

另一个声音问："听人说狐仙是要吸人骨髓的，你怕不怕？"

"那有什么好怕的？"西屏心里说，"这样一个女子，又漂亮，又会下棋，你还想怎么样，死了也心甘！"

10 纹枰对坐，谁究此味

第二天，西屏见到吴敬梓，问他："有一个女子自称是狐仙，怎么才能查明她是不是狐仙？"

"那好办，"吴敬梓说，"你暗中跟踪她，一直跟踪到她的巢穴，不就真相大白了？"

"狐仙有法术，转瞬即逝，人怎么能跟踪？"

"我听过一个故事，是讲人怎么识别狐仙的，也许对你有点帮助。"

"你说来听听。"

"有一个人，认识一个女子，对他百依百顺，温柔体贴，要什么有什么。这个人就怀疑女子是狐狸成精，于是趁她不注意，在她衣服口袋里装了一袋黄豆。天一亮那女子匆匆离去，也没注意衣服口袋里有东西漏出，那个人就追随黄豆的踪迹，一直追到一座大山的洞穴旁边，向里一看，只见那女子正在吃东西，就悄悄走了进去，那女子见是他，也大吃一惊……"

"这法子可够笨的，要是那狐狸住个十里八里，他得装多少豆子才够？"

"我这只是个故事，你愿意信就信，不愿意信我也没办法。"

自此以后，那个姑娘经常趁夜深人静来和西屏学棋，两人的感情也越来越深。

西屏自幼立志要娶个绝色的女子，有这个姑娘在，他也感觉满足了，虽然她自称狐仙。

她到底是不是狐仙呢？西屏心想：他早晚要查明这个问题。

这一天，范、施"擂争十盘棋"第六局开战，这一局由施襄夏执白先行。

布局阶段，双方下得比较平稳，但黑右上角有棋，黑若不补，白可借攻角走强自己。因此，黑分断右上白棋，想以攻击补强各处。这个想法是不错的，但终属勉强，白仍借攻角走强自己，而黑断白的几子反而成了负担。白处于主动，黑忍痛弃掉九子，换取外势。

双方把焦点集中到左下角，黑利用换取的外势，二路飞攻击白几个子，白陷入了长考。

襄夏的棋，算路精密细腻，风格稳重老练，于棋理有精辟透彻的认识。襄夏对局时苦思冥想，谋略深远，意在子先。故他与西屏那样的天才型棋手对弈时，能以朴拙的计算抓住对手的漏着，反败为胜。襄夏一向反对随手落子，自题诗云："弗思而应诚多败，信手频挥更鲜谋。不向静中参妙理，纵然颖悟也虚浮。"

时间一分一秒地过去了，旁观的人都等烦了，大多数人都退出了客厅。一个钟头过去了，襄夏拿起了棋子，人们以为他要下子了，谁知他想了一会儿，又把棋子放了回去。

最后他终于下子了，他下的这个子让人大吃一惊，竟深入敌阵，大有置之死地而后生的意味。

大多数人疑惑不解，甚至像胡肇麟、释愿船这样一些好手也算不清其间的变化，谁知就在此时，西屏耳根子涨得通红，下意识地手一挥，竟把桌上的茶杯碰翻了。茶水流了一棋盘，张永年连忙上前擦拭，但也只能擦边边角角，棋盘中间却擦不了，怕把棋擦乱了。

西屏说:"没关系,就这么下吧。"

西屏耳根子为什么会红,把茶水也碰翻了?这是因为他已看到襄夏深入敌阵那步棋的厉害,此着一经落入盘上,西屏败局已定,面对这样的结果,他耳根子能不红吗?

果然,襄夏利用他深入敌阵的这个奇兵,将左下角的几个子走成双活,这几个子一活,局势已于己有利,最终襄夏以四子半的优势拿下了这一局。

范、施"擂争十盘棋"3比3打成平局。

旁观的人都说:襄夏深入敌阵的那一手,可谓精妙至极,仅学这一手,当满足矣。

晚上,范西屏躲在屋子里自省,检讨他白天输的那一盘棋。漂亮的小狐仙又来了。

西屏说:"我现在正和师弟下十盘棋,我想跟你定一个规程,十盘棋期间你就别来了。"

"你今天是不是输了?"

"输了。"

"拉不出屎赖茅房。"

"不管怎么说,反正你来对我有影响。"

"有什么影响?"

"脑子都让你搅和成一锅粥了。"

"那你就是承认我有魅力啦?"

"什么魅力?"

"把你搅和成一锅粥呀。"

"你同意不同意?"

"同意什么?"

"十盘棋期间你不来了。"

"不来就不来,你再叫我来,我还不来了呢。"

"那你走吧。"

"真叫我走?"

"可不真叫你走?"

"好,我走。"

小狐仙笑吟吟,说走就走,一闪身出了门,瞧瞧西屏并没有追出来,心里说:"这个棋呆子,还真不追出来?"想想自己要是再回去就没意思了,可是这早晚到哪儿去消遣呢?这时她听到说笑声,就顺着声音追寻到一间厅堂,站在门口向里面望去,只见里面人很多,除范西屏、施襄夏外,其他人几乎都到了。狐仙喜欢热闹,就大大方方走了进去。屋里的人都以为她是张家的亲戚,也没太在意。

只听袁枚说:"我朝围棋源流,国初时以周东侯为首,黄龙士幼年一出而驾乎其上,其艺之妙,殆天授也。时同徐星友、周西侯,虽曾与黄龙士对局,尚为未达一间。近日兰如先生体大思精,而范西屏、施襄夏二先生尤称神化,譬之于诗,黄龙士则王摩诘也,范西屏则李太白也,施襄夏则杜子美也,余则如徐、周、梁、程,各以其妙特立孤行,而均为艺事之不可少也。"

"袁大诗人评骘精当,"吴敬梓说,"足为弈家之定衡矣。"

"既然袁大诗人在此,"李斗说,"不如由袁大诗人赋诗一首,以志纪念。"

小狐仙问站在她旁边的人:"纪念什么?"

她旁边站着的释愿船遂打个稽首,恭恭敬敬地告诉她:"就是今天范、施下的那盘棋。"

只听袁枚说:"作诗可以,内容是不是非得今天这盘棋?"

李斗说:"那还用说吗?自然得是今天这盘棋了。"

"我作诗素乏捷才,"袁枚说,"要写今天这盘棋,一时半会儿怕是写不出来。"

"那你估计什么时候能写出来?"

"一天两天有可能,三天四天也说不定……"

"咱们也别太苛求了，"吴敬梓说，"只要与围棋有关，旧作也可以。"

"旧作也可以吗？"袁枚笑道，"那可说来就来。"说着咳嗽两声，清一清嗓子，念道："悟得机关早，都缘冷眼明。代人危急处，更比局中惊。张步临奔海，陈宫见事迟。分明一着在，未肯告君知。肯舍原非弱，多争易受伤。中间有余地，何必恋边旁？"

"好诗，好诗，"吴敬梓拍手说，"不过最后一句我有疑问……"

"有什么疑问？"

"金角、银边、草肚皮，古有定论。你说'中间有余地，何必恋边旁'，不是和古之定论唱反调吗？"

"这是我个人的认识，你可以不同意。"

袁枚有点不高兴，吴敬梓也无可辩驳，屋里的气氛似乎有些尴尬。"我有个提议，"小狐仙说，"既然袁大叔开了个头，我们每个人都来一首围棋诗好不好？"

"好，太好了，"吴敬梓第一个表示赞同，"每个人都作一首，谁也不许跑。"

有人又问："旧作也可以吗？"

"刚才不是说旧作也可以嘛。"

"能作就作一首，不能作就不作，"张永年说，"人生贵适意，性勿多苛求。"

"小姑娘，"胡肇麟有点不怀好意，"你是不是先来一首？"

"是我提议的，"小狐仙说，"自然应该由我先来一首。"

小狐仙大大方方站了出来，众人的眼光也都集中到她的身上，只听她念道："仙界一日内，人间千载穷……"

刚念了一句，只听吴敬梓说："慢！"拦住了小狐仙。

众人都说："又有什么事？"

"咱们办诗会，"吴敬梓说，"是不是把范、施也请来？否则就失去意义了。"

众人说："那就烦吴兄去请吧。"

吴敬梓也义不容辞，跑去请范、施，不大工夫范、施就随吴敬梓一起来了。

范西屏一眼就看见小狐仙，说："你怎么又跑到这儿来了？"

小狐仙不理他，说："人都来齐了吧？来齐了我就念了。"

遂念道："仙界一日内，人间千载穷。双棋未遍局，万物皆为空。樵客返归路，斧柯烂从风。唯馀石桥在，犹自凌丹虹。"

声音清脆曼妙，令人击节叹赏。

"这首诗听起来好耳熟，"李斗说，"好像是唐朝什么人作的吧？"

"不错，"小狐仙一笑说，"是唐朝孟郊的诗，名叫《烂柯石》。"

"他人之作也可以充数吗？"

众人都看向袁枚，因为他是大诗人，说话有一定分量。

"这位姑娘引得这首诗好哇，"袁枚说，"可以说是围棋诗的千古绝唱，'仙界一日内，人间千载穷。双棋未遍局，万物皆为空。'一千年才下一盘棋，一定是绝妙好局，可惜我们看不到了。"

"你说这些废话干吗？"胡肇麟不耐烦了，"你只说这位姑娘引用他人之作可不可以？"

"这位姑娘引用的自然是不错的，"袁枚说，"不过下不为例，别人就不要引用了，否则咱们这个诗会就没有必要办下去了。"

"那我就不作了，"胡肇麟说，"我原来也想学这位姑娘引一首他人之作呢。"

"瞧你这点出息，"施襄夏说，"不就作一首诗吗？"

"这么说，施先生是要来一首了，"胡肇麟赔笑说，"我洗耳恭听。"

"来一首就来一首，"施襄夏说，"我这首也是旧作，大家听了不要见笑。"说着念道："纹楸数闰按周天，著自神尧启后贤。毕竟璇玑循造化，个中元妙惜无传。"

襄夏念完以后，袁枚问西屏："你要不要也来一首？"

"我从来不会作诗，"西屏说，"还是不来了吧。"

"如此盛会，人人都要来一首，"小狐仙说，"你是主角，岂能不来一首?"

"我是什么主角?"

"我们办这个棋会,就是为了纪念你们下'擂争十盘棋',"吴敬梓说,"你不是主角,谁是主角?"

"你这可叫我犯难了……"范西屏说。

小狐仙说:"看你这么难,还是我帮你作一首吧……"

"行吗?"西屏问。

"行,"袁枚笑道,"只要这位姑娘能提供一首好诗,让我们大家都满意就行。"

"我提供的这首诗,"小狐仙抿嘴笑着说,"管保叫大家满意,尤其叫您满意。"

"要是不满意怎么办?"有人问。

袁枚说:"不满意自然要罚。"

"怎么罚?"又有人问。

"这个嘛,大家说吧。"

胡肇麟说:"不满意就打屁股。"

一屋子人就笑,都把小狐仙当成了小孩子。西屏心想:她要真是狐仙,起码修行了一千年,当你祖奶奶都行,你还要打她屁股,她不吃了你,就算你的造化了。

"我们这是诗会,应讲究气质,"袁枚说,"这位姑娘虽然年岁小,但我们也不要开玩笑!"

"那你说怎么罚?"

"依我说,她如果作得不好,就叫她把孟郊的《烂柯石》抄一百遍。姑娘,你以为如何?"

"可以,"小狐仙笑道,"我这首诗如果有人说不好,我甘愿受罚,抄《烂柯石》一百遍。"

"你先别说大话,"西屏说,"袁老可是大诗人,他说好才算数。"

"正是要他说好。"小狐仙一笑,念道:"清簟疏帘弈一盘,窗前便是小长安。不关我事眉常皱,阅尽人心眼更宽。黑白分明全局在,输赢终觉自知难。凭君着遍飞棋好,老谱还须仔细看。"

这首诗大家一听就知是写围棋的,但也分辨不出好坏,就都看向袁枚,想听听他怎么说。

但袁枚只是笑,一句话也不说。为什么不说?原来小狐仙念的这首诗正是他的一篇旧作,一直扔在箱子里,也没发表过,所以没人知道。这就让他作难了,承认是他的大作,恐怕很费周折,所以还不如装聋作哑。

但是这篇旧作小狐仙是怎么知道的?原来袁枚与小狐仙的父亲是通家旧好,他曾把这首诗抄写给小狐仙的父亲,所以小狐仙也就知道了。

"袁大诗人,"胡肇麟说,"你倒是评价评价小丫头作的这首诗呀?"

"我认为很一般,不太好,"袁枚不得不说,但他又不好"王婆卖瓜,自卖自夸",只好先贬自己,"不过还没跑题,通篇都是描写围棋的。"

胡肇麟原来还想找找碴,但觉得袁枚的评价在理,也就不说话了。

"我刚想好一首,念出来大家听听。"吴敬梓说,"半窗花影拂楸枰,兀兀终朝太瘦生。君自局中能斗智,我方纸上爱谈兵。偶然逐兔夸先得,等尔亡羊莫苦争。一笑闲身难拨遣,风帘聊喜听丁丁。"

胡肇麟听了,撇撇嘴,一脸不屑的样子。

"胡铁头,你什么意思?"吴敬梓问,"我的诗你觉得不好吗?"

"好、好,你的诗,谁敢说不好?"

"我也有一首了,"释愿船说,"要不要念出来听一听?"

"好哇,"小狐仙拍手说,"和尚的诗一定不错。"

"和尚也是围棋高手,"袁枚说,"现在正需要围棋高手的诗。"

释愿船念道:"人生好似一枰棋,局局赢来何作奇。输我几分犹自可,让他两着不为迟。休将胜负争闲气,毋倚神机相战持。埋伏不如休意马,心王常湛即摩尼。"

"好,不愧为佛门子弟,"袁枚说,"以棋与禅解释人生,头头是道。"

李斗说:"我也来一首吧。"接着念道:"散漫空闻落子声,看他庸手较输赢。无聊一著尤堪笑，黑白模糊死尚争。"

"东翁，"西屏对张永年说，"你是不是也来一首？"

"以棋入诗，我一时还找不到好题材，"张永年笑道，"前几天我看到一篇《十字令》，把它改了改，念出来滥竽充数吧。"

先念原《十字令》："一笔好字，二等才情，三斤酒量，四季衣服，五子围棋，六出昆曲，七字歪诗，八张马吊，九品头衔，十分和气。"

又念他改过的《十字令》："一笔好字不错，二等才情不露，三斤酒量不吐，四季衣服不当，五子围棋不悔，六出昆曲不推，七字歪诗不迟，八张马吊不查，九品头衔不选，十分和气不俗。"

李斗说："好！"

"什么就好？"胡肇麟表示反对。

袁枚笑道："虽然只加了两个字，意境上则更进一层了。"

施襄夏又招呼张敦坡、张香谷："你们哥两个也各来一首吧？"

敦坡和香谷都表示"不来"。

"今天这个诗会，历史上可能会记上一笔，"吴敬梓说，"你们放弃，岂不可惜？"

"可是让我凑也凑不出好诗来，"香谷说，"既然作不出好诗，索性不作。"

"我今天遇见一件奇事，"敦坡说，"要是用来写诗，倒可以写一首。"

"什么奇事，"小狐仙好奇，"你且说来听听？"

"今天早晨我在庭院行走，大晴天没有云彩，忽闻有声骁然，天开一缝，当中宽，两头狭，状类大船。宽处有圆睛闪闪，光芒照耀，似电非电，眼旁碎芒，如人有睫毛，良久才闭。"

敦坡讲完以后，小狐仙又问："那你的诗呢？"

敦坡赋诗云："霹雳年年响，何曾殄恶来。今朝才醒悟，天眼不曾开。"

那一天夜里，会作诗的人各展其才，作了一些有关围棋的诗，也可以说是围棋史上的一桩盛举。

这次诗会直到东方发白才结束。

11 坐观成败者，安得不惊魂

又过了几天，范、施"擂争十盘棋"第七局开战，这一局范西屏执白先行。

前六局战成3比3平，第七局已是最后的机会。因为任何一方还可以净胜四局，将对方打至一先，但如果输一局，就再也没有机会了。

西屏也曾想过净赢襄夏四局，将他打至一先，一统棋坛，完成霸业。但随着棋局的进行，他觉得这种希望已经越来越不可能。

西屏曾认真审视了前六局的表现，认为在前六局中并没有发挥出自己的特长。比如他用三局走"投拆三"，就多少带有赌气的成分，实际上是拿围棋当儿戏，以自己的"特短"去拼对方的"特长"。

那么，作为一个高手，他应有的特长是什么呢？无他，那就是不拘一格、无拘无束、自由自在地对待围棋。

本局从一开始，西屏便以极快的速度抢占大场，不是一般的快，犹如超级快车。

左下角黑二路爬，白突然变换了方向，不理左边，而去右下挂角，可谓天翻地覆的一手。左下让黑扳二子头，一般棋手会认为绝对不合棋理。

黑18、黑20加快速度，对左下视而不见。对黑16脱先，让白17扳头。后代高手在讲解这盘棋时，咸认为不能简单地评论，一般人最好不要轻易模仿。只有像范西屏这样没有固定观念、能够自由自在看待围棋的天才，方可能下这样的棋。

白41开始活动被遗弃的子，至白63，白的腾挪相当成功。黑74至82将白切断是必要的反击。

黑92镇头是败着，白93打吃一子，黑94长，白95从外面打吃，至99接，撞伤黑92一子，黑92之不当一目了然。

事情到此并没有了结，白113顶绝妙，黑若走在里面，白外面打吃，中腹可成大空，若拐头跑，前途恐怕凶多吉少。

棋局已到中盘关键时刻，施襄夏长考49分钟，最终决定先不管中央，而于右上114位打入，一争胜负。

袁枚曾记述范、施二人对弈："然施（襄夏）敛眉沉思，或日昳未下一子，而西屏嬉游歌呼，应毕则哈台鼾去。尝见其相对时，西屏全局僵矣，隅坐者群测之，靡以救也。俄尔争一劫，则七十二道体势皆灵。呜呼，西屏之于弈，可谓圣矣！"

袁枚记述的是范、施二人对弈时的不同表现，范是"天才型"棋手，对局时"嬉游歌呼，应毕则哈台鼾去"，而施是"功夫型"棋手，"敛眉沉思，或日昳未下一子"。

二人究竟谁优谁劣，可以说各有千秋，具体到这一盘棋，则要看老天爷站在哪一边。

黑114打入，是穷余之一策，谈不上计出万全。而白将黑赶进自己的大空，意欲鲸吞，不留余地，是一个非常危险的策略，因为万一吃不了黑，则白空全光。

其实此时白有万全的取胜之道，只要将黑围在里面，让其两眼做活，白在外面可围大空，一样是胜局已定。但范西屏的棋是能吃就吃，采取最严厉的步骤，绝不让对方跑掉。

万幸的是，施襄夏在逃跑的过程中没看到两只明显的眼位，不免心情慌乱，结果走错了棋，大棋竟不能活出，想了很长时间，最后低头认输。

"擂争十盘棋"战成了4比3，范西屏领先。

范西屏心中又燃起希望。

这一天，李湛源跟张永年请假，去海宁州参加乡试。说是请假，一来张永年是主人，他去乡试不能不知会一声；二来他去乡试，是家里逼的，不得不去。有应付差事的成分在里面，当然比不上在家下下棋。

李湛源祖上也是读书人出身，家里对他期望很大，他年年参加乡试，但一次也没有考中。后来他相中了围棋，进步很快。可惜他与范西屏、施襄夏生活在同一时期，无法超越，否则他也是争王争霸、数一数二的国手，可谓生不逢时。

这一次他回临安，为的是参加乡试，有几天闲余工夫，跑到张永年家观看范、施十盘棋，虽然受益匪浅，但还得遵照家里的安排去参加乡试。

这一次乡试的考题共有两道，一道是"吾日三省吾身"，另一道是"三人行必有我师焉"。这两道题目，李湛源觉得简单，略微思考了一下，提笔就写，下笔如飞，不到中午就把卷子交了上去。监考的海宁州官罗介堂拿过他的试卷审阅一番，发现他的文章并不好，心中不免失望，顺手扔在一边。又等了半天，仍不见有人交卷，介堂又把湛源的试卷仔细看了一遍，还是不喜欢，心说："这样的文字怎么能考中呢？"

介堂正想把湛源的卷子"毙了"，只见前面走进一个人来，仪表堂堂，后面跟着两个人，骨骼清奇，一看就是讲究"勾、扳、冲"的武林高手。介堂忙起身，躬身说："万岁！"说着就要下跪行礼。

那人正是当时的皇帝乾隆，他挥挥手，说："罢了。"走过去坐在罗介堂的座椅上，问："有人交卷吗？"

"只有一个。"

"此人交卷这么快，想必才思敏捷？"

"臣才看了一遍，也是这么认为。"

"你把他叫上来，我问问他。"

罗介堂急忙出去，亲自去找李湛源，幸亏李湛源没走远，很快被带到乾隆面前。

乾隆问他："你除了写文章，还有什么特长？"

湛源回答说："臣会下棋。"

乾隆也喜欢下棋，湛源的回答正对了他的脾气，因问："那你和范西屏怎么下？"

"臣和他没有下过，但臣自以为可以一战。"

乾隆一向以为自己的棋很高，也听说过范西屏的大名，老想与他交交手，一直没有机会。今天遇见一个自称与范西屏"可以一战"的人，心中十分高兴，当下令罗介堂取出棋盘、棋子，与李湛源鏖战起来。

两人一直下到半夜，湛源牛脾气上来，不肯让局，乾隆也无可奈何，思之再三，只好认输，说："棋力我所不如。"

下完棋后，乾隆又问起李湛源的近况，湛源回答说，这几天正在张永年家看棋，说起范、施十盘棋，眉飞色舞，乾隆一听也来了兴致，也说要去张永年家看看，领略一下范、施的风采，又嘱咐李湛源说，见了我就装作不认识，千万别泄露了我的行踪，湛源连忙答应，退了出去。

临行，乾隆又问罗介堂要给李湛源的应试一个什么结果，介堂也摸不准乾隆的心思，就说："还请陛下定夺。"

"念他脾气耿直，也不会溜须拍马，"乾隆笑道，"就赏他个进学吧。不过名次也别太靠前，二十名以后就可以了。"

罗介堂忙答应了。

第二天，乾隆带两个随从找到张永年家，毕竟是当皇帝的人，进门就给人气宇不凡的感觉。张永年忙迎了上去，乾隆自称黄三爷，乃京城客商，听说这里有棋赛，特来观赏，不知主人家欢迎否。

张永年说："既是同道中人，岂有不欢迎之理？请里面待茶。"将乾隆让了进去。

乾隆一进到里面客厅，只觉眼前一亮，原来是小狐仙在众人之中，犹如"万绿丛中一点红"，分外引人注意。

乾隆的眼睛有一个特点，就是专找女人，尤其是漂亮女人，像小狐仙这样年轻靓丽、万里挑一的女人，更是不会错过。

他一边往里走，一边盯住小狐仙，小狐仙的一举一动、一颦一笑，尽在他的两眼掌控之中。

乾隆走到客厅中央坐下，在场的人有的渐渐猜到了他的身份，乾隆问道："今天没比赛吗？"

张永年说："今天恰好休息。"

"哪位是范西屏？"

"范先生不在，可能在屋里研究棋呢。"

"可否请出来一见？"

张永年遂叫下人去请。

众人一听请范西屏来见，也都围了过来。小狐仙走在最前面，李湛源跟在她的后面，但不知为何，又躲到别人身后，不见了。

乾隆一见小狐仙向自己走来，心中十分高兴，正想搭话，只见下人带着一个人走来，只好顿住话头。

来人正是范西屏，张永年将他介绍给黄三爷，乾隆说："久闻范先生的大名，今日一见，原来竟这么年轻。"

范西屏说："不年轻了……"

"你今年多大？"

"三十一了。"

刚说到这里，范西屏就看见人群里李湛源朝他比画"杀鸡抹脖子"、使眼色，李湛源也是好意，提醒范西屏小心，不要说错话，范西屏也不知他什么意思，问他："湛源兄，你要说什么？"

一屋子人的眼光都集中到李湛源身上，他不由得面红耳赤，分辩说："我……我没说什么……"

"李湛源我认识，"乾隆笑说，"昨天我们还下了一盘棋呢。"

"结果如何？"范西屏问。

"下了两个半时辰，可谓势均力敌。"

"最后谁赢了？"

"最后我输了，不过是我主动认输的，我要是不认，还不定谁输谁赢呢。"

李湛源的棋，范西屏是了解的，不由得问："是这样吗？"

面对皇帝，李湛源岂敢说不，只好说："是，是这样。"

"那你的棋相当不错了。"范西屏瞧着黄三爷，面露惊奇之色。

"我这次来，就是要会会天下各路高手，看看比我厉害的究竟有几人……"

"那你算是来着了，天下高手大部分都聚集在这里，你想找谁切磋一下都可以。"

"我想找你切磋一下，你看可不可以？"

范西屏一时无言以对，一屋子人也都大吃一惊，不知黄三爷什么毛病。因为一般来说都是先找下手较量，赢了再找高手请教，循序渐进，哪有一开始就跟天下第一高手叫板的呢？他们哪里知道眼前是乾隆皇帝，心高气傲，他办事从不走正途，要下棋就找天下第一高手下，让他先找下手再找高手、一步一步来，他早就不耐烦了。

"范先生还要下十盘棋。"张永年说，"您何不跟李湛源再下一盘？昨天输了，不想捞捞吗？"

"我跟李湛源下过了，再下也没劲了，现在就想跟范先生下一盘。"

张永年问范西屏："您瞧这事怎么办？"

范西屏说："那就下一盘吧。"

乾隆和范西屏在棋盘两边坐下，乾隆伸手拿过黑棋。众人一瞧又吃了一惊，敢情乾隆什么也不懂，当时的规矩是白先黑后，下手执白先行理所当然，哪有一上来就抢黑棋的？

众人都把眼睛瞧向范西屏，看他怎么回应。范西屏浑不当事，拿起一颗白子,"啪"地打在棋盘上。

两人走了几步,范西屏就瞧出黄三爷的棋并没有那么高,不由得有些奇怪,觉得黄三爷和李湛源下棋能坚持那么长时间,真有点天方夜谭。

乾隆的拿手好戏就是闭着眼睛打入,瞧着对方空大,就不管不顾"啪"地打入,他也不求有多大作为,只求活两眼就行。乾隆也学圣祖爷康熙,管这叫"花园里面盖小舍",每到做出两眼活棋,他都高兴地哼着小曲,得意扬扬。每到这个时候,他的对手都很为难,不知如何是好。杀吧,他是皇帝,你敢杀他一子,他敢杀你全家,不杀吧,又忍不下这口气。权衡利弊,只好让他活棋。还得小心翼翼,保证他活棋,生怕一步棋走错,就将皇帝的活棋走成死棋,那不是大错特错、活得不耐烦吗?

果不其然,走着走着,乾隆见范西屏有一块大空,又故技重演,"啪"地打了进去。

众人都吓了一跳,小狐仙不由得说:"这也敢进?"

乾隆冲她笑笑,心里说:"进又怎样,其奈我何?"

范西屏瞧瞧他,又瞧瞧他打入的那颗子,微微一笑,竟没理那颗子,而在别处拆了一步。乾隆大吃一惊,心里说:"我走的棋你竟敢不理?"为保险起见,他又加了一刀。

范西屏这才打起精神对付这两颗打入的子,他的战术就是撵着它跑,不让它做眼活棋。乾隆心里说:"跑吧,说出大天也不能让你吃了。"结果他的棋越跑越长,越跑越大,俗称"养大吃肥"。最终,乾隆的这块棋既没跑掉,也没做活,原本的一颗子现已变成一大堆,全部被吃。

乾隆心疼得直吸凉气,瞧瞧这块棋活也活不了、逃也逃不掉,实在无计可施,不由得恼怒非常,突然推开棋盘,拂袖而去。

第二天,范、施二人又开始了十盘棋第八局的较量,这一局轮到施襄夏执白先行。

棋到中盘,经范西屏的一番巧妙作为,这盘棋已追成细棋局面,但施襄夏还保持细微优势。何谓细微优势？也就是两三目的优势。若说先行有十目的优势，那范西屏已追回了七八目的差距。

下一步他已经筹划好了，施襄夏的棋还有一处细微的漏洞，只要他一冲击这处漏洞，就能先手挽回那两三目的差距，甚至还能优势一两目呢。

就在此关键时刻，他突然感到内急，只好请假去上厕所。

原来这天早晨，张永年的厨子准备了酒糟芝麻汤圆，范西屏就爱这个东西，多吃了一些。上午下棋的时候，就感到胃里不舒服，胀肚，肚子里咕噜咕噜直响。

范西屏解决完内急，净了手，回到下棋的地方，看看施襄夏仍没有走棋，就说："师弟，已到中午，我们是不是先休息一下？"

施襄夏也表示同意。

范西屏原是好意，但却铸成了大错。

施襄夏回到休息的地方，立即拿出棋盘复盘，仔细研讨局面。下人来叫他吃饭，他也不理，中午竟没有吃饭。研讨了半天，他感觉自己盘面有两三目的优势，似乎胜局已定。但师兄的表现很怪，一脸胸有成竹的样子，他不禁在心里问："难道他还有什么妙手，抑或自己的棋还有什么漏洞？再想想吧，万不可粗心大意，让煮熟的鸭子再飞走了。"

范西屏吃了饭，又喝了几杯酽酽的浓茶，陪张永年父子三人聊天，谈笑风生，浑没将下过的棋放在心上。施襄夏一直在屋子里苦思冥想。

两个人两种心态，最终决定了这局棋的胜负。

饭后休息了两个小时，范西屏和施襄夏又坐在棋盘两边。施襄夏不慌不忙地将右下一处范西屏要冲的地方结实，范西屏愕然。

这个地方范西屏什么时候冲都是先手，可是他没有冲，没想到施襄夏竟"逆收"了。

后悔也来不及了，这个地方范西屏只要一冲，就能先手便宜两目，但对方一逆收，这两目就没有了。

范西屏没想到盘面上还有许多大的地方他不走，竟先把这两目"逆收"了。其实，这正是施襄夏中午苦思冥想、精心算计的结果。

最终这盘棋施襄夏一目胜，双方战至4比4平。

这个结果对双方来讲感受是不一样的。施襄夏大大松了一口气，因为他已经没有后顾之忧，即便后两局全输了，也无大碍。范西屏只是遗憾了一下，这盘棋要是赢了，他还有向前冲的希望，输了就全完了。不过，他原本就没想把师弟打成"让先"，两人能打平他以为也不错了。

又过了一天，两人开始了第九盘棋的较量，这一盘由范西屏执白先行。

布局之初，两人还算平稳，中盘之后，范西屏开始变着，先是李代桃僵，接着围魏救赵，一场计谋接一场计谋，令施襄夏防不胜防。

围棋之战法，前人总结为"害、诈、争、伪"。唐代诗人皮日休云："夫弈之为艺也，彼谋即失，我谋先之；我智既亏，彼智趁之，害也。欲利其内，必先攻外，欲取其远，必先攻近，诈也。胜之势，不城池而金汤焉；负之势，不兵甲而奔北焉，胜不让负，负不让胜，争也。此存此免，彼得彼失，如苏秦之合从，陈轸之游说，伪也。若然者，不害则败，不诈则亡，不争则失，不伪则乱，是弈之必然也。"

下围棋跟打仗一样，必得"害、诈、争、伪"，一味地纸上谈兵，是赢不了棋的。

施襄夏应对的办法就是长考，将范西屏的计谋一一挡回，力争应对无误。

如若结合施襄夏的实战对局研究他棋艺的优劣，就会发现，他的棋灵变不如范西屏，而细密胜之。

这盘棋的结果，范西屏的"害、诈、争、伪"未能得逞，而施襄夏的长考终于占据了上风。

最终这盘棋施襄夏以半子之微获胜。

半子胜与一百子胜都是一样的，反正都是胜了，但是却使范西屏陷入了尴尬境地，因为第 8、第 9 局他都输了，整个比分变为 4 比 5，他净输一局。这样，第 10 局他不能再输了。

第 10 局如果他赢了，双方战成 5 比 5 平，这是双方及大众都可以接受的结果。但是如果他输了，双方战成 4 比 6，从十盘棋的角度考虑，双方仍是打平，谁也不给对方降级。但你 4 比 6 输了，就给世人留下了话柄，人家一说起来，就说你十盘棋输了两盘，显然趋于下风。

所以，第 10 局绝不能输！

12 局终一大笑，惊起山云飞

又过了两天，十盘棋的最后一盘棋终于开战了，按规定，这一局由施襄夏执白先行。

一开始，两人便斗智斗勇杀作一团。范西屏虽然下的是一盘不能输的棋，但他丝毫没有负担，该怎么下就怎么下，相信自己的实力。施襄夏更没有负担了，因为他已经领先一盘，就算输了，也不过打平而已。

他想，前九盘棋几乎都是师兄创新，"害、诈、争、伪"不一而足，自己始终处于守势，只是倚仗长考少犯错误，侥幸赢了几盘。但这毕竟不是长法，围棋如果只能依靠长考赢棋，那还怎么向前发展呢？

这第十局棋正好是一次机会，他可以放开手脚创新一回，充分施展"害、诈、争、伪"的手段，让师兄也出一身冷汗。

抱定这样的想法，施襄夏在左下角的折冲中突然变着，这完全是不合定式的走法。这是他平时苦心研究出来的走法，即所谓"秘手"，本来就是为了在比赛中对付师兄这样的高手。

范西屏毕竟也是高手，施襄夏这种手法虽然没见过，但他思考后的应法也没什么大错。后人也都把他的应法当作这个定式的标准应对方法，一直流传至今。但由于他要走畅孤棋，不得不弃掉左边两子。

这个定式一般认为黑棋稍亏，施襄夏的创新成功。

目前的形势乃白棋稍好，接下去白棋扳头，继续攻击黑孤棋，希冀黑扳头，白趁机加强自己。但范西屏经仔细考虑，没有扳头，而是提取两子，使施襄夏的希望落空。

施襄夏的下一步棋是下面拆一，瞄着右下角里的手段，的确是好点，但上面的开拆是最大的大场，范西屏打入开拆后，一瞬间局面变得微细了。接下去施襄夏一路扳角，以为是绝对先手，让对手先手便宜两目，对职业棋手来说是不能容忍的。范西屏感觉棋局已到关键时刻，不拿出点好的着法来，无法挽回落后的局面。

他经过耐心长考、比较、筹划，终于想出一条妙计。他瞄着弃掉的两子，下面飞了一步，施襄夏只好补一步棋，否则下面两个死子立刻出棋。接着范西屏又在上面飞了一步，施襄夏思考半天，只好又硬生生补了一步，否则仍要出棋。这两步棋后来被棋界称为"妙手"，原因是他先手走活了角部的棋，可以不理对方的一路扳，腾出手来于右上打入。

黑棋打入后，将白一分为二，白一间跳后，棋形太薄，只好拐头镇了一手，黑顶镇的那手棋又是一着妙手，白如虎补断点，被黑一扳，角部完全没有了棋，白棋前面的拆一也就失去了作用，无奈白只好长了一步，黑愚型三角拐头窥伺两个断点，十分可怕，充分体现了范西屏锐利的棋风。

施襄夏不顾断点，先在角部施展手段，虽然将角部破去一些，但范西屏应对无误，而断点的地方越发突出。施襄夏仔细长考，仍找不到好的方法挽回颓势。

这都是"三大妙手"的作用。可以说，自"三大妙手"出现在棋盘上，白棋败势已定。

施襄夏心里十分懊丧，本来他想下一盘好棋，祭出了他多年私下研究的"秘手"，而且一度取得盘面上的优势。谁知师兄随即走出"三大妙手"，致使他的希望全部落空。

想到这里，施襄夏不由得急火攻心，按捺不住，"噗"的一口鲜血喷在了棋盘上。

屋子里观战的几个人都吃了一惊,不约而同站了起来。

范西屏吓了一跳,急忙问:"师弟,你怎么啦?"

施襄夏苦笑说:"没事……"

张永年、张振西父子俩跑到桌前,扶住施襄夏,张元若更是不得了,他原本记谱,见施襄夏喷血,急忙站起,一时手忙脚乱,碰翻了桌子,又用手扶桌子,桌子倒是没倒,可惜桌上的砚台却掉在地上,摔成四瓣,溅了一地墨汁。

施襄夏洗了脸、漱了口,张永年父子换了棋具,两位对局者又坐到棋盘两边。

施襄夏调整好心态,凝神思考,突然他拿起一把白子,放到棋盘上,这表示他认输了。

擂争十盘棋,双方战成 5 比 5 平。

这一天,一个大内太监来到张永年家,宣读圣旨,说乾隆皇帝要在西湖办一次围棋大会,召范西屏等人前去参加。

皇帝的意旨谁敢违背,范西屏、施襄夏及在张永年家的众多高手一起来到杭州。

乾隆皇帝这一次南巡,早就想办一次围棋大会,决一决谁是天下第一,他从北京出发前就已广发布告,召集全国各地的围棋好手齐聚杭州。他这次去张永年家会会范西屏,也是为了一探虚实,但要说范西屏就是天下第一,他还不大相信。

范西屏等人到杭州不久,全国各地的高手也来了不少。

除范西屏、施襄夏外,尚有程兰如、童和衷、陈苑游、赵两峰、吴来仪、蒋再宾、胡肇麟、李步青、周春来、吴凤来、释愿船、黄及侣、李湛源、郑连漪、钮亮周、顾审音、张廷彦、黄贤书、臧念宣、姚聘三、朱天植、朱天叙、郭璜友、陈九如、金在田、张振西、张元若、洪羽翔、范紫纶、李景文……林林总总共五十多人,全国各地的高手几乎都来了,真可谓一时盛会。

除这五十多人外，还有一位特殊的宾客，就是小林近二，日本国的王子。这是一位外国客人，乾隆拨冗接见。一问，原来小林近二还是一位围棋高手，是日本"棋圣"本因坊道策的高徒。

王子向乾隆献宝器，乾隆也设百戏珍馐以礼焉。王子又拿出榧木棋枰、冷暖玉棋子，说："本国之东三万里，有集真岛，岛上有凝露台，台上有手谈池，池中生玉棋子，自然黑白分焉，冬温夏暖故谓之冷暖玉。池边又产榧木，琢之为棋局，光洁可鉴。"

王子又告诉乾隆，珍贵的榧木棋盘有一个特殊之处，棋子打在棋盘上会凹下一个小坑，慢慢又恢复原状。

乾隆不信，王子当场试验，拿一枚棋子"啪"地打在棋局上。果然，棋盘凹下一个小坑，过了不久又恢复如初。

乾隆又问王子来中国有何打算。

王子说："我师父本因坊道策历来有一个心愿，来中国与中国第一高手切磋一盘，看看究竟孰高孰低。但他的心愿始终无法实现。我这次来就是想代师父会会中国第一高手，以了却师父的心愿。"

乾隆问："那你在日本是第几手？"

王子踌躇说："我在日本只是第三手。"

乾隆笑说："我们这里有个规矩，你能胜第三，方可见第二；胜第二，方可见第一；今欲躁见第一，其可得乎？"

王子很失望："难道就不能变通一下？"

"这样吧，"乾隆说，"我们正要举行一次围棋比赛，你可愿意参加？"

王子说："好啊，我正想要提出参加。"

第二天，乾隆亲自召集了几个人，商讨这次围棋比赛的规程，与会的有程兰如、范西屏、施襄夏、赵两峰、李湛源几个人。

乾隆拿着名单，问："徐星友、梁魏今来了吗？"

"启禀万岁，"程兰如说，"这两位早已驾鹤西去，来不了了。"

"可惜，可惜！"乾隆摇头叹息了一番，又说，"程爱卿，廉颇老矣，尚能饭否？"

"臣也确实上了点岁数，"程兰如说，"上阵杀敌恐怕抵不住范西屏、施襄夏这些年轻人了。"

"真不行了吗？"

"确实不行了。"

"我原来对你寄予了厚望，不想……"

"万岁爷对老臣也别失望，老臣虽然不能上阵杀敌，但忠心不贰，还能为万岁效劳。"

"你既不能上阵杀敌，还能为我效什么劳？"

"比如万岁您办的这个围棋大会，需要一个总裁判吧，选谁合适呢？恐怕再没有比我更合适的人选了。"

乾隆问范西屏等人："由程兰如担任总裁判，管着你们，你们服气不服气？"

"服气、服气，"范西屏等异口同声地说，"程老为人正直，经验丰富，由他担任裁判长是最合适不过了。"

随后程兰如正式履行裁判长的职责，除范西屏等几人外，又找了几个德高望重之人，有陈苑游、李步青、韩学元等。商定比赛共分四组，先进行淘汰赛，最后剩下四人，进行循环赛，取前两名进行"三盘棋"决赛，以决出冠军。

首先选出范西屏、施襄夏、赵两峰、李步青四个人为种子选手，一组一个，每组根据水平再分配十四五人，分配得比较均匀，这主要是程兰如的功劳，因为大多数选手都和他交过手，他知道他们的水平高低，所以分配得当。

比赛规程敲定以后，范西屏回到住处，他想静下心来摆摆棋，但总感心神不定，也不知为什么。

正烦躁不堪，忽然一个身影闪进屋来，范西屏定睛一看，原来是小狐仙。

"你怎么来啦？"范西屏又惊又喜。

小狐仙一笑，说："想曹操，曹操到。我来瞧瞧你。"
"我正要参加一个比赛，你知道吧？"
"知道。"
"你来了，只会影响我，我要是成绩不好，你也难辞其咎。"
"那也未必，我要是不来，你成绩更不会好。"
"那又为什么？"
"你想我呀，心神烦躁不堪，你想，能下好棋吗？"
"你可真是我心中的一颗魔星，我算是摆脱不掉你啦。"
"承认吧！"
"承认什么？"
"想我呀。"
两人说笑了一会儿，小狐仙说："我想参加比赛。"
"我没听错吧？"范西屏吓了一跳。
"没听错，我就是想参加比赛。"
"你这种水平也想参加比赛？"
"这种比赛也不是老有，一百年不才这么一回嘛。兴许青史上还要记上一笔呢。"
"你也好青史留名？"
"正是这个主意，"小狐仙拍了范西屏一下，笑道，"你真是我肚里的蛔虫，我想什么，你都知道。"
"你要参加你就参加，找我干什么？"
"找你给我报个名。"
"我不管。"
"真不管？"
"不管。"
"不管我就走，你可别后悔。"
"我后悔什么？"
小狐仙起身就走，等范西屏追了出去，小狐仙已不见踪影。

第二天，小狐仙直接找程兰如报名。程兰如也吓了一跳，因为从来没有女人报名参加比赛的，他也不知怎么办才好。他问小狐仙："你跟谁学的棋？"

小狐仙说："范西屏。"

程兰如把范西屏找来，问他："她要参加比赛，你说，怎么办才好？"

"你是总裁判长，你说怎么办就怎么办，"范西屏说，"问我做什么？"

程兰如为人比较保守，他想：女人参加比赛亘古没有，何况这姑娘长得这么漂亮，肯定会搅乱人心，比赛还怎么往下进行？不行，不行，绝不能让她参加。

但程兰如不想得罪人，于是去汇报乾隆，说："有个姑娘想要参加比赛，请万岁您定夺。"

"什么姑娘？"乾隆感到新奇，"你把她带来，我瞧瞧。"

"我已经带来了，就在殿外候旨呢。"

乾隆叫太监把那个敢冒天下之大不韪的女人带进来，一瞧，原来是小狐仙。

乾隆不由得喜出望外，小狐仙也老大吃惊，原来此人竟是当今万岁！

乾隆说："是你要参加比赛吗？"

小狐仙说："是，是奴婢要参加比赛！"

"参加比赛的都是全国各地来的高手，你有这个分量吗？"

"奴婢虽然棋艺水平不高，但要赢一两个人还问题不大吧。"

"好，那咱们就打一个赌，你要能赢两盘，我就不说什么了，你要赢不了两盘，那就罚你！"

"罚奴婢什么？"

乾隆想说"罚你进宫给我当妃子"，可大庭广众之下，这话怎么说得出口？只好说："罚你什么我还没想好，到时候再说吧。"

解决了小狐仙的参赛问题，乾隆又对程兰如说："还有一件事，你办一下。"

乾隆告诉他，有一位日本国来的王子也要参赛，这位王子棋艺十分了得，是日本棋圣本因坊道策的关门弟子。"道策你知道吗？"

"臣不知道。"

"你把王子安排在范西屏那组，别让他太嚣张了，失了咱们大清国的面子。"

"遵旨。"

于是程兰如将日本国王子安排在范西屏那组，将小狐仙安排在施襄夏那组。

一切准备就绪，选一个黄道吉日，围棋大赛正式开幕。

比赛地点选在"平湖秋月"，靠山临水，西湖美景尽收眼底，左边是苏堤和白堤，右边是花港观鱼，水面上三潭印月。有道是："水光潋滟晴方好，山色空蒙雨亦奇。欲把西湖比西子，淡妆浓抹总相宜。"

比赛紧张进行，这种淘汰制极为残酷。第一轮下来就淘汰了一半人，第二轮下来又淘汰了一半人，第三轮下来每组还剩四个人，第四轮下来，每组还剩两个人，五轮过后，小组冠军就出来了。全凭实力，根本没有回旋的余地。

日本国王子赛前颇为踌躇满志，以为拿个小组冠军还不手拿把攥？谁知他第二轮就遇到范西屏。范西屏也不客气，上来就用"大角图"杀王子，"大角图"是中国一个古老定式，几十手棋，极为复杂。王子不熟悉这个定式，结果吃了大亏，只好中盘认输。

回去以后，王子反复研究这个定式，彻夜未眠。后来他说："日本早已实行自由落子制度，废除了中国的座子制度。要是实行日本的自由落子制度，这盘棋还不定怎么样呢。"

小狐仙第二轮本应遇施襄夏，但程兰如见乾隆挺照顾小狐仙，猜两人关系不大一般，就利用职权把施襄夏换成了一个实力较弱的棋手，神不知鬼不觉让小狐仙又赢了一盘。

第三轮小狐仙又该遇施襄夏，这一回程兰如纵有天大本事，也难以上下其手了，只好顺其自然，结果小狐仙止步于第三轮。

五轮过后，四个小组冠军出来了，有范西屏、施襄夏、赵两峰、李步青。

赵两峰，有人说他是翰林，考其遗局，与施襄夏有对子六局，徐星友对子一局，程兰如对子三局。与施襄夏对垒时，则赵两峰年已耄矣。

李步青当时还很年轻，后来成为范西屏的劲敌。据棋家吴修圃介绍："忆三十年前，步青遇西屏于金陵，受二子共六局，胜负参半。越二年，步青复于吴中对弈四局，受先，亦互有胜负，近来所诣益深，未知视西屏何如？而其着法精悍，西屏曾谓入角受逼，非予当此，必为黑攫取，盖步青亦骎骎角西屏矣。"

西屏、襄夏驾鹤西归以后，步青成为棋坛领袖，后起国手任渭南尝从步青游。步青谓之曰："君等于弈只一面，予尚有两面，若西屏先生，则四面受敌者也，同时惟施定庵差相亚耳。"

范西屏等四人进行循环赛，共六轮。第一轮，施襄夏对垒赵两峰，两人咬得很紧，中盘时施襄夏妙手连发，虽然攻击一大块黑棋，但要想杀它则很困难。此时黑有几个子成凝形，白可征吃，但黑有照应，征不死。施襄夏佯为征吃，即扭"活羊头"，其意瞄着左边大块孤棋。征吃"活羊头"黑不得不跑，在跑的过程中，白棋不仅补好自己的弱点，而且将黑一尺多长的孤棋全部围在里面。

观战的人一个个目瞪口呆，叹为神助。

这一局棋因白棋构思巧妙、计算深远，遂成"千古名局"。

范西屏遭遇李步青。李步青执黑，一上来就砍出"三板斧"，砍得范西屏有点发蒙。但他很快就镇定下来，开始从容拆招。李步青的"三板斧"过后，缺少后续手段，被范西屏逐渐追平，并慢慢反超了。中盘后李步青见局势已弱，夹角极力反扑，范西屏打吃后，李步青作劫。这个劫相当厉害，打劫的结果，白大块反而要求活，真是令人意想不到的事。幸亏遇到的是范西屏，总算两眼活棋，若是碰到水平稍差的人，大块棋有可能就交代了。

这盘棋白作战精警，出神入化，关键之处杀法紧妙，惊心动魄。黑夹角后，着法精悍，迫白两眼活棋，西屏曾谓："入角受逼，非予当此必为黑攞取，前路率意处则其功候未到也。"

六盘循环赛下来，范西屏胜施襄夏、李步青、赵两峰，施襄夏胜李步青、赵两峰，李步青胜赵两峰。

结果范西屏、施襄夏获一、二名，夺得决赛的权利。

决赛一共三盘棋，决赛的人虽然只有两个，吸引的人却越来越多，用人山人海来形容，一点也不过分。

乾隆皇帝也来了，对范西屏、施襄夏说："好好下，朕重重有赏。"

范西屏说："万岁赏什么？"

"这个东西既不能吃也不能用，"乾隆说，"同时既能吃又能用，至于这个东西究竟是什么，朕还没有想好。"

范西屏、施襄夏棋下得很慢，有时一整天也下不完。乾隆哪有那个耐性，往往是瞧一会儿，就带着小狐仙游山玩水去了。像什么断桥残雪、雷峰塔影、孤山、灵隐寺、南屏晚钟、六和塔……足足逛了一通，有的地方还题诗题词，玩得不亦乐乎。

乾隆来的一个好处，就是把"平湖秋月"里的闲人都赶净了，即便乾隆不在，也有守卫看管，不让外人进入。这样，范西屏和施襄夏下棋，没有闲人干扰，更能心平气和地想棋了。

但是，外面观战的人越来越多，也不敢进到里面去，有许多人爬上树往里张望，也有不少人爬上楼梯往下观看，都欲一睹为快。

有这么多人观战，范、施两人下起了快棋，好像有人撑着一样，草草下了三盘棋。

结果范西屏2比1胜施襄夏。

这一次棋赛，乾隆皇帝亲自主持，全国各地的高手基本都来齐了，观看的人成千上万，轰动了整个杭州城，真乃一时盛会。

13 选棋圣英雄 排座次

范西屏、施襄夏决出胜负以后,乾隆皇帝就想兑现他的诺言,赏范西屏一件东西。想了半天,不知赏什么好,就把程兰如找来商量。

"这一次围棋大赛很成功,"乾隆说,"朕想赏范西屏一件东西,你说,赏他点什么为好?"

"您可以赏他一个官职,"程兰如说,"想当年圣祖康熙皇帝曾经赏徐星友一个四品顶戴,棋界传为佳话。"

"圣祖爷赏一个四品顶戴是不错,但此事可一而不可二,若把下棋当作进身之阶,士子就不好好读书了。"

"也可以赏他点钱。"

"赏钱未免太老套,也贬低了他的身份。"

"既不赏官,又不赏钱,那赏什么?"

"我对范西屏说,要赏他一个东西,这个东西既不能吃也不能用,同时既能吃也能用,你说好不好?"

"臣不明白陛下说的是什么东西。"

"我想赏他一个封号,封号你懂吧?"

"臣懂。"

"那你说说，棋界都有什么封号？"

"比如棋王、棋神、棋仙、棋圣……"

"棋圣就不错，我想封他为棋圣。"

两人正说着，有大臣前来奏事，打断了他们的谈话。但乾隆脑子里一直惦记着"棋圣"这件事，就叫跟在身边的太监去查"棋圣"的由来，以及历史上什么人有"棋圣"之称。

太监查证后，回报说："奴才查到两条，《抱朴子》上有曰'棋之无敌者，则谓之棋圣'。还有一条，'棋之无比者，则谓之棋圣。故严子卿、马绥明今有棋圣之名焉'。"

乾隆又找来程兰如，说："三国时的严子卿、马绥明已有棋圣之名，你说说那时的棋比现在如何？"

"一般认为唐时的棋比现今要差两子，"程兰如说，"三国时恐怕就更差一点了。"

"是不是可以说，我大清的围棋已达巅峰状态？"

"巅峰状态不敢说，但有史以来最高峰则没错。"

"范西屏比严子卿、马绥明高多了，那两个人都能称为棋圣，我封范西屏为棋圣就更没问题了？"

"但有一个问题……"

"什么问题？"

"万岁您封范西屏为棋圣，那施襄夏怎么办，您封他什么？"

"施襄夏不是输了吗？"

"决赛这三盘棋不算数，他们这是应付差事，下快棋呢。前不久他们曾下过十盘棋，结果5比5战平。十盘棋更具权威性。"

"你的意思是把施襄夏也封为棋圣？"

"不错。"

"两个是不是太多了？"

"如果万岁同意，臣想再推荐一个人为棋圣。"

"谁？"

"黄龙士。"

"黄龙士这个人我知道,圣祖康熙爷时的前辈棋手,据说拐了一个宫女私奔了,也不知藏到哪儿去了。"

"黄龙士的棋清俊飘逸,出神入化,故对局时能做到随机应变,游刃有余,如淮阴侯之用兵,攻无不克,战无不胜。"

"那你什么意思,也封黄龙士为棋圣?"

"若只封范西屏、施襄夏为棋圣,而不封黄龙士,恐天下下棋的人不服。"

"我看这样吧,你回去找几个比较权威的人,把我大清自开国以来的棋手都评价一下,来个英雄排座次。"

"那恐怕就太多人了。"

"我们只拣好的评,可以把棋手分为几等,比如第一等棋圣,第二等大家,第三等名家,名家以下就略而不计了。"

程兰如回去以后,遵照乾隆的指示,找了几个人,有范西屏、施襄夏、李步青、赵两峰,还有袁枚、吴敬梓。后两位是文人,考虑事情更细致、更全面一些。

程兰如把乾隆的意思告诉大家,众人都感到棘手,正议论,李湛源领着一个人走了进来,程兰如一见大喜,说:"你来了,事情就好办了。"

范西屏、施襄夏忙站起,抱拳鞠躬,说:"老师。"

此人是谁?原来此人姓钱,名长泽,字东汇,乃松江地区著名棋家。长泽本名家子,抱经世才,而赋性恬淡,不乐仕进,唯朝夕研讨百家杂艺,而尤工于弈。

范西屏、施襄夏为什么叫"老师"?原来有幼时的一段渊源。

"东汇兄,"程兰如说,"你怎么来晚了?"

"我因家中一点俗事,动身晚了,"钱长泽说,"谁知来到这儿,盛会已经结束。"

"盛会虽然已经结束,但皇上交代的一件事却颇叫我们为难,你是不是帮我们一下？"

"什么事？"

程兰如就把乾隆交代排英雄座次的事一一说明。

"这事说难就难，说容易也容易，"钱长泽想了一下，说，"不如这么办，在座的每一个人都写一个他心目中的英雄座次，然后我们再商量该加还是该减。"

众人就遵照他的意见，一人写了一个英雄座次，凑到一起，一共是九张。大家仔细一看，发现有关棋圣、大家，九个人的意见基本一样，但关于名家，则分歧较大。于是九个人一一商讨，该增加的增加，该消减的消减，最后意见基本统一，但还有三个人分歧太大，无法统一。

这三个人就是盛大有、过百龄、黄友功。盛大有、过百龄都是明末清初的老棋手，黄友功则是和范西屏同一辈的人。

袁枚最反对把盛大有列为名家，他说："盛大有和黄龙士的擂争十盘棋，盛大有输，7比0，恐怕两子也不够，这样的水平怎么能列为名家呢？"赵两峰、李湛源、李步青同意他的意见。

钱长泽说："盛大有和黄龙士下十盘棋时，已七十多岁，精力不济，龙士才二十余岁，正所向无敌之际，胜负的天平倾向年轻人也理所当然。大有年轻时至中年，战绩一向不错，这也是他在明末清初独享盛名的一个原因。"

在钱长泽的有力辩护下，袁枚等四人勉强同意将盛大有列为名家。

过百龄的名气比盛大有还大，故程兰如、施襄夏、吴敬梓等人提议把他列为大家。但范西屏、李湛源、李步青等人都反对。

双方争执不下，谁也说服不了谁。

吴敬梓说："大凡名尊望重的高手，每存持盈保泰之想，恐受挫于后辈而损名，对局常有矜持。百龄则不然，凡四方名手约战者，无不欣然应战，开关延敌，莫敢仰视，遂奉为国手。自是数十年，天下言弈者，以无锡过百龄为宗。"

"过百龄在明末清初名望是很高，不过我想说说他的棋，"钱长泽说，

"过百龄布局喜用'倚盖'起手式，经他悉心研究，推陈出新，时至今日，仍在棋坛流行。但周嬾予在他研究的基础上多所创新，故过、周十局，周胜多而负少。人们说嬾予一出而百龄耄矣。"

"您说的什么意思？"吴敬梓没听懂。

"我说的是，一个高手不能只擅长一种布局、一个定式，否则难有大的成就。"钱长泽说，"从这个意义上说，我不赞成把过百龄列为大家。"

听他这么一说，大家都认为有理，遂把过百龄降为名家。

黄友功是年轻人，他的棋很怪，范西屏让他三子，施襄夏让他二子，都是1比1战平，与当时的各位好手也都分先。按道理范西屏让不了他三子，可他就怕范西屏，所谓一物降一物吧。

把他列为名家，范西屏首先反对："我让三子都不开张，这样的人怎么能列为名家呢？"

袁枚说："他是被你杀怕了，所以你让他三子他也输。"

"我是挺看好他，"程兰如说，"他和列为名家的这几位分先基本持平，而且他还年轻，前途不可限量！"

虽然范西屏极力反对，但其他人一致赞成把黄友功算作名家。

最后众人商量已定，由袁枚、吴敬梓写成一个条陈，由程兰如代表大家奏请乾隆批准。

乾隆十分重视，找来和珅、纪晓岚等几个军机大臣商量，看作文化界的一件大事。几经探讨，定下规矩，然后由纪晓岚写了一道圣旨，乾隆就叫他拿着圣旨前去当众宣读。

纪晓岚来到平湖秋月，说："万岁爷有重大事情对棋手宣布。"

棋手们纷纷跪下，乌压压跪满整个平湖秋月。纪晓岚宣读说：

奉天承运，皇帝诏曰：弈之为道，数叶天垣，理参河洛，阴阳之体用，奇正之经权，无不寓焉。是以变化无穷，古今各异，非心与天游，神与物会者，未易臻其至也。

本朝名流辈出，卓越前贤，与唐诗相似，亦若有初、盛、中、晚之异。过百龄、盛大有稍变旧习。吴瑞徵、何翰公、娄子恒乃进数工稳。黄龙士有"弈圣"之称。徐星友乃大雅之作。余如周嬾予之绵密，李元兆之野战，汪汉年之稳健，周东侯之偏锋，要皆各极其妙，多可传也。

雍正朝至乾隆年间，则有梁魏今清高而淡雅，程兰如思深而精致，范西屏以神化擅声，施襄夏以无敌标誉。胡肇麟、童和衷有善战之名，释贯如、卞子兰兼攻守之美。此围棋之正运，乃千秋之极轨也。

梁代论弈，分为品目，今略放其例：以超凡入圣，素负盛名者，列为大家。其余国弈如林，殊难轩轾，排次时序，概列名家。

大家：

黄霞（龙士，字月天，江苏泰县）

范世勋（西屏，浙江海宁）

施绍闇（定庵，字襄夏，浙江海宁）

程慎诒（兰如，安徽歙县）

梁魏今（会京，江苏淮安）

徐远（星友，浙江钱塘）

周勋（东侯，安徽六安）

大家之出类拔萃者，封为棋圣：

黄霞（龙士，字月天）

范世勋（西屏）

施绍闇（定庵，字襄夏）

大家、名家之分，亦犹古人论画，辨别神品、能品也。

名家：

过文年（百龄，江苏无锡）

周嘉锡（嬾予，浙江嘉兴）

江用卿（君甫，婺源）

汪幼清（新安）

盛大有（江苏苏州）

赵两峰（北京通州）

李元兆（江苏苏州）

季心雪（江苏扬州）

程仲容（四川新都）

汪汉年（安徽天都）

吴瑞徵（安徽歙县）

卞邠原（江苏扬州）

周西侯（安徽六安）

何闇公、黄稼书、娄子恩（浙江绍兴）

姚文侯（上海）

吴来仪、韩学元（江苏扬州）

吴凤来（安徽）

陈苑游、徐星标（江苏吴江）

释愿船（江苏仪征）

臧念宣（北京通州）

李湛源（江苏南通）

李步青（江苏江宁）

胡肇麟（江苏扬州）

童和衷、黄友功。

纪晓岚宣读完圣旨后，棋手们及平湖秋月里外上下的闲杂人等齐呼"万岁"，有人欢笑有人愁，但对棋圣的人选范西屏、施襄夏都心服口服，没有异议。

纪晓岚说："来宣读圣旨之前，万岁爷特地嘱咐我，有对范西屏、施襄夏封棋圣不服者，可以站出来向他们挑战。"

问了半天，竟没有一个人搭腔，看来都对范、施二人的棋佩服得五体投地。

范、施的棋究竟好在哪里？有棋家说：袁枚又称范为海内弈家第一，唯施襄夏差相亚耳。此言扬范抑施未免过当。范如神龙，变化莫测；施如老骥，驰骤不失尺寸，然范于弈，天分确超侪辈。

范、施年岁相当，又同是"天下第一高手"，他们之间的对局角逐，势必呕心沥血，竭力施展平生绝技。从棋局看，可说是出神入化，景象万千。关键之处杀法紧妙，惊心动魄，将我国围棋的传统技艺发挥得淋漓尽致，诚千古难得之佳作。

棋家邓元鏸有诗云："范、施驰誉在雍乾，如日中天月正圆。棋圣古今推第一，后无来者亦无前。"

纪晓岚在平湖秋月宣读圣旨的时候，乾隆带小狐仙仍旧是逛西湖。乾隆化了装，拿一把摇扇，打扮得像个书生。小狐仙一身白衣，越发青春四溢，摇曳多姿。

两人沿着山路潇洒前行，忽然发现路旁有一个小庙，人来人往煞是热闹。乾隆好奇，走近一看，只见门前挂着一块匾，上写"如意庵"。

乾隆说："一个姑子庙，怎么这么热闹？"

"这个庵的住持叫静安，"小狐仙说，"不但人长得漂亮，还会下棋，经常有人来找她下棋，连带这里的香火也旺了起来。"

"这里的住持会下棋吗？"

"不错。"

"比你怎么样？"

"比我强，我跟她下过一盘，输了。"

"咱们进去瞧瞧。"

两人走进如意庵，一打听，有个小尼姑说："住持外出化缘，还未回来。"

乾隆大失所望，他本想找住持下两盘，只好作罢。两人随意逛逛，见正屋有两座泥塑，栩栩如生，光彩夺目。

乾隆仔细看了两眼，忽然问小狐仙："这上面供的是谁，我怎么看着这么眼熟呢？"

小狐仙笑说："这两个人您不认识吗？"

"我怎么会认识？"

"您再仔细瞧瞧。"

乾隆又瞅了两眼，只觉两个泥塑面熟得很，但想不起是谁了。

小狐仙说："这两个人就是先帝爷的宠臣李卫和他的夫人。"

"怎么把他们两个的塑像供在这里？"

"李卫是浙江总督，深受先帝信任，地方上有人瞧中这一点，把他们弄成塑像，受人香火朝拜，实际上还不是为自己升官发财！"

"荒唐，实在是荒唐，拍马屁也不是这么个拍法！"

乾隆勃然大怒，惹得旁边烧香的人皆侧目而视，乾隆也自觉失态，拉着小狐仙走了出去。

乾隆回去以后，召来杭州知府，命令他去如意庵拆毁李卫夫妇的塑像。

杭州知府问："拆了李卫夫妇的塑像，要不要再塑其他人的塑像？"

"当然要，"乾隆说，"只是不要像任何人就是了。"

杭州知府领命去了。

乾隆原想找如意庵的住持静安下两盘棋，但一想自己刚派人去拆塑像，估计得乱几天，只好作罢。

他想找小狐仙来下几盘棋，觉得小狐仙人长得漂亮，又会下棋，收为妃子也不错。

正做春梦呢，只见太监来报，说："日本国王子求见。"

乾隆说："叫他进来吧。"

日本国王子走了进来，行过礼，说："我来大清已经近一个月，该逛的逛了，该吃的也吃了。我想辞别陛下，回国去了。"

乾隆说："我大清和日本是近邻，常来常往，方显亲热。我这里有一封信，是写给贵国天皇的，你带回去，向他问个好吧。"

说着，乾隆叫太监拿来一封写好的信，递给王子。王子收好，千恩万谢。

乾隆又问："你还有什么要求没有？"

"我没有别的要求，"王子跪下，"只有一个小小的心愿，希望陛下恩准。"

"什么心愿？"

"我想请陛下将忘忧格格赐予我做老婆。"

"什么忘忧格格？"

"就是那位姑娘。"

乾隆这才恍然大悟。原来前些日子乾隆和小狐仙下棋时说："自下没意思，咱们干脆赌个东西。"

小狐仙说："赌什么东西？"

"朕要是输了，你要什么都可以，只要不要朕的国家。"

乾隆想：要个皇后也不行，要个贵妃还凑合，朕就顺水推舟答应了，倒省了不少事。

"我不要你的金银财宝，我只要你封我为格格。"

乾隆心说：真是怕哪出来哪出，封你为格格，还能封你为贵妃吗？差着辈分呢。但一个当皇帝的，说出的话岂容反悔？他只好苦笑着说："行啊，你要赢了，朕就封你为格格。"

"不许反悔。"

"大丈夫一言既出，驷马难追。"

不过乾隆毕竟心有不甘，又说："一盘棋偶然性太大，咱们三局两胜，好不好？"

"三局两胜就三局两胜。"

结果小狐仙真的二比一胜乾隆。双方一比一战平后，第三局一开始乾隆形势还不错，围了一个大空，小狐仙没辙了，也学乾隆的故技，"砰"的一下就打了进去。乾隆大怒，一心要杀死小狐仙打入的这颗子，不想用力过猛，自身反出破绽，被小狐仙左腾右挪，借力打力，将棋活出。

其实小狐仙活棋也只有两个眼，乾隆并未输棋，但他气冲两胁，心意难平，官子阶段连走损着，结果仅半子输了这一局。

乾隆叹息良久，没办法，只好封小狐仙为格格。

小狐仙为郑重起见，求乾隆再给个封号，乾隆说："给个什么封号呢，要不叫你围棋格格吧？"

小狐仙说："不好听，有点拗口。"

"那你说围棋都有什么别名呢？"

"围棋的别名可多了，什么坐隐、黑白、方圆、乌鹭、忘忧、烂柯、橘中之乐等。"

"哪一个最有名？"

"要说最有名恐怕要数'烂柯'了，唐代诗人孟郊有《烂柯石》一诗云：'仙界一日内，人间千载穷。双棋未遍局，万物皆为空。樵客返归路，斧柯烂从风。唯馀石桥在，犹自凌丹虹。'可谓围棋的千古绝唱。"

"叫你'烂柯'恐怕不好听，要不叫你黑白格格吧？"

"有点俗吧？"

"坐隐格格呢？"

"我又不是隐士。"

"那就封你为忘忧格格吧？这个封号好，有寓意，可以给朕排忧解惑。"

乾隆封小狐仙为忘忧格格，当时只是一句玩笑话，不想下面却当成一件大事，一传十，十传百，不多时朝野皆知，连日本国王子都知道了。

此时王子说起忘忧格格，求乾隆赐他为妻。乾隆一听大怒，心里说："我还要不着呢，你能要走？"

"中国有句俗语：父母之命，媒妁之言，"乾隆和颜悦色地说，"这种事我不好私自做主，得问问她自己愿意不愿意。"

"她既然被封为忘忧格格，"王子说，"陛下就是她的父皇，完全有资格决定她的婚事。"

"那只是一时戏言，还得问问她自己。"

过了几天，乾隆事忙，来不及过问王子的事，但王子天天催问，大有不娶小狐仙誓不罢休之势，乾隆也烦了，召来小狐仙，问她："日本国王子要娶你为妻，你意下如何？"

小狐仙说："不可能。"

"他是太子，将来有可能当国王，那你就是王后，这不是很好吗？"

"我一个大清的格格，才不屑去做一个小国的王后呢。"

"你还真把格格当真了。"

"那当然，君无戏言嘛。"

"你也不小了，将来总要嫁人，那你想嫁谁呢？"

"真要我说？"

"说吧，凡大清国的人，帝王将相，才子佳人，但说无妨。"

"我想嫁范西屏。"

"范西屏？"

"非范西屏不嫁！万岁要是逼奴婢，唯有一死！"

乾隆觉得小狐仙有点傻，王子不嫁，却要嫁个平民百姓，这不是犯傻吗？

14 新样梳妆 巧画眉

第二天,日本王子又来听消息,乾隆告诉他:"小狐仙一门心思要嫁范西屏,朕也没辙了。"

日本王子涨红了脸,半天说不出话。后来他说:"我要挑战范西屏,谁赢谁就娶忘忧格格。"

"三局两胜吗?"乾隆也来了兴趣。

"就下一局,全凭老天爷的意思。"

"好呀,撞大运吧,看看你们俩谁有福气娶忘忧格格。"

"不过我有一个请求,请陛下恩准。"

"什么请求?"

"我要求变变行棋的规则,不用中国的座子规则,而用我们日本的自由落子规则。"

"日本的自由落子是怎么回事?"

"即一开始不在四角星位各码一个子,而是棋盘361个点爱走哪走哪。"

乾隆不明白,叫太监拿来棋盘、棋子,叫王子给他演示了半天,仍不太明白,问:"这还叫围棋吗?"

"怎么不叫围棋？我们日本施行这个制度已经100多年了。"

"那我得问问范西屏，看他愿意不愿意施行你们这个制度。"

"他如果不敢施行我们这个制度，无疑就等于认输了。"

乾隆又叫来范西屏，告诉他："日本王子不服气，想向你挑战一局棋。"

范西屏说："他不是对手。"

"不过有一个特殊情况，他要求改用他们日本的自由落子制度。"

"他们的自由落子是怎么回事？"

乾隆叫太监拿来棋盘、棋子，把日本王子教他的解释了一遍。

不过范西屏一听就明白了："不就是不要座子，第一着随便下，跟咱们的让子棋差不多吗？"

"你说这样下行吗？"

"可以。"

"你有把握赢他吗？这可事关咱们大清的荣誉。"

"没问题。"

乾隆也没告诉范西屏胜棋可以娶小狐仙的事，一来怕他分心，输给日本国王子；二来不告诉他，将来回旋的余地较大，乾隆的心里还是有点舍不得小狐仙。

一场中日围棋比赛就在浙江总督的衙署里举行，乾隆亲自观战。

对阵双方采用日本自由落子规则，日本国王子又提出要求，将比赛用时延长至三天。

双方争执了一番，范西屏说："我们这里一般是一天一盘棋，三天太长了。"

王子说："我们那里一般是一盘棋下三天，你总得给对方思考的时间吧？"

"三天就三天，"乾隆说，"尊重客人的习惯。"

王子又说要找一个懂棋的裁判，监督比赛用时及对局的进程，乾隆见小狐仙在旁边，就叫她出任裁判，小狐仙欣然领命。

两人开始对局，先猜先，王子猜中先行，拿起黑棋走了一着小目，乾隆说："你先走，是不是应该拿白棋？"

王子说："我们日本一向都是黑先白后。"

白先黑后也好，黑先白后也好，范西屏都无所谓，不愿计较。他以为这都是次要问题，赢棋才是硬道理。

但是王子接下来的表现，却让范西屏不耐烦。原来王子拿一把折扇，思考棋的时候，他就玩弄折扇，打开关上，关上打开，弄出很大响声，忽然"啪"地敲一下桌子，影响范西屏的思绪。遇到疑难问题时，他摇头叹息，"嗤啦"一声撕一下扇子，"嗤啦"一声又撕一下，不大工夫，扇子就散了架。王子叫侍从换一把新扇子，继续把玩。

按说王子这些小伎俩难不住范西屏，他专心致志，不管王子怎么把玩扇子，他都可以听而不闻、视而不见。

但王子又出新着，开始长考，第三步棋用时59分钟，第五步棋用时75分钟，接下来他干脆不走棋了，坐在那里，闭着眼睛，如老僧入定，忽然睁开眼睛，手伸向棋盒，抓里面的棋子，"哗啦啦"搅和半天，你以为他要下子了，可他又把手缩回去了。

就这样，他干坐了四个多小时，一步棋没走。

乾隆首先坐不住了，起身走到另一间屋子，一边唉声叹气，一边喝了两杯茶，吃了几块小点心。

范西屏也被王子耗趴下了，他感觉极好，灵感如火花雷电，不断闪现。但对手不走棋，他也没办法了。

范西屏起身对忘忧格格说："我到那屋休息一下，一会儿王子走棋了，告诉我一下。"忘忧格格点头同意。

范西屏走到另一间屋子，躺倒在一张藤椅上，不一会儿就鼾声大作。正睡得酣畅，忽觉有人推他，睁眼一看，原来是忘忧格格。

范西屏问："王子走棋了？"

忘忧格格说："都什么时候了，你还有心呼呼大睡？"

"怎么啦？"

"你知道不知道这盘棋赢了怎么样，输了又怎么样？"

"不知道。"

"事关我的前途。"

"什么前途？"

"王子要赢了，万岁就把我许配给他做老婆，你要赢了，万岁就把我许配给你做老婆。"

"那你的意思呢？"

"那还用说吗？"

"你还是说说吧，"

"就不说。"

"那我也没办法，只好让王子赢了。"

"坏人，坏人，"忘忧格格笑着捶打范西屏，"真是个坏人。"

那一天直到吃晚饭的时候，王子一步棋也没走。

乾隆准备了丰富的晚宴，招待王子和范西屏，有一百多道菜，还有美酒，荔枝酒、鹿血酒之类。

席间，乾隆问王子："你这一天统共走了三步棋，是不是一种策略？"

王子明知故问："什么策略？"

"扰乱对方心意，让对方心烦意乱、一不小心走错棋的策略。"

"我这算什么！我还走了三步棋，我师父棋圣道策有时候一整天一步棋都不走呢。"

"他不走棋做什么呢？"

"长考，规划一盘棋的宏图大势，面面俱到，可以说，任何地方都计算清楚，一旦他走棋，你不知不觉就入了他的套路，必输无疑。"

"你是不是跟你师父一样善于长考？"

"我跟我师父既一样也不一样，我有所创新。"

"有什么创新？"

"我一般长考是这样的，首先在作为直感而浮现于眼前的四五手中，从最不可能成立的一手开始，一手一手往下计算，因为没有漏算的地方，失误自然就少。"

乾隆又问范西屏:"你想棋是不是也是这样的?"

"不是,我和王子正相反,"范西屏说,"我首先在最早浮现于眼前几手中,从最有可能成立的一手开始算,如这一手不行,再考虑另一手。"

"你们两人想棋的方法截然不同,"乾隆说,"但是,谁的方法更好一些呢?"

"我的师父棋圣道策曾夸奖我算得深、算得细,能看破千手而无一遗漏,真是难以对付!"

"吹吧,"忘忧格格心想,"使劲儿吹吧。"

她存心要挫挫王子的傲气,说:"你师父是棋圣,我们这里也有棋圣,但不知两个棋圣谁更厉害一点?"

乾隆说:"有机会可以找两位棋圣比试一下,倒会是一段棋坛佳话。"

"我师父早就想来中国找高手切磋一下,"王子说,"他两次出海都遇上风浪,有一次风浪把船打碎,他连命都差点搭进去了。我师父被救上来以后,叹息说:'唉,我竟不能与中国高手相切磋,可惜呀,可惜!'"

"你这回来中国倒还顺利?"忘忧格格说。

"是啊,我这回来中国没遇上大的风浪,全靠老天爷保佑。"

第二天,日本国王子与范西屏继续较量,王子大力推行他第一天筹划好的策略,范西屏似不在意,随手而应。王子充分利用他要求执行的日本规则,专走小目定式。他估计范西屏不懂小目定式,就走了一些"妖刀定式",引诱范西屏上当。

范西屏不懂这些定式,不得不长时间思考,走棋的速度也慢了下来。但他基本应对无误,王子也没占多大便宜。

初盘时,王子在一个角部采用"大斜"定式,"大斜"复杂多变,素有"大斜千变"之称。范西屏几乎步步都要思考,王子因为熟悉这个定式,反倒随手而应,轻松自如。

谁知范西屏一步走错,被王子在要害处点了一着,范西屏的棋立即陷入危机。

旁观的乾隆和忘忧格格也都看出范西屏的棋不妙，尤其是忘忧格格，心都快提到嗓子眼了。范西屏要是输了，她就得嫁给王子，这是她不愿意的，心里暗骂范西屏："笨蛋！"又祈祷说："天灵灵，地灵灵，九尾狐仙快显灵，保佑我的范郎拿下这一局！我一定把天底下最好的东西献给你！"

范西屏长考了半天，毅然打劫，这一着并不是不得已而为之，而是他想好的策略，因为他的劫材多，不怕打劫。劫争的结果：范西屏走活了大棋，王子切断白棋五个子，局势仍旧两分。

接下去王子倚仗厚势攻击白棋，但中盘扭杀正是范西屏拿手的地方，所以他该扭就扭，该断就断，丝毫不退让，两人直杀得昏天黑地。

最后局势稳定下来，在场的所有人也都瞧清楚了，黑白双方各断对方一块棋，但黑方要征吃左右两边的白棋，跑左边征吃右边，跑右边征吃左边。哪边被征吃，范西屏这盘棋必输无疑。

乾隆和忘忧格格黯然失色，忘忧格格脸都青了，恨不能学学杨贵妃，抱一只猫往桌上一扔，把棋局弄碎了，不就什么事也没有了？可是她不敢。

王子瞧瞧范西屏，又瞧瞧忘忧格格，脸上绽现出胜利的微笑。他的眼前仿佛浮现出他迎娶忘忧格格的盛大场面，他骑在高头大马上，忘忧格格坐在花轿中，天皇亲自降阶迎接，庶民百姓唱啊、跳啊、山呼万岁，到处都是鲜花和旗帜，五颜六色……

范西屏依旧在思考，不动声色，意定气闲。他想起了王积薪的"一子解双征"，心里很坦然。

他几次拿起白子，想一想，又放了回去。这一子重啊，犹如重千斤。最后他终于下定决心，拿起一颗白子，重重打在棋盘上。

一开始，乾隆、忘忧格格及王子都吃了一惊，因为这颗子走在了完全不相干的地方，但很快三个人都瞧出来了，这颗子为的是引征，而且这颗子是双引征，左边被引征的棋可以跑，右边被引征的棋也可以跑，即棋史上著名的"一子解双征"。

乾隆和忘忧格格不由得喜上眉梢，王子则目瞪口呆，大滴的汗珠从额头上"滴答滴答"掉了下来。

从这以后，王子再也没有走棋。

晚上回到家以后，王子摆开棋盘，开始复盘。重点是范西屏的"一子解双征"那步棋，他研究了几百套方案，苦思焦虑，彻夜未眠。

第二天，王子和范西屏又坐到棋盘两边，开始他们第三天的较量。两人互相瞧着对方，不肯相让，眼睛里的火花化为熊熊大火，要把对方烧为灰烬。

忘忧格格宣布："比赛开始。"

王子微微一笑，拈起一个黑子放到棋盘上，众人一瞧，王子这个子紧贴在西屏双引征那个子之前，显然也是为了引征。西屏扳这个子，故意卖一个破绽，王子打吃，引征一边的几个子，西屏打吃一子，王子提引征的十几个子，西屏提一个子。

转换的结果，王子提白13个子，收获不小，西屏提黑一子收获也很大。俗话说："空提一子三十目。"而且围绕空提这一子，黑周围的形势变坏，白已牢牢控制了局面。

双方又下了一百多手，白实空已优，王子看看已无力挽回，遂点头认输。

乾隆和忘忧格格还以为经过一夜的苦思冥想，王子一定发现了克敌制胜的妙着，心里还忐忑不安，一见王子主动认输，不由得喜笑颜开。

乾隆说："真认输了？"

"认输，不得不认输，"王子说，"范先生太厉害了。佩服，佩服！"

"那你说说，我们这个棋圣比你们那个棋圣，究竟谁更厉害？"

"要我说实话吗？"

"当然说实话。"

"若按日本规则，十九道棋盘，我师父恐怕要好一点，因为我师父懂的定式多，起码一万个，范先生则不太熟悉。若在二十一道棋盘，范先生可以让我师父四子，他的杀棋太厉害了，天下无人能敌。"

王子输了这盘棋，迎娶忘忧格格已经无望，他原说要回国，又找个理由，暂时不回了。原来，他要看看忘忧格格究竟花落谁家。

　　范西屏和忘忧格格心中喜滋滋，就等着乾隆宣布他们两人的大婚，但乾隆偏不宣布，也不知他是什么意思。

　　这一天，乾隆派出的暗探来报告说："属下已将忘忧格格的底细调查清楚……"

　　乾隆说："她的家世究竟怎样？"

　　"她是陈世倌大学士的外孙女……"

　　"陈世倌陈阁老？"

　　乾隆大吃一惊，感到事情有点棘手。

　　原来乾隆与陈世倌大学士渊源颇深，当时坊间流传着一段"狸猫换太子"类的秘事，说的是若干年前，陈世倌的夫人诞下一个儿子，与此同时皇后也诞下一个女儿。忽然宫内传来太后旨意，要陈世倌把孩子抱进宫去，让她瞧瞧。陈世倌岂敢不遵，赶紧把孩子送进宫去。谁知送进去的是个儿子，还出来的却是个女儿，陈世倌也不敢说什么，只好把孩子抱回家。

　　这一下关系全乱了，陈世倌抱进宫的孩子，也就是他的儿子，后来成为太子，最后当了皇帝，也就是乾隆。反清复明的志士无不兴高采烈，以为大清国终于又回到汉人手中。陈世倌抱回家的孩子，那可是货真价实的金枝玉叶，虽然是个格格，但只能当作大学士之女养了起来，忘忧格格就是她的女儿。

　　这就是大清国四大悬案之一。

　　乾隆根本不相信有这回事，但这回事在坊间传得沸沸扬扬，乾隆有时也疑惑，难道自己真是汉人的儿子？

　　陈世倌圣眷优隆，乾隆一生6次南巡，有4次住在海宁陈家。人们都奇怪皇上为什么那么照顾陈家，想想坊间的传言，也就释然了。

　　乾隆这次来杭州，陈世倌已驾鹤西去。为商量忘忧格格的婚事，乾隆叫下人把陈世倌的夫人接到杭州，传见之日，格外亲切。乾隆心想：

新样梳妆巧画眉 ｜ 139

忘忧格格也不是外人，按坊间的传说，这是当今太后的亲生女儿，与我也有兄妹之情，万不可亏待了她。

说了几句闲话，说起忘忧格格，乾隆说："忘忧格格也不小了，朕想把她许配给一个人，不知夫人同意不同意？"

"我这个女儿顽皮得很，倒让万岁操心了，"陈夫人说，"但不知万岁想把她许配给谁？"

"这个人名叫范西屏，是我刚刚册封的棋圣。"

"容我想问问，是万岁您赐婚吗？"

"那倒不是，朕只是关心一下，俗话说'父母之命，媒妁之言'，到头来还得你给她作主。"

"既然如此，是否容我回去与小女商量一下？"

"可以。"

陈夫人这次来杭州，借住在亲戚家中。回到住处，派人找来忘忧格格，说："万岁爷今天找我商量你的婚事，想要把你许配给一个叫范西屏的人，你意下如何？"

"好啊，我同意，"忘忧格格面如春花，"是我跟万岁爷说的，非范西屏不嫁！"

"范西平没有功名，只是个平民百姓。"

"平民百姓怎么了？他还是万岁爷亲封的'棋圣'呢。"

"'棋圣'算什么，不过是棋人的称号。"

"反正我要嫁人就嫁范西屏！"

"范西屏有什么好？我不同意，而且我估计我们家人、族人都不会同意。"

"为什么不同意？他们管得着吗？"

"好孩子，你也不想想，我们海宁陈家是个什么人家？"

"什么人家？"

"我们陈家世代簪缨，科名之盛，海内无比，三百年来，进士二百数十人，位居宰辅者三人，官居尚书、侍郎、巡抚、布政使者十一人……"

"那又怎样……"

"现在你要嫁给一个平民百姓,我丢不起这个脸,我们老陈家也丢不起这个脸!"

"我要非嫁不可呢?"

"那我就跟你断绝母女关系,老陈家不承认你这个孩子!"

一听陈夫人要和自己断绝母女关系,忘忧格格不由得泪如雨下,一转身跑了出去,陈夫人在后面一个劲叫她,她也不理。

忘忧格格跑出去以后,想想这件事只有万岁能帮助解决,就跑去见乾隆。

乾隆问她:"你母亲跟你谈得怎么样?"

忘忧格格就把她母亲要和她断绝母女关系的经过说了一遍。

乾隆说:"依你这事怎么办?"

忘忧格格说:"只要万岁赐婚,我母亲也没办法。"

"不妥。你母亲既然已说了不成,朕要是赐婚,不是把你母亲得罪了,也把你们老陈家都得罪了?"

"您是万岁爷,您怕得罪谁?"

"不妥不妥。朕虽然是万岁爷,但也要做一个仁慈的万岁爷,不能见谁就得罪谁,尤其不能得罪你母亲。"

"您要是连我母亲都不敢得罪,那可怎么办?"

乾隆想了一下,说:"你不妨先去找找范西屏,看他有什么主意。"

"他就是笨蛋一个,他能有什么主意?"

"皮日休说:围棋有'害、诈、争、伪'。范西屏是棋圣,乃'害、诈、争、伪'的高手,他怎么会没主意?"

忘忧格格见乾隆不肯赐婚,不禁大失所望,为今之计只好死马当活马医,去找范西屏。

当天晚上,忘忧格格找到范西屏的住处。范西屏正在复盘,忘忧格格说:"都火烧眉毛了,你还有闲心下棋呢。"

"其实我也心不在焉,哪有心思下棋,"范西屏说,"我正等着万岁爷赐你我大婚呢。"

"做梦去吧,我娘不同意,万岁爷也不敢赐婚了。"

"那又为什么?"

"怕得罪我娘呗。"

"事情怎么会发展成这样?"

"你有什么主意没有?"

"我能有什么主意?"

"万岁说你一定有主意。"

"一个是你娘,一个是万岁,他们说怎样就怎样,我敢得罪谁?"

"我倒有一个主意。"

"什么主意?"

"咱们俩可以私奔,一走了之。"

"私奔?不好吧,再说,咱们俩又能私奔到哪里去?"

"当年前辈黄龙士不就和一个宫女私奔到无人知晓的去处,过起了幸福的生活。"

"你怎么知道黄龙士幸福呢?"

"不幸福吗?"

"黄龙士私奔以后,从此销声匿迹,世人都以为他死了,单从这一点就难说他幸福。"

"二人世界,你耕田来我织布,日出而作,日落而息,再生几个孩子,多幸福啊!"

"那围棋呢?"

"我可以跟你下呀。"

范西屏心里说:"你跟我下,那有什么意思?"

他想,自己刚被万岁爷封为棋圣,正在如日中天的时候,让他放弃围棋、放弃他的师弟施襄夏、放弃众多围棋高手,行吗?显然不行。那么如果有一个绝世美人,比如忘忧格格,愿意跟随自己,陪伴自己,执子之手,与君偕老,行不行呢?不行,即便西施、貂蝉、王昭君、杨贵妃四大美人都来也不行，绝对不行！

爱江山还是爱美人？范西屏是不爱江山也不爱美人，就爱围棋。

想到这里，他说："私奔不行，还是从长计议，不要走极端。"

"那你说怎么办。"

忘忧格格一歪身，躺在了床上。

"天也不早了，你是不是该回去了？"

"我今天不走了，就在这儿睡。"

"那可不成！"

"怎么不成？"

"咱们俩还没办喜事，你这不是让人说闲话吗？"

"咱们俩不如今天就把事办了，这样不仅我娘说不出话，万岁爷也只好赐婚。"

"那可不成，我们家可是正派人家，从小就教育我端端正正做人，绝不行苟且之事。"

"真不行？"

"不行。"

"你不后悔？"

"不后悔。"

忘忧格格心里想：木头，简直就是一块榆木疙瘩，简简单单一件事，对他却比登天还难。万岁爷说他是"害、诈、争、伪"的祖师爷，我看他却是一个狗屁不懂的小学生。自己怎么会爱上这么一个人？

"那我走了？"忘忧格格坐了起来。

范西屏没说话。

"我真走了……"

范西屏仍旧没说话。

忘忧格格气坏了，忍住眼泪，起身走了出去。范西屏犹豫了一下，追了出去，早已不见了忘忧格格的踪影。

15 范施骑鹤下扬州

范西屏此次杭州之行可谓一得一失,得的是他和师弟施襄夏争得了"棋圣"称号,而且是皇帝御封;失的是不慎失去了小狐仙。

他到底爱不爱小狐仙?说句心里话,他是真爱,但是和围棋比起来则又在其次,他绝不会像黄龙士那样为美人私奔、从此远离棋坛。

从杭州回到张永年的家,范西屏和施襄夏开始考虑下一步的落脚之处。

这一天范西屏、施襄夏与袁枚、吴敬梓聊天,说到今后的去处。

"我看咱们不如去京城?"施襄夏说。

范西屏摇头说:"京城有什么好?"

"王公大臣中下棋的人多,况且乾隆皇帝也很重视咱们,咱们要是去了,足以安身立命。"

"我最怕和朝廷纠缠不清,尤其被皇帝看中,那就别想过安生日子了。"

几个人正说着,只见韩学元领着一个人走了进来。这个人范、施也认识,在西湖大会上也见过,只是不太熟而已。

此人姓胡名肇麟,乃扬州的盐商,家境十分富有。其人嗜棋如命,喜欢大杀大砍，与童和衷齐名，人称"童金刚、胡铁头"。

胡肇麟今天来的目的是和范、施学一盘，骨子里却透着不大服气的意思。

胡肇麟最好的战绩是和梁魏今、程兰如下过分先十局棋，他想：范、施再厉害，不过和梁、程差不多，也只比我好一点点，一不留神就可能输给我，让普天下皆知棋圣出乖露丑，那我的名可就扬大了！

当下韩学元就把胡肇麟想要学棋的话头对范、施说了。

"好啊，也别说学棋，就是切磋。"范西屏说，"师弟，你和胡先生来一盘怎么样？"

"我的棋慢。"施襄夏说，"还是你来吧。"

"还没下就推来让去，"胡肇麟面露得意之色，"有点怕我了吧？"

范西屏当仁不让，和胡肇麟坐到棋盘两边："怎么下？"

"我们这位胡铁头曾和梁魏今、程兰如下过分先十局棋。"韩学元说，"第一次下，您看分先行不行？"

"行啊，第一次下，本来就该分先。"

"不行，不行。"胡铁头表示反对，"您是棋圣，我还是码两子吧。"他的小算盘是码两子他就更容易取胜了，一切以取胜为前提，其他就不必计较了。

范西屏不置可否，愿意码两子就码两子，不愿意码也无所谓。两人交起手，西屏落子如飞，激得胡铁头也落子如飞。胡铁头大杀大砍，西屏也大杀大砍，但胡铁头的棋力不够，砍着砍着就砍出毛病来了，一块棋差一气被杀，只好认输。

胡铁头还是不大服气，把韩学元拉到一边，小声嘀咕了几句。

韩学元说："你不会自己去说？"

胡铁头说："我怎么好意思呢？"

韩学元回来说："我们这位铁头兄还想和范先生学一盘。"

范西屏说："好啊。"

"我们这位铁头兄说要来点带彩的。"

"什么彩头?"

"就是银钱了。"

"怎么个赌法?"

胡铁头接过话头说:"一个子二两银子!"

"好啊,"范西屏微微一笑,"我这两天正缺钱用呢。"

一个子输二两银子,一百个子就输二百两银子,不可谓不丰厚。下棋的人谁不想多赢几子呢?其实赢半子与赢一百子都是一样的,但下棋的人难免贪心,能多赢绝不想少赢。胡铁头正是想利用下棋人的这种心理,让对手因为贪心而输棋。

两人又重新开战,范西屏仍旧大开大合,想要围歼一块黑棋,胡铁头也拼死抵抗,白棋好不容易围住黑棋一块大棋,但被黑棋妙手成劫。

打劫的结果,黑棋提掉 21 颗白子,白棋在别处占了一些便宜。胡铁头以为此棋必胜无疑,不觉兴高采烈。谁知范西屏技高一筹,胡铁头这损一点那损一点,不知不觉局面逐渐接近,最后此局巧成和局。

从赌彩的角度来说,成和局即双方谁也没赢谁,胡铁头应该感到高兴才是,但是,他心知自己输了,对范西屏佩服得五体投地。

"范先生太厉害了,真不愧'棋圣'称号。"后来他对人说,"那局棋中盘打劫,我提了他 21 个子,以为必胜无疑,谁知最后还是和了,太厉害了!"

和棋,胡铁头十分高兴,范西屏却有点懊恼,原因是一点彩头也没得着,于是问胡铁头:"再来一盘吧?"

"不来了,不来了,"胡铁头笑着摇头说,"我和韩兄还有正事要和二位先生商量。"

"什么事?"

"我想问问二位先生,今后想在什么地方落脚?"

"我和师弟一向是居无定所,四处漂泊,刚才还商量此事呢。"

"商量出结果没有?"

施襄夏说:"我的意思是去北京。"

"北京有什么好？"

"北京是京师，全国围棋中心，下棋的人都往那儿集中。"

"襄夏，你不记得一句老话了吗？"袁枚说，"长安米贵，居大不易。"

"我和师兄恐怕还饿不死。"

"岂止饿不死，"吴敬梓说，"万岁爷刚封二位为棋圣，再封二位四品、五品顶戴也是有的。"

"我最讨厌做官，还不如当个平民百姓，"范西屏说，"做官早晚要出事。"

"这话从何说起？"袁枚说。

"不见黄龙士、徐星友吗？"

黄龙士官居内廷供奉，后来弃官而去，带宫女私逃，从此不敢露面，无声无息。徐星友官拜四品知府，被人诬陷谋害黄龙士，名声大损。两人虽然是一代国手，但都没有得到好的下场。

众人想到他们的遭遇，都沉默不语。

后来还是胡肇麟打破了沉默："二位既然不愿去北京，何不到扬州小住呢？"

"就是，我们扬州自古繁华，"韩学元眉飞色舞地说，"人生一大乐事，莫过于'腰缠十万贯，骑鹤下扬州'。"

"我不是反对去扬州。"施襄夏说，"扬州比不上北京，北京是全国围棋中心，扬州能有几个人下棋？"

韩学元说："扬州下棋的人也不少，但下得好一点的，目前只有我和胡铁头了。"

"二位要是去了扬州，"袁枚说，"再加上我们几个人，下棋的人不就多了吗？"

"北京为什么会成为全国围棋中心，主要因为黄龙士、徐星友、程兰如、梁魏今去了北京，各地的高手也纷纷往北京集中，"吴敬梓说，"二位棋圣要是去了扬州，兴许扬州就会取代北京，成为全国围棋中心。"

吴敬梓这么一说，两位棋圣也不由得动了心。

范西屏说："师弟，你觉得怎么样？"

施襄夏说："师兄，我听你的。"

"那咱们就去扬州吧。"

当下众人商议已定。第二天胡肇麟也告辞回了扬州，说是回去准备一下，欢迎范、施的到来。

又过了几天，张永年父子举行家宴，为范西屏、施襄夏饯行。席间，张氏父子拿出两本书的草稿，请范、施二人签名。一本是范、施"擂争十盘棋"对局谱，以及"棋圣"大赛三局决胜谱。一局一页，只有寥寥十三页。还有一本是《三张弈谱》，收录的是张永年父子三人与范、施的授子谱：卷一《丹九弈谱》，授子七局，范二局，施五局，对子一局；卷二《振西弈谱》，授子十局，范一局，施九局；卷三《元若弈谱》，授子十局，皆与施弈。《三张弈谱》三卷共二十八局，成书以后，刻版印刷还比较容易。

范、施二人当即为两本书签了名。

然而"当湖十局"从未见单行本发行，也未见《三张弈谱》收录，甚至序文中也未曾道及，令人不免奇怪。直到清同治年间，张永年之玄孙张金圻有《坐隐居谈弈理诗》七古一篇，才说到此事，诗云：

乾隆之际施范鸣，条理始终集大成。地灵人杰主宗盟，神乎技矣四宴惊。瞬息万变斗机巧，疾逾鹰眼健鹰爪。以征解征洵奇观，借劫酿劫谁分晓。三江两浙数十州，大开旗鼓东南陬。当湖客舍十三局，旁观当作传灯录。念我先人雅好棋，棋中授受见而知。

自注云：

先高祖聘施、范在家对弈十三局，叹观止矣。

诗中叙述渊源，出自家传，当可作为信史。由此可知，范、施二人在当湖实对弈十三局,现今传世之"当湖十局",西屏执白先行六局,似乎于理不合,当是后人辑谱时有所遗漏而致。

当时西屏已是公认的弈林第一高手,名满天下。襄夏的名声虽然不如西屏,但大家也都知道,只有他还勉强能与西屏抗衡,其他国手就更不行了。就连棋坛盟主程兰如,对西屏也多有忌惮。一些好事者曾多次从中撮合,希望两人下一回"十番棋",但兰如都借故推托。久而久之,兰如的声誉不免有所下降,渐渐被西屏盖了过去。

韩学元与程兰如交情颇深,他从二十岁起就跟从兰如游学,十余年来,从二子到分先,总下过几十盘棋,受益匪浅,心里也把兰如当恩师一般对待。眼见西屏大有超过兰如之势,学元心中十分不服,自告奋勇去挑战西屏,为兰如出气。

兰如劝他不要去,说去也是自讨其辱。但他年轻气盛,认准一件事,十头牛也拉不回来。听说西屏在杭州,就长途跋涉找去,等到了杭州,又听说西屏已去苏州,他又马不停蹄追往苏州。就这样辗转寻找,跑了几百里地,最后还是在浙江海宁县才找到了西屏。

当时西屏和襄夏正在海宁县县令林凤祥家里做客,韩学元找上门来挑战,把众人都吓了一跳。

西屏听说过他的名头,不敢怠慢,当下约战三局,结果学元三战三北,而且都输得溃不成军。

要说学元也是豁达之人,输了棋不怒反笑,心悦诚服,当即要拜西屏为师。

西屏说:"论年纪你还大我几岁,我怎敢收你为徒?"

"学艺倒不在年岁大小,"韩学元说,"昔日徐星友徐老前辈也长棋圣黄龙士十余岁,不是也拜黄老前辈为师了吗?"

"你我既然年岁差不多,就不要闹这些俗套,何不以朋友相称?也少些拘束。"

"既然如此,恭敬不如从命。"

两人脾气相合,十分投机,都有相见恨晚之感。

住了几日,学元家中有事,想要告辞,但他舍不得西屏和襄夏,就和胡铁头一起邀二人去扬州做客。二人本就居无定所,四海为家,也就欣然同意。林凤祥见挽留不住,就每人送一笔盘缠,三人拜别林凤祥,动身上路往扬州去了。

等到了扬州,学元先将西屏和襄夏让至家中,但他一个靠下棋为生的人,家境十分清贫,不仅居室狭窄,而且妻子产后受风,正卧床不起。学元踌躇再三,方说:"原想留二位在此小住,也好朝夕请教,但情况如此不堪,奈何?"

西屏说:"我和襄夏还是去外面寻一住处,方为长久之计。"

学元说:"只是我心里怎生过意得去?"

"你我朋友之间,何出此言?"

襄夏因问:"附近可有好的居处?"

"不远处有一白马寺,"学元想了一下,"寺内的方丈也爱下棋,与我一向交好,不妨去那儿问问。"

西屏见天色尚早,就提议先去白马寺看看,如若不行也好再做打算。

三人信马由缰走去,走了大约十里路,眼前忽然出现一个湖,学元说叫"甓社湖"。但见湖水碧蓝,上面铺满了睡莲,不时有大鱼"泼刺"一声跃出水面。三人驻足观赏一番,只觉那湖与西湖相仿,但比西湖略小一点,比西湖更显幽静。

三人沿湖绕了大半圈,才到白马寺。学元上前叫门,不大工夫,寺里的方丈迎了出来,见面先打稽首,说:"韩施主一向少见,何时归来?叫老衲好想。"

学元说:"今天早晨方到,放下行李就来看望大师。大师一向可好?"

方丈连称"尚好",学元又介绍说:"这位是范西屏范先生,这位是施襄夏施先生。"

方丈说:"难怪喜鹊在窗外喳喳叫,原来是当今两大国手来到。"

方丈将三人让至屋内奉茶,学元趁便说出西屏二人要租房的事,方丈说:"本寺空房尽多,二位若中意,就请搬了行李过来。"

学元说:"恐怕还要在寺中搭伙,这房钱、饭钱如何计算,还请大师一并示下。"

方丈说:"二位棋圣请都请不来,这房钱、饭钱就不必提了。"

襄夏说:"打扰大师清修已是罪过,又岂能白吃白住,这钱是一定要付的。"

西屏说:"师弟,大师既然说了,就不必坚持,不如我们过后多捐点香火钱,想来大师也不会拒绝。"

方丈笑道:"还是范施主洒脱。"

时至傍晚,方丈执意留饭,三人也不推辞。虽说是素斋,倒也八大盘八大碗,甚是整洁。席中还上了寺里秘制的桂花粟米羹。西屏喝了一口,只觉余香满口,不禁大声赞好。

据方丈说,白马寺之所以出名,倒有一半是因为这素斋,"白马寺素斋"已成扬州的名菜。每天来定素斋的人很多,连带着寺里的香火也兴旺不少。

四人边吃边聊。西屏因说:"听学元兄讲,大师也是弈中高手,来日还要请教一盘才是。"

"施主何须客气,"方丈微微一笑,"老衲下棋只是散散心,借此驱驱俗气,又岂能与施主同日而语?"

"扬州乃藏龙卧虎之地,眼下可有什么高手出现?"

"扬州富埒天下,来来往往的高手也不少,如周嬾予、周东侯、汪汉年、黄龙士这些人,都曾在此做过寓公。不过这都是二十年前的事了,眼下的高手,恐怕就属韩施主了。"

韩学元笑道:"在范、施二位先生面前,我自愧不如。"

方丈忽然想起了什么,一拍大腿,说:"老衲倒忘了,前些日子寺里来了一个游方和尚,棋力着实不弱。但此人行为怪诞。"

众人一听来了兴趣,忙问:"怎么个怪诞法?"

方丈说:"此人虽身在佛门,但从不念经打坐,整日里跑进城去,与一帮不三不四之徒喝酒吃肉、下棋赌彩。这样的人，各位施主可要见一见？"

西屏说："听大师形容，倒像一位世外高人，真要见识一下了。"

方丈吩咐在一旁伺候的小沙弥："请你愿船师兄来。"

小沙弥应声去了，不大一会儿领了一个年轻和尚来，西屏三人一看，认识，原来是释愿船。只见他精光的头皮，粗眉大眼，人倒还精神，只是一袭僧袍油渍乌黑，下摆还破了两个窟窿，一副落魄不羁的样子。

愿船晃荡着两只大袖子，上前合十，说："方丈找我何事？"

方丈说："愿船，给你介绍几个人……"

"认识，认识，"愿船忙躬身施礼，说，"原来是范、施二位棋圣到了，贫僧这厢有礼。"

西屏和襄夏忙还礼。

方丈又说："这位韩施主你可认识？"

"恕贫僧眼拙，"愿船说，"不认识。"

"这位韩施主也是赫赫有名的国手，难道你不该叫声'师傅'？"

"方丈容禀，这师傅二字岂是随便叫的！"愿船拱手说，"叫师傅可以，但总得有个说法！"

方丈说："什么说法？"

愿船说："除了范、施二位先生，其他人则对不起，先得在棋盘上见个真章！"

方丈生气说："没见过你这样的人，一点规矩也不懂！"

"大师且请息怒，这位小师傅跟我倒挺对脾气。"韩学元忙说："当初我也是不服范、施二位先生，找上门去叫战，结果输得心服口服。"

方丈说："愿船一向狂妄自大，不知天高地厚，施主不要惯他的毛病。"

学元笑对愿船说："咱们不如立马下两局？"

愿船说："好。"

襄夏劝道："你刚远道而归，夫人又病着，还是先回家去照料一下。"

学元说："有棋可下，老婆不要也罢。"

众人哈哈大笑，方丈叫小沙弥在桌上铺开棋盘，学元和愿船分两边坐下。

学元说："三局两胜叫师父好不好？"

愿船说："不好，不好！"

"为何不好？"

"假如我输了，就得叫你一辈子师父，自然不好。"

"依你怎么办？"

"咱们一盘一叫，概不赊账。过后也不认账，想叫师父，从头再来。"

"看你的意思，是说什么也不肯管我叫师父了？"

"那也不一定，只要你每回都赢我，我想不叫也不行呀！"

"那我也没办法，只好赢你了！"

两个人憋着劲儿，落子如飞，都想在气势上压倒对方。学元经验老到，肚子里的东西也多，在角部折冲时使了一个大型骗招定式，愿船不熟悉，不知不觉就入了圈套，等他醒悟过来，已经损失惨重，不由得倒吸一口冷气，额上的汗也随之而下。他发了一会儿怔，眼见已是无力回天，遂起身双手合十，恭恭敬敬地叫了一声"师傅"。

两人又战，这一回愿船格外小心，有几次学元故意露个破绽，引诱愿船上当。愿船原也起了杀心，抓起棋子就要用力打去，但手到半途，又收了回来。闭起双眼，心里默默背诵《大般涅槃经》，等到心如止水，方慢慢拈起棋子，轻轻放到盘上。此时他已去了杀心，着法也柔和许多，宁可委曲求全，绝不孤注一掷。

学元拿他没办法，眼见棋势处于胶着状态，心里不免有些焦躁，结果官子连连出错，以半子之微输掉这一盘。

学元气恼非常，不情愿站起身，胡乱叫了一声"师傅"。

愿船点点头，微微一笑。

方丈等看着两人互相叫"师傅"，都觉十分有趣。方丈说："依老衲看，韩施主自然棋高一筹，但定力似乎不如愿船，这盘棋输得有点可惜了。"

"大师说的是,"西屏说,"今后我也想跟大师学学坐禅,增强定力。"

方丈说,"老衲坐了一辈子禅,胡子都白了,也不见棋艺有什么大的长进。"

那一天,学元和愿船共下了六盘棋,学元赢了四盘,因说:"天色已不早了,改日再下吧?"

愿船正输得有点撮火,哪里肯干,连说:"再下两盘。"

学元说:"你没听施先生讲吗?我老婆还在床上躺着呢,我得回家去照看一下。"

"刚才也不是谁说的,有棋可下,老婆不要也罢!"

学元哈哈一笑:"这话确是我说的,但只说了一半,下面还有话呢。"

"愿闻其详。"

"下棋是真,不要老婆是假,赢了臭棋,我心里高兴,就要回家伺候老婆去了。"

"愿船,不要一味纠缠,"方丈说,"先请范、施二位施主安顿下来是正经,你要下棋,以后日子长着呢。"

当下学元告辞,西屏和襄夏随学元回家取行李,无话。

16 山外有山，天外有天

自从西屏和襄夏在白马寺住下以后，消息很快传遍了扬州城。会下棋的人纷纷奔走相告，不会下棋的人也当作一件大事，街谈巷议，很是兴奋了一段日子。

白马寺的香火也突然兴旺起来，来的人倒不是为了拜佛烧香，而是为了看看棋圣是什么模样。

西屏和襄夏不胜其扰，有时闭门不出，有时干脆躲出去，老晚才回来。幸亏大众的热情难以持久，过了一段日子，来白马寺的人逐渐减少，生活又恢复了平静。

不久，西屏和襄夏身边聚集了几位棋友，每日里来来往往，下棋遣兴，倒也不觉寂寞。其中除韩学元、愿船外，还有胡肇麟、童和衷、袁枚、吴敬梓等。

胡肇麟出身盐商，家中十分富有，他下棋不要命，极善野战，人送外号"胡铁头"，一般高手遇上他，就如撞上了恶鬼，被杀个屁滚尿流。但他一到西屏和襄夏面前，犹如小鬼见到阎王，连忙恭恭敬敬摆上两子，老老实实，不敢乱说乱动了。童和衷当时只有十五六岁，棋力已相当不弱，下起棋来不管不顾，一往无前，人送外号"童金刚"。西屏和襄夏也只能让他三子，评价他的棋是妙手、俗筋间或有之，天分不低，前途也不可限量。后来童和衷家中有事，遂辞别范、施，回家去了。

吴敬梓和袁枚只能算业余爱好者，两人都是饱学秀才，满腹经纶，文名震耳。

袁枚是著名诗人，写有一些关于范西屏的文字，如《范西屏墓志铭》，表明了诗人与棋圣之间的亲密关系。吴敬梓更不得了，写了一部小说《儒林外史》，是中国五大名著之一，书中也有一些围棋故事，极为传神，想来与他在扬州的所见所闻有一些关系。

这一天几位棋友又聚到白马寺，商议要好好下几盘棋。除西屏、襄夏外，还有愿船、胡肇麟、吴敬梓和袁枚，一共六个人。

时当盛夏，屋里闷热难耐，愿船说："寺外有一棵千年古松，松下有一块大石头，不如搬到那里去下。"

众人说"好"，拿上棋盘、棋子一起来到寺外。只见那棵古松枝叶十分繁茂，恰如一把大伞，把方圆半亩之地笼罩在绿荫之中。松下的那块石头也极平滑，正好放一块棋盘。只是没有坐的东西，众人就搬了几块石头，权当座椅。只觉松针沙沙，凉风习习，真是一个下棋的好地方。

胡肇麟一屁股坐到棋盘旁边，咋咋呼呼，要先跟西屏学一盘。

愿船说："这两天你跟范先生已经下过不少盘了，也让别人下两盘，莫不成范先生被你一人包下啦？"

"和尚，我们下棋都是带彩的，"肇麟斜眼瞟着愿船，一脸不屑的样子，"你有钱吗？"

"就算你有两个臭钱，也用不着摆出这么一副面孔呀！"

"怎么，你瞧着不顺眼吗？"

"不大顺眼，"愿船说着，坐到肇麟对面，"你不是要赌吗？我跟你赌。"

"你赌也可以，多少钱一盘？"

"一千两一盘。"

"和尚，说话也不怕风大闪了舌头。一千两，你拿得出来吗？"说着肇麟从怀里摸出一张银票，看了看，又摸出一张，"我这是一千两，你的呢？拍出来让大家瞧瞧。"

"大家都是好朋友，"吴敬梓劝道，"不要为一点'阿堵物'伤了和气。"

"去去，还'阿堵物'呢，酸不酸，这儿没你的事，回家念《三字经》去吧。"

"肇麟，这就是你的不对了，"襄夏实在有点看不过眼，遂发话说："怎么说谁跟谁来呢，不是把朋友都得罪光了吗？"

"施先生，您放心，我不过是开开玩笑，找个乐子。这些人在一起也不是一天半天，难道会为这点小事伤了和气？"肇麟又对愿船说："拿得出来拿不出来？拿不出来就一边去，别耽误时间。"

愿船把手里的念珠放在棋盘上，说："我这挂珠子，是佛祖释迦牟尼用过的遗物，到哪儿也能当五千两银子，我就用这珠子跟你赌吧。"

肇麟把珠子拿起来，端详一番，只见上面已被汗渍掩盖了光亮，闻闻还有点臭味，说："你说值五千两就值五千两？你说了算吗？"

"我说了不算谁说了算？"

"那不行，你还是叫释什么尼开个凭证来吧。"

"佛祖涅槃已有几千年，我上哪儿找他去？"

"你爱上哪儿就上哪儿，那我就管不着了。"

"你们这么争来争去也不是个办法，"西屏说，"愿船，你起来，还是看我教训他。"

愿船一笑起身，西屏坐下后说："咱们怎么下？"

肇麟笑说："老规矩，一百两一盘。"

"好，摆上两子吧。"

肇麟连忙遵命摆上两子，但他心里明白，摆两子也是白送。那么为何不摆上三子呢？他这么高的棋，这话可说不出口，只好打肿脸充胖子了。但他是盐商出身，骨子里吝啬得很，就这样一百两、一百两地送给西屏，实在有点心疼，因说："范先生，我有个建议。"

"就你的事多,又有什么狗屁建议?"

"咱们也不要把彩头定死,倒影响您的发挥。干脆输一子二两银子,您要是一下赢我一百子,不就能得二百两银子吗?"

"那我要只赢你半子,就只得一两银子了?"

"那也没有办法,不过这种情况恐怕不多。我哪能一盘棋只输您半子呢?"

"好,依你。"

旁边愿船、吴敬梓、袁枚一听都急了,正是皇帝不急,急死太监,一起劝阻说:"范先生,您可千万不能上这小子的当。"

"怎么呢?"

愿船说:"您下棋能算出一百多步,怎么算不清这笔账呢?"又回头对吴敬梓说:"我也说不清楚,还是你说吧。"

吴敬梓说:"就算您不会一盘棋只赢他半子,但赢他五子、十子又怎样,比原来那一百两不是还少许多吗?"

西屏笑笑,问肇麟:"你打的可是这个主意?"

"纯粹'以小人之心,度君子之腹'。"肇麟说,"不过您要不同意也没关系,咱们还是照老规矩就是了。"

"还是按你说的办,一子二两银子。"

肇麟见西屏慨然应允,不由得心中暗喜。他想:这回咱守着空走,一步一个脚窝,绝不胡来乱来,就算你的棋高,我也只输你一子半子,也就合一两二两银子,上哪儿找这么便宜的事去?对,就是这个主意。

肇麟自以为得计,但是正如俗话说的:江山易改,本性难移。他的棋风已然定型,就是一盘胡杀乱砍,不亦乐乎的棋。明明一位关东大汉,让他学小媳妇缩手缩脚、扭扭捏捏,如何学得像?走着走着,他就按捺不住,杀心陡起。好似那莽张飞,豹眼圆睁,挺起丈八蛇矛,大喝一声,杀入敌阵。又似那黑李逵,赤膊上阵,抡起板斧,排头砍去……

再说,他想老老实实,人家允许吗?走的棋那叫气人,几块孤棋愣是不补,几颗碎子就要吃"厚势"。胡铁头不由得七窍生烟,能活的棋也不活了,杀吧,这年头谁怕谁呀?几块棋顿时扭在一起,直杀得天昏地暗。

但有一点,西屏比他算得远,往往关键时刻走出妙手。胡铁头一看,原是他杀人家的棋,结果人家的棋活了,自己的棋反倒是七零八落,浑身是病,就算华佗再世,也救不过来了。不由得心凉了半截,后悔也来不及了。

这盘棋西屏吃了他一条三十多子的大龙,足足赢了他五十五子,一百一十两银子,比老规矩也差不太多。

肇麟气得扇自己一记耳光,嘴里骂道:"叫你老老实实,守着空走,怎么就没记性,又胡杀起来了?"

第二盘棋他果然长记性了,一味地忍让退避,不敢正面冲突。西屏见他如此,正好挥兵长驱直入,这里一扭,那里一断,手筋、妙手层出不穷。

肇麟左遮右挡,穷于应付,焦头烂额,几块棋倒是都活了,可每块棋都只两个眼,可怜巴巴的,瞧着都叫人难受,最后一数棋,又输了五十三个子。

肇麟从怀里摸出一张五百两的银票,送到西屏面前,说:"这个您先收着,回头一起算账,我倒要看看,今天能输多少钱。"

"你这法子还真不赖,我不仅收入没减少,反倒增多了。"西屏笑道,"再跟你下个十盘八盘,我的棋恐怕还要涨。"

"您就别涨啦,"肇麟愁眉苦脸,"您要再涨,我们可怎么办?"

胡肇麟和范西屏在扬州对弈,前后凡三十余年,所输金钱恐怕不在少数。古书载:"胡弈好浪战,所谓不大胜则大败者也……然遇范、施辄败,每至数十百子,局竟,则朱提累累盈几案矣。"

这里正说笑,远处有一位老者挑着一担柴草走来,走到松树下,看见有人下棋,就放下担子过来观战。

初时众人也没理会,以为是个过路之人,偶尔看个热闹。后来才发现那老者竟是个练家子，不仅看得津津有味，而且随着棋局的起伏时而发出会心的笑声，时而不住地摇头叹息，有时还指指点点，尤其对肇麟的棋，颇有点不以为然的样子。

肇麟正窝了一肚子火，瞧谁都不顺眼，尤其是愿船，老想找愿船的碴，甭管愿船说什么，他必反着说，弄得愿船也没了脾气。

这下好了，也不知从哪儿冒出一个糟老头子，肇麟就放过了愿船，把怒气转移到老者身上，翻着眼皮上下打量老者一番。只见老者一身短衣打扮，挽着裤腿，穿着草鞋，胸前还被汗渍湿了一大块，一看就是一个卖苦力的。心里老大瞧不起，头一扬，鼻子恨不能伸到眼睛上面，冲着老者说："你要瞧就瞧，别摇头晃脑、指指点点的好不好？"

老者说："你又不是衙门，难道还想限制人家说话？"

"我们这些大佬官在这里下棋，岂有你说话的地方？"

"可惜人人鼻子底下都长着一个嘴，你想限制也限制不了。"

愿船说："施主，您别生气，他正输红了眼，小心他咬您一口。"

"臭和尚，"肇麟跳起来，指着愿船的鼻子，大喝一声，"你说什么呢？"

"肇麟，你这成什么模样？"西屏皱着眉头，"这棋还下不下？"

肇麟见西屏不高兴了，也不敢回嘴，连忙坐下，继续下棋。但他心思已乱，根本想不下去，眼看这棋又要输了。

此时吴敬梓和袁枚不由得对那位老者发生了兴趣。这两位文人对事物比较敏感，觉得那位老者举止、谈吐不像一般卖苦力的人，但又猜不透他是干什么的。

"老丈，说句不怕你见怪的话，"袁枚说，"你也会下棋？"

老者嘿嘿一笑："将就会下一点儿。"

"你看这二位的棋怎么样？"

"不是一般的棋，恐怕就是当今的国手来了，也不过如此而已。"

吴敬梓说："敢不敢和他们来一盘？"

"有何不敢？"

肇麟一听这话，差点没背过气去，心说："今天真邪门，大白天撞见鬼了，一个泥腿子也敢公然叫阵，是可忍，孰不可忍。"遂说："范先生，这棋我认输行不行？"

西屏说："这棋还早呢，怎么就认输了？"

"我忍不下这口气。"肇麟冲老者说："你不是要下棋吗？来来，我跟你下一盘。"

襄夏说："人家又没招你，又没惹你，你何必跟人家过意不去。"

"我要让他知道，"肇麟说，"我们这些大佬官下棋，不是他一个乡下人可以随便插嘴掺和的。"

众人见肇麟激怒的样子，都觉得好笑，又都瞟着老者，看他什么反应。

老者说："不跟你下，跟那位倒可以下一盘。"

"为何不跟我下？"

"这下棋最能见人品性，像你这么嚣张浮躁，一点不懂得谦让，那棋也高不到哪儿去，跟你下什么劲儿呢？"

几句话把肇麟噎得一时竟不知说什么好了。

吴敬梓说："你想跟他下，你知道他是谁呀？"

"谁呀？"

"他就是天下第一高手范西屏范先生。"

"听说过，没见过。"老者微微一笑，"是不是第一高手，还得下下才知道。"

西屏见老者出语不俗，心里暗暗吃惊，忙说："老先生，晚生理当请教一盘。"

老者也不推辞，雄赳赳走过来，坐下以后伸手拿过黑棋，把住不放。看他的意思，是要西屏执白先行，众人虽然有些惊愕，但想到他一个山野之人，没见过什么世面，倒也情有可原。

西屏为人比较随和，并不以为自己有什么了不起。见老者愿意拿黑棋，他就拈起一枚白子，去右上挂角，老者想也没想即一间低夹，西屏不禁皱起了眉头。

原来按当时的布局理论，对于挂角一般都是大飞应，或四间缓夹，意在分势。像这样一间紧夹，开局即挑起急战的走法几乎没有。

即便在今天，"星、一间低夹"也是十分流行的走法，尤为韩国棋手所喜爱，并由此衍生出一系列的定式。

对于"星、一间低夹"，最简明的应法就是点三三，这连水平不高的业余棋手也会走，依葫芦画瓢，不必动什么脑筋，也不会吃亏。但在西屏那个年代，一般不会考虑点三三这样的手法。

这是因为当时的棋手崇尚力战，你既然来夹击，我就正面应战，谁怕谁呢？想点三三寻求转换这样的思路，与其说他们考虑不到，不如说他们根本不屑考虑。围棋、围棋，就是围而杀之。如果避重就轻，投机取巧，像泥鳅一样，"出溜"一下钻到里面去，连挂角的子都不顾了，那还叫围棋吗？

这是因为时代不同，思考方法不同，结果也就出现了很大的差异。

西屏见老者一上来便一间低夹，也就习惯性地一间跳起，不料老者想都没想，也把夹的子一间跳起。看老者的意思，是想跟他变"金井栏"，西屏不禁又皱了皱眉头，陷入了沉思。

这"金井栏"是中国最古老的定式之一，南北朝时梁武帝萧衍所著《围棋赋》中就有这样的字句："玉壶、银台、车厢、井栏，既见之于曩日，亦在今之可观。"若从时间计算，起码也有一千多年的历史。而且这个定式极为复杂难解，每一个变着都需五六十手棋才能完成，其中疑云密布，圈套丛生，稍一不慎就会陷入沼泽，难以自拔。

或许有人会以为笔者在说故事，未免夸大其词。其实不然，关于"金井栏"的厉害之处，现实中也有例可循。

民国初年，日本著名棋手广濑平治郎六段来华，广濑有"独眼龙"之称，棋力高强，当时的国手都被他让到两三子，颜面尽失。

老国手汪耘丰奋起迎战，开局即祭出"金井栏"，广濑不甚熟悉，结果吃了大亏。局后回到寓所，苦思善策，通宵未眠。

这一段逸事当年曾哄传一时,成为棋坛著名掌故之一。

虽然如此,但若有人想用"金井栏"骗西屏,岂非班门弄斧,圣人面前卖《三字经》?"金井栏"一共二十七变,西屏早已烂熟于胸,心里说不就是"金井栏"吗?好,咱们就变"金井栏",倒要看看你能变出什么花样?

谁知走着走着,老者忽然变出"新手",前所未见,愿船、肇麟等人都以为老者走错了定式,心里说这下完了,用不了三着五着就得稀里哗啦。但看西屏神色异常凝重,迟迟不敢出手,仿佛受到什么无形的压力,众人又有点疑惑,不知西屏是怎么回事?

原来西屏早已觉察老者并非将定式走错,而是布下一个圈套,等他上门送死。这是人家研究透的变化,自己却第一次见到,少不得打起精神,认真应付。每走一步都深思熟虑,格外小心。

此时的天下第一高手就像一个面临考试的学生,老师出了一道难题,看他如何破解。

这个"金井栏"的新形态是老者多年苦心钻研的结晶,自信除非神仙下凡,任何人也休想在短时间内将它破解。老者表面上不动声色,暗里却等着西屏入套,一旦西屏走错,他也会毫不留情,给予毁灭性的一击。

能让名满天下的范大国手当众出乖露丑,其快意为何如?

然而西屏也不会轻易上当,凭借他深厚的功力和过人的悟性,居然一步也未应错。老者越走越是心惊,不由得暗暗佩服。

这个定式两人一共走了七十八手才算完成,四分之一的棋盘已是密密麻麻布满棋子,形势依然两分。幸好西屏拿到先手,于是去左下挂角,老者又是一间低夹,西屏一间跳起,老者也跟着跳起。

这就有点斗气,也有点逗你玩的意思。

西屏一看,无法再变"金井栏"了,原因是右上角的定式虽然两分,但黑棋在外面形成一道势力,左下若再变"金井栏",再让黑棋形成一道势力,两道势力遥相呼应,将中腹置于掌控之中,这棋还怎么下呢?

此时西屏已势如骑虎，可供选择的余地不大。若飞下攻角吧，黑棋征子有利，肯定会直接跨断，白棋也难讨便宜。西屏一时难筹善策，只好又跳了一步，老者得以大飞守角。这两步交换西屏稍损实利，但他认为所损有限，只要以后不管在哪里便宜一下，也就扳过来了。

谁知老者棋术超绝，令人折服，西屏几乎用尽十八般武器，但老者应对自如，丝毫不露破绽。有一处西屏稍微用强，眼看大功告成，又被老者巧施围魏救赵之计，安然脱险。

两人所争仅在毫厘之间，几次折冲过后，西屏的先手效力渐渐消于无形。西屏心中纳闷儿，不由得拿眼去瞧襄夏，襄夏也自惊异，两人都想：此人是何方神圣，居然如此厉害？

棋到官子阶段，西屏经仔细判断，发现局势已不容乐观。幸亏先手在握，又再三计算官子大小，终于搞清，若按正常收官，还可小胜半子，不觉舒了一口气。

但西屏的长处在于中盘，官子则不如襄夏精细。所谓智者千虑必有一失，那老者并未按西屏的预想收官，而是中途抢收了一个仅四目大小的逆官子，实出乎西屏的意料，令他一时方寸大乱。原来这个官子是西屏的单方先手官子，所以他认为什么时候收都可以，就去抢收其他大官子。但当老者逆收之后，他才发现自己的判断有误，实际上在老者逆收的一瞬间，胜负已然颠倒。

西屏又仔细算了一遍，知道已无可挽回，不觉以手击石说："可惜，可惜，此局竟负半子！"

17 十九条平路，言平又崄巇

众人听西屏认输，都万分惊讶，尤其是胡肇麟，张大了嘴，仿佛下巴吊着一吨的重物，再也合不上了。

西屏拱手说："请教老先生尊姓大名。"

老者说："山野之人，不说也罢。"

吴敬梓和袁枚说："前辈为何不愿以真面目示人？"

老者一听此言，脸色微微一变，干笑了两声，忽然起身拱手告辞。众人极力挽留，都说："天气还早，何不再下一盘？"老者也不理，走过去挑起柴草，顺着林间小径健步而去。

西屏追了两步："老前辈家住何处，可否见告？"

老者不答，转眼的工夫就消失在密林之中，不见了踪影。

那天晚上，西屏和襄夏将老者下的棋在盘上复了出来，边复边研究得失。两人都感觉老者的棋力绝不在他们两人之下，有的地方似乎还略高一筹。

天底下难道真有这样深藏不露的高手？

"师弟，"西屏说，"你看此人是什么来头？"

"若说此人只是个民间高手吧，似乎又不太像，但我也吃不准……"

襄夏说。

"吴敬梓和袁枚他们怎么说?"

"让这两位秀才一说,事情就复杂了。据他们分析,此人必是一位不世出的隐士,或躲避仇家的追杀,或不满意朝政的黑暗,隐姓埋名,远离尘世……"

"若说是民间高手,恐怕不合情理,一个人离群索居,又从不与高手过招,居然如此厉害,可能吗?"

"天下之大,无奇不有,倒也不能排除这种情况。"

"你想,会不会是前辈国手呢?"

"前辈国手老的如徐星友,早已收山。再就是梁魏今、程兰如,这咱们也都知道,还有谁呢?"

"你再往前想,有一位大国手,正如日中天之际,忽然从棋坛上消失了,几十年来一直是一个谜。"

"你说的是黄龙士?"

"会不会是他呢?"

"不会吧,黄老前辈中年辞世,虽然有几种不同的说法,但辞世本身总没有疑问吧?"

"也不尽然,我曾听梁魏老说,当年黄龙士辞世的时候,他正在北京,感觉此事的疑点很多,却一直未能得到证实。"

当年梁魏今只有二十岁出头,他从老家跑到北京,是想亲炙黄龙士的绝诣。

这是一个年轻人的梦,希冀挑战最高权威,一夜成名,全不顾自己的实力与地位。

魏今冒冒失失地找上门去,却被告知黄龙士已经回江苏老家去了。魏今大失所望,又心有不甘,就马不停蹄赶往龙士的老家——江苏姜堰。

姜堰地处穷乡僻壤,交通十分不便,魏今历尽艰辛到了那里,又被告知龙士一直在北京,根本不曾回家。

当时魏今以为自己受到愚弄,心中十分气愤。但不久就传出龙士辞世的消息，魏今感觉这件事十分蹊跷，原因是龙士的辞世万分突然，事前没有一点征兆。一个三十余岁正当壮年之人，也没听说患病，也没遇到什么意外，怎么说死就死了呢？

后来魏今曾多方求证，想要弄清龙士的死因，但始终不得要领。他所询问的人，都是与龙士关系比较密切的亲朋故旧，但这些人也都支支吾吾，讳莫如深。

久而久之，黄龙士的失踪就变成了一桩悬案。

其实，这里面的一个关键人物就是康熙。黄龙士和连锁双双逃走以后，康熙觉得很没面子。一个皇上瞧上的宫女，居然舍弃皇上，而和皇上手底下不入流的官员逃走。

康熙虽然派人捉拿黄龙士和连锁，但又不愿大事声张，本不是什么有脸的事，声张什么劲儿呢？

随着时间的推移，黄龙士和连锁逃跑这件事就渐渐被人遗忘了。

后来社会上就有一些流言出现，一时传得沸沸扬扬。

一则说：周嬾予、周东侯、汪汉年诸人忌黄龙士，诱以声色，瞀乱其精神，遂因致疾而卒。

一则说：徐星友家甚富，既成国弈后，忌黄龙士出己上，乃延之于家，饮食供奉极为丰腴，乘间蛊之以声色。三年，黄精力耗竭，遂死。

还有一则说：黄龙士故负气，徐星友一日遍延高手，于厅间置弈局三，谓黄能同时敌三人乎？黄奋然曰：何不可之有！东西顾而弈，弈竟黄胜，然是夜遂呕血死。

三则流言中竟有两则牵扯徐星友，使龙士的死因更加充满离奇的色彩。

俗话说，解铃还需系铃人。魏今铁了心去找徐星友，开门见山探寻龙士的死因。

据徐星友说，龙士的死乃是传言，实际上龙士只是突然失踪，不知去向而已。

"你说他死了，谁又见着了？"星友说，"何时办的丧事，坟墓又在哪里？"

"话虽如此，但现在已有一些流言涉及先生。"魏今说，"先生似应对此事有所交代才是。"

星友的脸色青一块、白一块，煞是难看。沉默半晌，方说："谣言止于智者，别人爱说什么，只好由他去说。"

据魏今从一旁观察，此事的关键在星友，星友不愿澄清，别人很难窥知内情。

久而久之，龙士失踪之谜就成了一桩悬案，虽然已有四十余年过去了，但始终未能大白于天下。

龙士失踪之时只有三十余岁，魏今比龙士小十余岁，兰如小二十余岁，西屏和襄夏则小四十余岁。

龙士如果还活在世上，也该有七十多岁了。

西屏对龙士极为敬仰，因此对他的中年辞世深感遗憾。后来听魏今细说此事，才知道其中大有隐情。从感情上说，他宁愿龙士只是失踪，只要龙士还活在世上，总还有相见的希望。

如果有一天，失踪四十余年的老棋圣突然再现江湖，重振昔日的辉煌，那普天下棋人之欣喜为何如？

第二天一早，西屏对襄夏说："师弟，咱们今天出外走走如何？"

襄夏说："去哪儿呢？"

"这扬州也是个真山真水的好地方，咱们来了这几日，老闷在屋里下棋，也该出去四处逛逛，游玩一番才是。"

"怕是想找那位担草老人吧？"

"或许因缘凑巧，让咱们碰上也未可知。"

"但只恐是大海捞针。"

"我估计他就住在附近，你想，他挑着那么重一担柴草，又能走多远呢？"

两人正说着，韩学元来访，两人让座以后，韩学元说："昨天我遇到一桩奇事,二位先生可要听一听?"

西屏问:"什么奇事?"

原来昨天韩学元奉母之命,去亲戚家拜寿,路过一处村落,看见有几个孩子下棋,不由得停下脚步,站在一旁观战。他发现那几个孩子的棋力着实不弱,一时技痒,下场和那几个孩子杀了起来。

一开始他让两子,结果他输得很惨,他自觉让不了两子,又让先下了两盘,不料又输了。一时杀得性起,非要再下两盘翻本,那些孩子却嫌他的棋臭,不愿跟他下了,说:"我们还有功课,做不完先生要打板子,哪有工夫老陪你下棋呢。"

说完一哄而散。

韩学元一向自视甚高,到此地步,也不由得垂头丧气。忽然想起母亲交代的事,心说"糟糕",只顾下棋,耽误了正事,忙又赶路去亲戚家拜寿。但这一天他都郁郁寡欢,心里老想着那几盘棋,不能释怀。

西屏和襄夏听了他这一番遭遇,都深表诧异。按说韩学元的棋力与胡肇麟差不多,范、施也只能让他两子,像他这样水平的人,国内也屈指可数。现在忽然冒出一帮孩子,个个与韩学元不相上下,难道不是一件奇事?

西屏说:"一个如此也还罢了,若个个如此就不好解释了,或许有高人教他们。"

西屏自忖:若是他教一个极有天赋的孩子,要想达到韩学元这样的水平,没有三五年时间怕也不行。能把这么多孩子都教成韩学元一样的水平,不是高人而何?

襄夏说:"耳听为虚,眼见为实。我们何不去探个究竟?"

西屏笑道:"我也正有此意。"

又问韩学元昨天去的什么地方,韩学元说:"我也不知那个地方叫作什么,反正一直往北走,到北面山脚下也就到了。"

西屏一听"一直往北走",心里不由得一动,说:"既然如此,我们就早点动身吧。"

三个人出了白马寺，韩学元说："此去路程颇远，不如雇头牲口代步。"

三个人先到附近的车马店，雇了三头大叫驴。骑上驴，顺着林荫道往北走，襄夏和韩学元的驴口小，"嘚、嘚、嘚"走得既快又稳。只有西屏的驴又老又懒，走得慢不说，走三步五步，就低下头吃草。西屏狠命勒缰绳，想把它的头拉起来，那驴脖子一梗使劲犟，差点没把西屏拉下去。双方互不服气，你拉我拽僵持不下，西屏格外费劲，出了一头汗。

走了大约一半的路程，前面忽然出现一道河，西屏等顺着河边走，找到一座小木桥。三人跳下驴，牵驴过桥，襄夏和韩学元都顺利过去了，唯独西屏的驴死活不肯上桥。西屏在前面双手拉，那驴用四腿挂地往后拽，双方如拔河一般。

襄夏和韩学元见状，忙过来帮忙，从后面用鞭子抽驴。谁知不抽还好，一抽那驴反倒来了脾气，死命往后退，反把西屏拉下桥来。

韩学元为人极聪明，顺手揪了一把青草，跑到驴前逗引它。那畜生见了青草，也知道追着去吃，但一到桥边，立刻驻足不前。三个人累了一身臭汗，也没能把那畜生弄过河去。

那驴是付了押金租来的，自然不好随便丢弃，况且就算把这头驴弃之不用，那两头驴又怎么办？三人想想都觉得好笑，原以为雇驴代步可以省些力气，结果反倒成了累赘。

三人正不知如何是好，忽然发现不远处有一个小茶馆，就把驴牵过去拴好，走进茶馆，要了一壶茶，准备歇歇脚再说。四下一瞧，发现周围正有许多人下棋，西屏和襄夏颇感意外，因为此地已属郊区，不想也有这样的下棋场所。

三个人一边喝茶，一边观看邻桌的两个人对局。那两个人自然都是臭棋，顶风也能臭出四十里地去。走的尽是俗手、恶手、无理手，而且一错再错，错上加错，索性一错到底。

西屏三人看得直皱眉头，不忍再看下去。那两个下棋的人却浑然不觉，依旧杀得津津有味，陶然而乐。

这大约也是围棋的奇妙之处，甭管水平高低，都能从盘上找到乐趣。若是两位高手下的棋，可能平淡无奇，让人昏昏欲睡；而两位低手下的棋，却可能惊心动魄，令人拍案叫绝。围棋的这种"媚俗"性质，看似荒诞，却是它勾人魂魄、千百年长盛不衰的原因之一。

说话间那两人的棋风云突变，一位让另一位生吞活剥一块四十多子的大棋，想不认输都不行了，只好从怀里掏出两吊钱递给对方。

西屏看在眼里，眉头一皱，计上心来，起身走过去，拱手说："这位老兄，我跟你下一盘好不好？"

那一位说："我从来不跟陌生人下棋。"

西屏说："这又是为何？"

"我们下棋都是带彩的，我跟你又不认识，赢了你的钱，心里怪不落忍的。"

"我既要跟你下棋，就不怕输钱。你只管赢，越多越好，不必客气。"

旁边有一位说："客官，说出来吓你一跳，我们这位李先生可是这一带的棋王，从来没输过棋。你可仔细掂量，别回头输了钱，又说我们事先没告诉你。"

又一位说："不知李兄这个棋王，比天下第一高手范西屏如何？"

姓李的长叹一口气说："我只因穷困潦倒，困在这里，没机缘去会会他，否则谁是天下第一高手，怕还不知道呢！"

那位又说："听说范西屏已到扬州，就住在白马寺，李兄何不找上门去和他下一盘？"

姓李的说："这你就不懂了，像我这么高的棋，怎好主动上门邀战？就算他来主动找我，我还得考虑跟不跟他下呢。"

众人叹道："似李兄的棋可谓高至极也，我们要达到李兄的地步，怕是不能了。"

姓李的忻忻得意，翻着白眼对西屏说："你都听到了吧，不是我不愿跟你下，实在是彩头少了我没有兴趣——我们二两银子一盘好不好？"

西屏说："二两不太少了吗？索性十两一盘吧？"

姓李的吓了一跳，说："你是不是钱多得没处花了，非要送我一点？"

西屏说："有这个意思。"

姓李的咬咬牙说："好吧，那我们就五两银子一盘吧。"

两人商量已定，随即噼里啪啦拍了起来。西屏的心思原不在棋上，走了五十余步，忽然拱手说："老兄的棋果然高明，这棋我输了。"

姓李的又吓了一跳，心说："刚下了小半盘，怎么就认输了？难道今天真遇见冤大头了？"伸出手说："五两。"

西屏假意在身上摸了半天，说："糟糕，糟糕，出门时太过匆忙，竟忘了带钱。"

姓李的一听急了，涨红了脸，眼睛瞪得铜铃那么大："我说不下不下，你非要下，现在输了又说没带钱，想要赖是怎么着？"

"老兄不要着急，我虽没带钱，但我外面拴着三头驴，用驴抵你的赌债如何？"

"我要驴何用？"

旁边一位说："有驴就比没驴强。"招手把茶馆老板叫了过来，"这位客官有三头驴，想当几两银子还债。老板，你看此事可有商量？"

老板说："先看看驴再说。"

一干人随西屏到屋外，老板看看驴的毛色，又掰开驴嘴看看牙口，问西屏："你想当几两银子？"

西屏说："我也不大在行，老板你说个价吧。"

老板说："这驴看上去膘还行，只是牙口太老，不值什么钱——一头驴我算你二两银子吧？"

"二两就二两。"

"客官，我看你是个老实人，我也不打诳语。七天之内，你拿十两银子来，驴还归你，七天的草料钱我也不跟你要了。"

"行，就这么办吧。"

老板回到屋里，从柜台里摸出六两碎银，西屏顺手给了姓李的五两，又算还茶钱，叫上襄夏和韩学元，辞别众人上路。

三个人没了驴的负担，一身轻快，加快了脚步。又走出十余里地，时间已过正午，只觉又累又乏，见路边有一个茶摊，走过去坐下喝茶。恰好有一个乡里人，挎一篮烫面薄饼来卖，还有煮熟的牛肉。三人大喜，一样买了一些，薄饼卷牛肉尽力一吃。

　　吃饱喝足继续赶路，又走了七八里地，爬上一道山坡，就见下面不远处有一个小小的村落，四面环山，村周围尽是一块块绿油油的水田，村里绿荫繁茂，屋舍俨然。

　　三个人下了山坡，走进村去。村头有一座破庙，隐隐传来孩童读书的声音。

　　韩学元用手一指说："就是那里了。"

　　三个人走至庙前，果然见一棵大树下正有几个孩子下棋，用的是纸做的棋盘，破烂不堪，棋子是用泥做的，染成黑白色，大小不一。

　　三个人走近观战，见那几个孩子，不过十来岁左右，一个个虎头虎脑，透着一股机灵劲儿。

　　其中一个孩子认出了韩学元，说："你昨天输了棋，怎么今天又来了？"

　　韩学元说："我今天特意把我的两位师父请来了，你们敢不敢下一盘？"

　　那孩子问："你师父有多厉害？"

　　韩学元说："少说也得让你们四子吧。"

　　"我们先生说过，就是天下第一高手范西屏来了，也只能让我们三子，你师父难道比范西屏还厉害？"

　　"我师父就是范西屏。范先生，你可愿跟他下一盘？"

　　西屏正想试试这孩子的清浊，点头说："好啊，下一盘吧。"

　　那孩子歪着小脑袋打量西屏，"您真是范西屏吗？"

　　"不错，我就是范西屏。"

　　"那我就摆三个子吧。"

　　他说着把盘上的棋子拢到一边，在盘上摆了三个子。

西屏就蹲在地上和他下了起来，起初还不甚在意，走了二十余步，发现那孩子的棋居然有板有眼，中规中矩，而且都走在要害处，有点让人难受。西屏也不敢怠慢，一屁股坐到地上，开始认真思索，出手的速度也明显慢了下来。

那孩子毕竟儿童天性，屁股上犹如长了钉子，哪里坐得住？见西屏频频长考，心里不耐烦，起身跑到一边，和其他孩子玩起沙子来了，拍小人、垒房子、挖地洞，兴致盎然。西屏走一步，他就跑回来，略看一下，顺手应一步，又跑去玩沙子了。这叫西屏分外尴尬，可对方只是个不懂事的孩子，跟他急不得也恼不得。这还罢了，最让西屏窝囊的是棋也赢不下来。老实说，他已使出了浑身解数，但那孩子应对无误，不露一丝破绽，一直将微弱优势保持到最后。

棋到小官子阶段，西屏看盘面还差一点，不愿浪费时间，爽快认负。

西屏起身后，襄夏又自告奋勇试一试，但那孩子说什么也不肯下了，大约是嫌第一高手的棋太慢，还不如玩沙子有趣呢。韩学元好说歹说哄来另一个孩子，襄夏和他下了一盘三子局，结果也输了。

两大绝顶高手接连输给两个十岁左右的孩子，虽说是三子局，但脸上也有点挂不住。

韩学元说："施先生，怎么样，我说的没错吧？"

"这小家伙还真不简单，"襄夏苦笑说，"中盘时我觉得局面已经打开了，抠抠官子总可拿下来，谁知还是差那么一点点。"

西屏见跟襄夏下棋的孩子正要离去，忙叫住他："小哥，我问你点事，你们和谁学的棋？"

那孩子说："跟我们先生学的。"

"你们先生在吗？"

"先生不在，回家去了。"

"小哥，你带我们几人去见见你们先生好不好？"

那孩子说"好"，遂带着西屏等人向村后走去，穿过一片稻田，又穿过一片树林，渐至山脚下，那孩子指着前面说："我们先生就住在那里!"

西屏等人举目望去,只见前面一间孤零零的草房已破旧不堪,周围用竹子围成一个小小的院落,里面种了不少花草,绿肥红瘦,煞是娇艳。

那孩子说:"你们自己去吧,我就不去了,我最怕先生,他老骂我。"说完转身蹦蹦跳跳地跑了。

18 绝艺如君天下少

西屏等人走至屋前,只见屋门大开,遂朗声问道:"主人在家吗?有客来拜。"

一位老者闻声走了出来,西屏一看,正是那位担草的老人,不禁喜出望外,忙上前躬身说:"老前辈,您可真让我们好找。"

老者先是一愣,随即哈哈笑道:"你们可真行,居然找到这里来了。"

老者忙把三人让进屋去,屋里有一位老婆婆,虽然布衣荆钗,满脸皱纹,但自有气韵。老者摆摆手,老婆婆便退到里屋去了。

西屏三人坐下以后,见那草屋四下漏风,环堵萧然,心里不免叹息一回。又见案头放着一方棋盘、两个棋盒,因问:"前辈,您在这里离群索居,平日跟谁下棋呢?"

老者说:"拙荆也会下一些,但水平有限,和我难成对手。有时闲得无聊,只好自己跟自己下了。"

韩学元说:"自己跟自己怎么下呢?"

老者睐了他一眼,问:"这位小哥是谁?"

"他叫韩学元,"西屏说,"也是当今年轻一辈棋中的佼佼者。"

"我这叫'独弈',"老者说,"左手执白,右手执黑,先想白怎么下,再想黑怎么下，一盘棋就这么下出来了。"

韩学元说："那究竟是白赢呢，还是黑赢呢？"

老者说："这是以子之矛攻子之盾的事情，谁赢谁输就不好说了。"

"当年诸葛亮隐居隆中，大约也与前辈这种独弈的情形相仿佛。"襄夏说，"诸葛亮也没召集一帮人演练兵法，只是一个人苦思冥想，暗中筹划，出山以后一样攻无不克、战无不胜。"

老者说："我自己跟自己下棋，是因为棋瘾太大，又找不到相应对手，这是没办法的事，怎么敢跟诸葛先生相比呢？"

西屏决心开门见山，因说："前辈，我有一个问题，久萦心头，不知当问不当问？"

老者说："但问无妨。"

西屏说："前辈可是黄龙士先生？"

老者微微一笑："你怎么会有这种想法？"

西屏说："我自十五岁出道，二十年来会遍天下名棋，蒙大家抬爱，送我一个'天下第一高手'的称号。但自那天与前辈对局之后，我感觉前辈的棋绝不在我之下……"

老者说："那天我也是有意趁暇，而你却是无心恋战。再下几局，我怕就抵挡不住了。"

西屏说："不是我在前辈面前说句狂话，以我和襄夏目前的实力，即便梁魏今、程兰如来，也不在话下。若有人能在分先的情况下赢我，除黄龙士先生外，当今之世恐不作第二人想。"

"长江后浪推前浪，"老者说，"纵使黄龙士复出，怕也不是你们的对手了。"

西屏说："多年来我常以未能亲炙龙士先生绝艺为憾，前辈可否念我一片赤诚，坦言相告？"

老者沉默半响，忽然长叹一口气："实不相瞒，老朽即是黄龙士。"

"前辈果然是龙士先生，"西屏等人大惊，连忙起身下拜，"弟子们渴慕已久，今日才得遂心愿！"

绝艺如君天下少

龙士忙把三人扶起："诸位也不必拘礼，还是坐下说话。"

四人重新落座以后，西屏说："前辈四十年前自京师出走以后，难道一直隐居在此？"

龙士说："在此居住不过两三年的事。"

"请恕晚辈唐突之罪，当年前辈正如日中天，因何不辞而别，退隐江湖呢？"

"往事如烟，不提也罢。"

"但此事已成一桩悬案，而且有一些流言广为传播，前辈可曾知晓？"

"这倒不知，你且说说看。"

"有一则流言说，周嬾予、汪汉年、周东侯这三位老国手嫉妒前辈，诱以声色，致疾而终。"

龙士哈哈大笑："这三人中我只与周东侯有过交往，至于周嬾予、汪汉年，我出道的时候，二人早已过世。况且我不是活得好好的，何来致疾而终。"

"还有一则流言，说徐星友一次请了几位高手，要前辈以一敌三，前辈虽然赢了，是夜却吐血而死。"

龙士微微笑道："以一敌三也很寻常，况且当时还很年轻，哪至于吐血而死？"

"另有一则也与徐星友有关，是说徐星友延请前辈至家，饮食供奉极为丰腆，乘间诱以声色，三年后前辈精力耗尽，遂死。"

龙士笑不出来了，神色渐趋暗淡："我在世人眼里竟如此不堪，编派我什么不好，为什么非说我因声色致疾而死？"

"这倒不然，前辈的声望在世人的眼里仍是极高，只不过四十年前您突然失踪，世人无法解释，所以社会上才有种种流言出现。"

襄夏说："三则流言中竟有两则与星友先生有关，莫非前辈与星友之间有什么过节？"

龙士说："我与星友实有半师半友之谊，但后来也曾因处世方面的歧见，一度关系闹得很僵，若说他设计陷害，非要置我于死地，则是没有的事。"

龙士逐渐说到事情的关键之处，西屏等正洗耳恭听，龙士却突然不说了，两眼发呆，表情木然，似乎陷入回忆之中，半晌后如梦初醒，说："往事不堪回首，你们若有兴趣，我也可以说一说。只是天色渐晚，你们要听我说故事就回不去了。"

西屏说："回不去索性在前辈这儿住一宿，也好彻夜长谈。"

"蜗居如此简陋，怎好屈三位留宿？"

"我们三个都是随遇而安的人，何况见了前辈，高兴还来不及，怎么舍得走呢？"

龙士见西屏等愿意亲近自己，不由得产生忘年知己之感，心中十分高兴。因说："既然如此，咱们不如先做饭吧？有什么话，喂饱肚子再说。"

说完他走进里屋，和老婆婆商量些什么，老婆婆走出来，冲西屏等一笑，走到屋外的小菜园里，摘了些莴笋、豆角、黄瓜之类新鲜蔬菜，回到屋里，又叫龙士站到桌子上，从屋顶摘一块自制的腊肉。韩学元急忙上前，自告奋勇上桌摘了一块腊肉。

老婆婆先焖了一锅米饭，接着炒菜，黄龙士在一旁烧火打下手。

看着名满天下的老棋圣竟像家庭主妇一样在灶上忙活，西屏等人都十分不安。在他们心中龙士已接近"神"和"圣"的地步，但你看看眼前这位"神圣"吧，整个一个老农的形象。现实和想象之间居然有如此大的反差，西屏等都感到难以接受，有点茫然不知所措了。

老婆婆炒了几个菜，龙士拿出家酿的黄酒。西屏尝了一口，只觉满口的甘冽清香，不由得赞道："好酒，好酒。"

龙士说："这酒虽然淡一些，喝多了却能喝死人。"

西屏多喝了几杯，但他不能喝酒，脸也红了，脖子也粗了，笑说："婆婆这菜也炒得好，我看有……"刚说半句就说不下去了。

婆婆问："有什么？"

大家都拿眼睛盯着西屏的嘴，他只好说下去："我看有宫廷的味道。"

"拙荆就是宫女连锁，"龙士笑道，"我看你们也都知道，外面所传她的故事，比我的还多呢。"

婆婆说："我虽然做过几年宫女，但我在宫里的时候从没跟御膳房打过交道，我炒的菜怎么会有宫廷味道？"

西屏瞧着婆婆，心中感慨万千，这个女人究竟有什么魔力，居然让名满天下的老棋圣抛弃了名望、官职、事业，甚至冒着被皇帝老儿追杀的风险，和她私奔，一起过苦日子，一过就是几十年，而且和和美美，相敬如宾。

这是什么力量，这就是爱的力量吗？

西屏想起了小狐仙，他和小狐仙也能像老棋圣和婆婆一样吗？什么名誉、金钱、地位，一概弃之如烟云，只要两人相亲相爱，人生得一知己足矣。他心里问："小狐仙你在哪里？"

吃完饭以后，黄龙士烧了一壶茶，四个人坐在院子里，品茗长谈。龙士开始回忆四十年前的往事，把他与徐星友之间的恩恩怨怨一一道了出来……

原来徐星友出生在一个封建士大夫家庭，祖上也曾出过几个举人、进士，在朝廷做官，挣下了万贯家业。但是到了星友这一辈，家道开始中落。星友屡试不第，又改行开始学棋，将黄龙士请到家，拜他为师。

论年纪星友比龙士还要大七八岁，但星友待之甚恭。一开始星友的棋力大约比龙士差四子，龙士虽然尽力指点，但也觉得他学棋太晚，恐难有大成。谁知星友横下一条心，专心刻苦，有三年不下楼之说。别看他科举屡试不第，但于棋却很有天分，所以进步神速。当星友的棋力已达二子水平时，龙士仍勉力与他下了十局三子棋。双方竭心倾力，苦思精索，极尽腾挪变化之能事。对局之紧张激烈，犹如以性命相搏，时人遂命此十局为"血泪篇"。

何谓"血泪篇"？即着着见血，局局落泪。单就"血泪篇"而论，龙士指导下手不虚于敷衍，倾心相授诚为坦荡之君子；星友不以年齿为嫌，虚心奋发，短期即取得优异成绩。可见一艺之成，不论资质慧钝，只要心存上进，不吝血汗，总会取得成功。两大国手之风范，均可为后进之楷模。

经过这样一个刻骨铭心的阶段,星友一跃而为国手,成为龙士逐鹿棋坛的劲敌。

龙士在徐星友家教棋的时间一共三年,是黄、徐关系史上的黄金时期。流言之一说徐将黄延之于家,"饮食供奉极为丰腆",并非空穴来风。

后来康熙皇帝听说龙士的大名,下旨召他进京,龙士遂去了北京,被康熙任命为内廷供奉。龙士又趁机举荐了星友,结果星友也成了内廷供奉。

两大国手一起入朝为官,棋界无不视为旷世恩典,一时传为佳话。

所谓内廷供奉,有类于唐宋两朝的棋待诏,这种官职没有品秩,属使职差遣之类。若一定要套"行政级别",大约只是从九品,故地位比较低微。但是他们经常能够陪侍皇帝下棋,说得上话,所以也没人敢小瞧他们。

唐朝有一位棋待诏王叔文,就因经常陪太子下棋,成了太子的心腹。太子登基后,任命他为宰相,权倾朝野,红极一时。王叔文后来主持变法,他变法的措施之一,就是"罢翰林阴阳、星卜、医相、射博、棋弈诸待招三十二人"。为什么罢这三十二人?大约因为王叔文当棋待诏时这些同事得罪过他,所以等他当了宰相,就把这些人都赶出宫去了。

龙士和星友自然还到不了王叔文那样的地步,但是在官场这个大染缸里,想洁身自好也不容易。两人的性格不同,遭际也不同,彼此的关系也逐渐产生裂痕,终致反目成仇,一发不可收拾。

龙士的为人光明磊落,诚朴不苟,他的这种性格虽然受到棋友的一致称赞,但在官场上却吃不开。星友则比较灵活,善于运动,在官场上如鱼得水。虽然龙士在棋上比星友略高一筹,但在做官方面却相差很多。不是说围棋"上有天地之象,次有帝王之治,中有王霸之权,下有战国之事"吗?但那是书本上的东西,拿到现实中就不灵了,因为官场中信奉的是另一种哲学。

有一年过节，星友对龙士说："明天若圣上叫咱们俩下棋，我有一个主意，一定能让他老人家欢心。"

"什么主意？"

"咱们设计一个走法，终局时要叫盘上出现一个'寿'字，你看如何？"

"这不是弄虚作假吗？"

"只要万岁爷高兴，假不假管它做什么？"

龙士虽然心知不妥，但他拗不过星友，只好勉强同意。

第二天，康熙大宴文武百官，作为余兴节目，召龙士和星友对弈，康熙坐在一旁观战。龙士和星友走的是预先商量好的着法，落子如飞，一会儿你提我几个子，一会儿我又提你几个子，把康熙看得糊里糊涂，生气地说："你这下的是什么棋，乱七八糟！"起身要走，星友忙说："请陛下仔细观局。"

康熙定睛一瞧，只见盘上黑白子隐约衬出一个"寿"字，四角还各有一只蝙蝠，暗喻福寿之意，不由得心花怒放，说一声："赏。"一人赏一百两银子。

银子虽然不多，但是皇帝是当着文武百官赏的，龙士和星友脸面上十分光彩。

然而造化弄人，事情总是沿着固有规律向前发展，不以人的意志为转移。

那一年，康熙有意照顾龙士一个官职，原因是当时龙士的声望已如日中天，著名经学家阎若璩在其著作中把龙士尊为当时十四圣人之一。人家都已成为圣人，还叫他做一个从九品的供奉，呼来喝去如下人一般，也太亵渎圣人了吧？

康熙想找个借口提拔龙士，至少给他个四品知府干干。当时"四品"是个坎，犹如当今干部级别中的"十三级"一样，可以步入高干行列了。但这个借口不好找，从从九品到正四品，等于一下连升十级，龙士不过是个下棋的人，又不是哪位封疆大吏的子女，凭什么就如火箭般连升十级呢?"普天之下莫非王土,率土之滨莫非王臣",整个天下都是爱新觉罗一家的,他想把谁连升十级,又有谁敢反对呢?

但作为一代明君,康熙也有顾虑,那就是他百年之后的形象。生前自然问题不大,但死后就不好说了。康熙心里存着一个要照顾龙士的念头,不禁又想到星友。星友处世圆滑,善解人意,一直受到康熙的宠爱。突然把龙士连升十级,而把星友晾在一边不理,星友能高兴吗?康熙心里有些不忍,就想了一个主意,让这两人比一盘棋,谁赢就把知府的官衔赏给谁。

从表面看去,这样做似乎十分公允,但康熙心里还是有点偏袒龙士。因为他知道龙士的棋要比星友高一些,赢这盘棋可说十拿九稳。那样的话,就可以名正言顺地奖给他四品知府的官衔,星友也无法抱怨了。

康熙自以为得计,实际上却低估了星友的心机。

这一天晚上,皇上身边一个管事太监偷偷来找星友,说:"徐大人,咱家有一个消息告诉你。"

星友忙把他让进屋坐下:"什么消息?"

太监说:"万岁爷这两天好兴致,可能要召您和黄大人入宫下棋。"

星友心里说:"这算什么消息,也值得大老远地跑一趟?"脸上却赔笑说:"多谢公公惦记,下官感激不尽。"说罢从怀里掏出一张二百两的银票,递了过去:"一点小意思,公公买杯茶吧。"

太监拿起银票,看看上面的数目,一笑,揣进怀里:"这怎么好意思呢?又叫徐大人破费。"

"理当的,理当的。"

"不过这一回您可得留点神,"太监压低了声调,故作神秘,"万岁爷的举动似乎跟往常不大一样。"

星友吃了一惊,忙问:"有什么不一样?"

"万岁爷把一张纸片放进一个信封里,封好,还盖上火漆,对内廷副总管张公公说:'明天谁赢,就把这个赏给他!'咱家站得远,也看不清楚,估摸着是一张银票。"

"银票?"

"数目怕还不少呢,起码五千两以上。"

"过去万岁爷也赏过钱,每回也就一二百两,这一次会有那么多吗?"

"咱说有五千两,自有咱的道理。等明天徐大人您赢了棋,受到万岁爷的赏赐,就知道咱的眼光如何了。"

"多谢公公吉言,等明天赢了棋,我必还有一番重谢。"

送走太监以后,星友又把太监传来的小道消息认真思索了一番,感觉其中大有奥妙。以他对康熙的了解,康熙断不会把五千两银票郑重其事装进信封准备赏人。但信封里究竟是什么,就估摸不透了。

管它是什么,先弄到手再说吧。

虽然这么想,但星友心里明白,除非发生奇迹,要想得到这份皇帝的恩赐,实比登天还难。原因是自己的棋力不济,与龙士对垒赢面大约只有十分之一。除非自己的运气好得一塌糊涂,否则必输无疑。

这一次自己的运气会不会好一点呢?

星友回忆上一次赢龙士的那盘棋,自己当时穿的是哪件衣服呢?穿的是那件灰色半旧直缀,还穿了一件黑缎绣花马甲。只是入宫下棋只能穿补褂,不能穿那件直缀,但可以把马甲穿在里面。

那天中午吃的是什么饭呢?是羊肉面,但明天可能一大早就入宫下棋,难道早晨就吃羊肉面?星友想,这倒不必拘泥,为了赢棋早晨就吃羊肉面又如何?

星友又仔细回想那天的生活细节,想从中找到运气的由来。记得那天还和人赌了几把骰子,输了一二十两银子。他想这可是个重要细节,符合某些"圣人"关于"吃小亏占大便宜"的教导。明天入宫之前,不拘是谁,随便抓一个人赌两把,输他一二十两银子就是了。

穿了得胜服,又吃得胜面,再输点小钱,这运气还不来吗?

19 老棋圣往事不堪回首

话虽如此，星友心里仍然没底。

运气是个令人捉摸不透的东西，很难判断它今天是否愿意眷顾你。希望运气好，这主要是因为技不如人，对前途没有信心，所以才会祈求运气帮助创造奇迹。如果技高一筹，对胜利有十足的把握，又何必祈求运气的垂青呢？

技不如人是事实，运气好坏也很难说，万岁爷的赏赐又不能不要，你说这事可怎么办？

星友心想不如去探探龙士的口风再说，于是动身去找龙士。到了龙士家，龙士已经睡下，听到叫门声，又爬起来，点灯开门将星友让进屋来。

龙士说："怎么这么晚才来？"

星友说："心烦，睡不着，所以来找黄兄说说话。"

"因何心烦？"

"长安米贵，居大不易。又遇不遂心之事，怎不心烦？"

"你一个人住，自有诸多不便，何不把家眷搬来？凡事还有个照应。"

"我也早有此意，但不知这个从九品供奉可做得长久？不定哪一天上面一不高兴,叫咱们打道回府,把家眷搬来,不是反成了累赘吗?"

两人随便聊聊家常,如兄弟一般。龙士又问星友喝不喝酒,拿出一瓶北京"大酒缸"烧的二锅头。

星友说:"有没有下酒的东西?"

"摊鸡蛋、炸花生米可以吧?"

不大一会儿,龙士把小菜端上桌,两个人边喝边聊。

"我看你圣眷还好,"龙士说,"怎么会有打道回府的念头?"

"咱们背地里说句不怕砍头的话,伴君如伴虎!"星友叹了一口气,"别人看咱们陪万岁爷下棋,以为是多大的荣耀,哪知咱们的苦处?这棋你赢也不是,不赢也不是,竟不知怎么办才好。"

"确实不好办,后来我也想通了,砍头不过碗大的疤,该赢就赢,该输就输,顺其自然就是了。"

"足见高明,但我却没有这个胆量,所以我跟万岁爷下棋,一盘也没赢过。"

"没赢也不错,事实证明你的圣眷比我强。"

"表面看确实如此,但据我私下了解,万岁爷他老人家对我另有看法。"

"什么看法?"

"认为我的棋不行,比你差远了。你想,连二子棋我都输,也难怪他老人家有这种看法。"

"这是你自找的,也怨不得别人。"

星友长吁短叹,连干了三盅酒,脸越发的白了,像抹了一层粉,忽然起身离座,双膝跪倒在龙士面前。

龙士大惊,忙起身去扶:"你这是为了什么?"

星友死活不肯起来:"黄兄,我今天舍了这张脸,有一事相求,你若不答应,我只好不起来了。"

"只要我能办到的,怎会不答应呢?"龙士说着也跪了下去,"徐兄,你若不起来,兄弟也只好跪着相陪了!"

星友见老这么跪着也不是办法,就先站了起来。

两人重新落座,龙士问:"徐兄,究竟为了何事?"

"黄兄,你的棋比我高,这是不用说了,若万岁爷再召咱们两人入宫下棋,你能否让我一局,以全我一日之名?"

"我还当什么大不了的事呢……"

但细想此事却不好回答,以龙士的为人,连康熙他都不肯让,又岂能随便让别人呢?沉吟半晌,说:"我的棋也未必就好过你,真下起来还不一定谁输谁赢呢。"

星友心里清楚,龙士虽然表面上没有答应,其实心里已经活动了,大家都是明白人,倒不必把话说得那么清楚,他也不再提让棋的事。

两人连干了几盅,龙士酒量不高,微微有点醉了,把星友视为知己,推心置腹说:"徐兄,你刚才说'打道回府',其实我也早有归隐田园之意,这个官不做也罢!"

"怎么呢?"

"这个从九品的供奉,说起来大小是个官,但也未见得好过人家的奴才。我也不耐烦整天被人呼来喝去,为这区区五斗米折腰……"

两人拉了半天家常,直到午夜时分,星友方告辞而去。

第二天上午,康熙果然派人来召龙士和星友入宫下棋。两人遵命入宫,到养心殿拜见康熙。

康熙说:"今天这盘棋是带彩的,奖品就压在棋盘底下,你们两人务必用心。"

两人在棋盘两边坐下,星友低声说:"黄兄,别忘了昨晚答应之事。"

龙士说:"放心,忘不了。"

康熙说:"你们两人嘀咕什么呢?"

龙士说:"臣和徐大人商量,谁赢了谁请客。"

康熙哈哈笑道:"谁要赢了这盘棋,确实应该请客了。"

康熙这话寓意已相当明显,星友自然明白康熙话中有话,可惜龙士为人实在,竟没听出其中的弦外之音。

老棋圣往事不堪回首 | 187

这盘棋星友志在必得，发挥极佳，中盘时形势已优，不觉大大松一口气，心里说："天助我也！"康熙坐在一旁观战，也看出龙士棋势窘迫，不禁皱起了眉头，心想："此人难道竟这般没福？"

龙士却不动声色，走着走着忽然走出妙手，断吃星友三子，形势顿时改观。星友遭此重创，方寸大乱，忙定下神仔细点目，发现双方形势虽然接近，但已成自己略负一点儿的局面。以龙士天下一品的官子功夫，要想挽回几乎不大可能。心里着急，频频向龙士示意，面露祈求之色，但又不敢太露行迹，怕康熙瞧出来。

棋到小官子阶段，龙士不经意之中卖一两个小破绽，让星友占一点便宜，那棋就越发细了，输赢大致在半子之间。

对于黄、徐两大高手来说，这都是心照不宣的事情，龙士实践了诺言，星友也放了心。只是瞒着康熙，在他面前演一场戏。

数子的结果，星友赢半子。

康熙说："数清楚没有，真是半子吗？"

龙士说："没问题，是臣输了。"

"你的棋确实比他高一点，"康熙叹了一口气，"但是你的命却不如他，奈何？"

说着命星友将棋盘底下的奖品拿出来，星友拿出来拆开一看，原来是一纸四品知府的文书，不禁喜出望外，忙跪在地上谢主隆恩。

康熙说："你把手里的东西给龙士瞧瞧。"

星友忙把文书递给龙士，龙士仔细一看，不由得愕然失色。这才知道中了星友的套儿，稀里糊涂就把一个四品知府让出去了。又转眼想，这是自己让的，又没人逼，能怨谁呢？

龙士不由自主两腿一屈，跪倒在康熙面前，一句话也说不出了。

康熙始终认为龙士没有当官的命，是个棋呆子，只知下棋，不会其他。

事隔不久，康熙与内廷副总管张公公又谈起龙士和星友这盘棋，他说："人的仕途不仅需要才干，也需要运命。以黄、徐二人为例，黄的棋确实比徐高，十盘棋能赢九盘，可偏偏这一盘，朕要赏知府文书，他却输了，这不是命又是什么呢？"

这件事对龙士的打击很大，回去以后就打摆子发高烧，一病不起。多亏自己还年轻，才慢慢好转，但也掉了十几斤肉。

龙士病好以后，上疏康熙，借口身体欠佳，请求辞去供奉的职务。

康熙心知龙士身体欠佳是假，闹情绪是真，十分生气，批示说："技艺之徒入朝为官，实本朝额外恩典，本应知恩报恩，死而后已。乃敢以身体欠佳为由，与朕讨价还价？不准！"

龙士接到康熙的批示后，诚惶诚恐，再也不敢提辞官的事，每日入宫当差，勤勤恳恳，但心底的创伤却难以平复，有时想起这些疙瘩事，不由得长吁短叹，感觉老天不公。

当时龙士的心情十分矛盾，一方面他确实有归隐田园的想法，但还没有达到出世那样的境界；另一方面他也有怀才不遇、愤世嫉俗的怨恨。实际上他仍是嫌官职太小，待价而沽的意思。岂料一个大好的机会出现在他的面前，又鬼使神差白白错过。四品知府的前程，等于一下子连升十级，谁能心平气和地忍下这口气？除非是一块木头。

机会错过也还罢了，但星友的所作所为却伤透了他的心。

龙士一向把星友视为平生第一知己，这是因为星友是他一手教出来的，两人有半师半友的名分。而且星友于棋极有天分，进步神速，已成为他逐鹿棋坛的劲敌，把对手视为知己，也表明龙士阔达的胸怀。

如今，这平生"第一知己"为了升官不择手段，见利忘义，欺骗自己，背叛自己，从背后下刀，怎能不让人伤心呢？

龙士开始体会到世道的险恶。龙士和星友的关系从此也产生了严重裂痕。

然而事情并未到此结束。从两人在棋界的地位讲，龙士是公认的盟主，星友是副盟主。盟主与副盟主之间，实际上也是一种竞争的关系。正如俗话说的：文无第一，武无第二，总要争个子丑寅卯。但在两人关系好时，彼此的竞争还不明显，况且龙士毕竟技高一筹，盟主的地位难以动摇，棋界也维持一种相对和谐的局面。

眼下情况不同了，原因是星友的地位已经发生了本质性的变化。盟主是从九品供奉，副盟主是正四品知府，这十级的差别犹如一道鸿沟，将两人隔离开来。

棋界原本是最讲公平竞争的地方，无论是什么人，废话少说，只需在棋盘上见个真章。今天你的棋高，你就是"王"，有说不尽的风光；明天有人超过你，你就是"贼"，灰溜溜夹起尾巴一边猫着去。

这也是围棋千百年来常变常新，保持永恒魅力的奥妙所在。

但是棋界一沾染官场的习气，一切就都变了味儿。

星友自从做了四品知府以后，每当他出现在公众场合，就有一班趋炎附势的小人赶过去站班，或垂手打千，或抱拳作揖，口称"徐大人"，鞍前马后簇拥着星友，阿谀奉承个没完没了。

龙士被晾在一边，他的盟主权威在官衔面前显得苍白无力，不堪一击。于是他不得不屈从官场的规矩，见了星友，站起身抱拳哈腰，叫一声"徐大人"。

星友说："黄兄乃咱知交好友，何须如此客气？"

龙士苦笑说："如今交不敌贵了。"

星友于龙士并无恶意，两人的交情无论从哪方面说，都比别人深得多。只是在利益驱动下，星友才做出损害龙士的事，因此他心里常怀歉疚。这个四品知府原是人家的，现在骗过去了，能心安理得吗？

但别人不管这些事，只看官大官小，官大的就吹捧，官小的就欺负。社会风气如此，有什么办法？

当时棋界有一班小人，没事就为星友抬轿子，吹吹捧捧，干些阿谀的勾当。这些人大造舆论，说徐大人早该升任棋坛盟主了。徐大人很谦虚，不愿争这个虚名，但棋界有志之士不能沉默，要为正义挺身而出，徐大人就任盟主，乃实至名归，天经地义。黄某人应认清形势主动让贤，还是能保全晚节的！

还有吹鼓手写出颂扬文章，题曰《流水不争先》，说徐大人的棋"冲和恬淡，浑沦融洽。闲淡整密，大方正派。其弃也乃所以为取，其退也乃所以为进。制于有形，不若制于无形；有用之用，未若极于无用之用。善战而胜，曷若不战而屈人？"

据这位吹鼓手论述，徐大人的棋属"平淡"一派，这种平淡就艺术造诣而言，乃是从艰深峭刻中脱胎而来的柔里藏刚，由绚烂至极而化为淡泊。无疑是中华数千年围棋史中最为艳丽的一枝奇葩！

当时棋界要求龙士让贤的呼声甚高，使龙士陷入十分尴尬的境地。龙士以为棋坛盟主的变迁不能由官大官小来决定，而应按规矩在棋盘上见个高低。为此他提出与星友下一回十盘棋，以决定棋坛盟主由谁来担任。

这个建议也曾以书面形式送达星友，但星友迟迟不予答复。

有人劝龙士说："官大压死人，他是正四品，你是从九品，你跟他争什么？这个盟主也没什么实际好处，让给他就是了。"

龙士说："我对这个劳什子盟主也没什么留恋，但规矩不可废。我这个盟主，既不是朝廷任命，也不是从爹娘那儿继承，是一刀一枪搏出来的。他想当盟主可以，只要在十盘棋中赢我，我心甘情愿把这个盟主让给他。"

后来徐星友请求康熙把他外放个实权知府干干，恰巧杭州知府缺员，康熙就授他杭州知府，徐星友高高兴兴上任去了，他与黄龙士之间的"盟主之争"也就暂告一个段落。

那天晚上，黄龙士回忆了许多往事，基本上讲清了他与徐星友之间的恩恩怨怨。但有一件事他没讲，有意回避，那就是他与宫女连锁私奔的那段情事。这段事是范西屏、施襄夏等人最希望了解的，因为私奔这件事直接导致了黄龙士中年失踪，也是棋史上的一段重大悬案。

但人家不愿意说，有什么办法？范西屏心想，找到黄龙士老前辈是今天最大的收获，有些事他今天不说，以后自然会说的。

第二天，他们辞别了黄龙士，高高兴兴回家去了。

又过了两天，范西屏和施襄夏商量，想把黄龙士两口子接到白马寺，和他们住到一起，也好早晚请教。

这一回同去的人多了几个，除范、施、韩学元外，还有胡肇麟、愿船、袁枚、吴敬梓等，大家一听找到了黄龙士，都兴奋不已。

几个人来到黄龙士的住处，不料已人去屋空，不见了黄龙士和婆婆的踪影。一开始众人还以为黄龙士和婆婆出门去了，但等了半天，不见两人回来。瞧瞧草屋，似有搬家走人的迹象，众人不由得怀疑黄龙士和婆婆已不辞而别。

众人又到破庙前，问下棋的小孩："你们教棋的先生呢？"

小孩说："我们先生走了。"

"去哪儿啦？"

"不知道。"

众人一直等到快天黑，不回去已不行了，只好怀着遗憾的心情回家去了。

20 小狐仙挑战范西屏

范西屏、施襄夏在扬州居住期间，曾和众多棋手切磋技艺，从授15子到分先，总有几十人之多，其中最杰出的人物要数李步青。

李步青，失其里居，从小喜欢下棋，在棋上很有天赋。见有对弈的人，在一旁观之不厌，几个月后，别人才布局，李步青即能预料局终胜负，乃挟策游吴、会、荆、粤，足迹几乎半天下，没有敌者。

李步青棋虽下得不错，但为人处世方面却似乎很容易受骗上当，这大约是因为他醉心于围棋艺术，对人世间的险恶不够用心。

李步青17岁的时候，一天，忽然有人敲门，开门一看，见一陌生人，他自称江北某刘姓人家，久闻李步青的大名，想请他去切磋技艺。李步青听了也很高兴，欣然随陌生人前往。

路程很远，大约走了一个月，李步青随陌生人抵达中州某官宦家。陌生人先入内，见到刘姓官员，诈称："我途中遇强盗，已身无分文，想卖我的儿子，换些路费回家。"

刘姓官员见他可怜，遂答应收养他的儿子做小厮，拿出100两银子，双方立了卖身契。

陌生人又假装哭泣说："父子情深，不忍面别，请从后门出，省得吾子见面哭泣的惨状。"

刘姓官员也信了，陌生人从后门溜之大吉。

李步青久坐堂上，正烦心没人搭理他，忽然一个烧水的小丫头走出来，瞧见李步青，大声呵斥说："喂，新来的奴仆，快点打水去。"

"谁是奴仆？"李步青厉声争辩说，"叫谁打水去？"

刘姓官员从里面走出来，拿出卖身契说："你父亲把你卖了，这是卖身契，还有什么说的？"

"奇怪，谁是我的父亲？"李步青说，"您派人几千里地迎我下棋切磋技艺，怎么又说买我为奴？"

说着拿出自己所著棋谱，给刘姓官员瞧，官员大惊，说："咱们俩下一盘棋，你如果能胜我，我就相信你说的不假。"

于是两人对弈，李步青连胜数局，官员爽然，对他愈加敬重。

当地有一个国手，从来没输过棋，官员请来对弈，李步青又连胜，官员大喜，待为上宾。

李步青在官员家盘桓数月，临走，官员作书给好弈的巨公，推荐李步青，并给了他好几百两银子，由是李步青满载而归。

以前曾听老一辈人训斥孩子愚笨说："把你卖了还给人数钱呢！"颇不理解其中的含义，读到李步青受骗一事，才恍然失笑。世上真有这样的呆子，被人卖到千里之外，还懵然无知，兀自做什么手谈较艺的好梦。好在李步青福星高照，别人若遇到类似的情况，结局如何就很难揣测了。

乾隆二十二年，范西屏出游江宁，遇李步青。两人虽然在杭州围棋盛会上见过面，但没下过棋。好事者就给两人约了一次棋，想看看谁更厉害。

范西屏是棋圣，名声很大，李步青就求范西屏让两子，范西屏也答应了。

两人交手，范西屏第一局输了，第二局赢了，第三局输了，第四局赢了，第五局又输了。范西屏很窝火，感觉李步青的棋很硬，恐怕让不动他二子，非拿出通天本事，再输一盘，这棋就不好往回捞了。

第六局，开局范西屏也不占角，而是直接挂角，黑棋小目占角，白棋高挂，黑棋夹攻，双方展开激烈角逐。

白棋跑孤棋，黑棋本应利用攻击捞取便宜，但黑过于强硬，反露破绽，被白利用一个劫，将棋走活。

接下去黑棋因找劫材，将白一块棋拆孤加以攻击，白棋一边围空，一边处理孤棋，显示出高超的活棋技巧，三下两下就将孤棋处理停当。

黑棋只好攻击左下白子，但他选择"倚盖"定式，反而凑白活棋。至此黑棋三次攻击均未得手，二子效力不知不觉已丧失大半。

白此时方得空占据右下空角，黑棋侵消这个角成为本局最后一役。此时范西屏犯了一个错误，当黑夹角时白应立下，白强硬打吃一子，被黑作劫，白找本身劫，黑提劫，占了很大便宜。更为严重的是，黑提劫后，白大块不活，这是谁也没想到的事，白棋费尽九牛二虎之力，最终才两眼活棋。

这盘棋范西屏最后以半子之微赢了下来，但为了活棋，出了一头汗。后来他评价这盘棋说："入角受逼，非予当此，必为黑攫取，前路率意处则其功候未到也。"

观战的众人均感不过瘾，纷纷撺掇约战双方来个十局棋。

"不下了，不下了，"范西屏说，"再见面让先好了。"实际上等于承认让不动李步青二子。

又二年，两人复于吴越对弈，范西屏让先，两人又战成 2 比 2 平。

范西屏、施襄夏仙逝后，李步青成为国手第一人，后继国手任渭南曾从步青学棋，步青对他说："君等于弈只一面，予尚有两面，若西屏先生，则四面受敌者也！"

步青的话不太好理解，实际上是告诉任渭南，他的棋比李步青差两个等级，比范西屏则差四个等级。

扬州有个狗儿山茶社，生意一向清淡，有人给茶社老板出主意说："棋圣范西屏、施襄夏都已落脚扬州，何不请他们来教棋？肯定能招来不少下棋的人，茶社何愁不兴隆呢？"

老板一听，这个主意不错，遂上门敦请范、施二人出山。两人都未娶妻，孤身一个人也挺无聊，就爽快地答应了。两人去茶社教棋，或一月一至，或数月一至，其中受三四子者居多，只有一个叫卞立言的年轻人受两子，这个年轻人也不是个简单人物，两代围棋高手卞邠原、卞子兰分别是他的爷爷和父亲，可谓家学渊源。西屏见他是可造之才，遂收他为徒。

一天，狗儿山茶社熙熙攘攘，下棋的人都来了。忽然来了一个尼姑，问："范西屏在吗？"

茶社老板说："范先生已一个多月没来了。"

老板见尼姑容貌清丽，气派不俗，遂问："您找范先生何事？"

女尼说："找他下棋。"

"范先生已经很久没来了，"老板大为惊奇，"现有范先生的高徒卞立言先生在此，您跟他下一盘如何？"

女尼说："好啊。"

棋战开始，两人在棋枰两边坐定。卞立言谦虚地说："我使白子，您使黑子吧？"

女尼也不谦让，随手拿过黑子，卞立言心中不平，暗说："长得倒是挺漂亮，但这么不懂礼貌，非杀你个丢盔卸甲不可。"

两人走了数十着，卞立言开始惊异，原来那女尼棋艺不凡，着着都走在要点上，很难对付。卞立言竭力支撑，神色彷徨。女尼挥洒自如，行若无事。大约过了两个小时，大局已定，卞立言通盘筹算，白子将负，不由得汗流浃背。想想无计可施，遂偷偷咬破手指尖，假装吐血于地，说："今天有病在身，无法思考，明天再接着下行吗？"

女尼笑说："可以。"

卞立言出了茶社，乘肩舆疾驰到范西屏家乞援，见到范西屏后，说："师父，今天狗儿山茶社来了一位女尼，点着名要跟您下一盘。"

"那棋一定是下得不错，"范西屏说，"你跟她下了没有？"

"下了，可能要输。"

卞立言在棋盘上摆出他与女尼下的那盘棋，中盘时，范西屏说："快输了，不过尚有救。"

卞立言思考了半天，说："看不出还有什么法子可救？"

范西屏告诉他："收官时你由这里先下手，至某处扑一子打劫，可胜半子。"

卞立言恍然醒悟。两人正说着，施襄夏来找范西屏，范就请施看棋，施看了一遍，说："白输了。"

范问："可救否？"

施审视良久，说："只有一法，可胜半子。"

施指出棋筋要点，一如范言。

第二天上午，卞立言去狗儿山茶社，女尼已等在那里。两人重复前局，等到收官，卞立言下到扑子时，女尼拱手起立说："无须再下，我输半子。我大老远而来，能领教范先生一着棋，也没遗憾了。"又坐下说："范先生没来吗？"

"来了！"后面有一人应声说，走上前来，正是范西屏，只听他笑说："果然是你！"

原来女尼也不是外人，而是小狐仙。

小狐仙说："范先生，下一盘吗？"

"不下，不下，今天我可不想下棋！"范西屏连连摆手，"我还有话要跟你说。"

"我大老远来，就是想领教范先生的绝世高着，范先生既不肯赐教，恕我不能奉陪了。"

小狐仙说完起身就走，把范西屏尴尬地晾在一边。

"师父，这个女尼怎么这么不客气，"卞立言说，"难道她不知您的身份？"

范西屏没回答，起身追了出去，追到外面，哪里还有小狐仙的身影？

"糟糕，"范西屏心说："这要把她丢了，猴年马月才能找到她？"

他进行了紧张思索，小狐仙此来显然是为他而来，因此她不会走远，但她这个人一向心高气傲，想让她主动来求自己，恐怕难于上青天，没办法，只好自己放低了身段去央求她，或许能成就这一番好事……

范西屏在狗儿山茶社附近寻找了一番，不见小狐仙的踪影，他又扩大范围，仍没有头绪。后来他通过衙门里的朋友帮忙，把整个扬州搜了个遍，得到了小狐仙的确切消息，小狐仙已去杭州。

范西屏又风尘仆仆赶往杭州，他想，杭州城最著名的尼庵是如意庵，小狐仙出家时也与如意庵有瓜葛，说不定还在如意庵里？

谁知到如意庵一打听，小狐仙确实在如意庵住过一段时间，但后来出走，就不知流落何方了。近来有人在杭州地面看见过她，但不知她住在什么地方。

范西屏想，她只要住在这里就好办，早晚能找到她。遂找一个小旅馆住下，每天去茶社、公园看人下棋，兼找小狐仙。

这一天，范西屏在公园瞧人下棋，听旁边两个人聊天说，南屏晚钟附近有一个三生庵，里面新近来了一位尼姑，不但棋下得好，人长得也极漂亮。有些富家浮浪子弟常以下棋为名上门骚扰，都被女尼拒之门外。尝言："范西屏让两子者可以一战，否则请恕敬谢不敏，不能领教了。"

一位说："你跟范西屏怎么下？"

另一位说："没下过。"

"两子行不行？"

"范西屏是当今棋圣，别说两子，让我四个也不行啊。"

正是言者无心、闻者有意。第二天，范西屏来到南屏晚钟，找到三生庵，只见翠竹遮掩着一段白墙，门口栽种一些花草，好一个幽静的所在。范西屏敲门，半晌，有一个小尼姑来开门，打稽首问："施主找谁？"

范西屏一愣，他虽然和小狐仙认识已久，却不知小狐仙姓甚名谁。只好说："我找一位会下棋的师父……"

"您找苦菊师父吧？"

"我也不知道她叫什么，只要她棋下得好，恐怕就是了。"

"苦菊师父说她谁也不见……"

"你只跟她说范西屏求见，她可能就见了。"

"好吧，我替您传一下，见不见就不敢保证了……"

小尼姑进去一传，小狐仙笑说："让他进来吧。"

范西屏进去以后，小狐仙正眼也不瞧他，问道："你就是范西屏？"

范西屏说："不错，我就是范西屏。"

"你既是范西屏，那棋一定是下得不错了？"

"凑合吧，也不敢说太好。"

"既然如此，我就跟你下一盘吧，你要赢了我，我就承认你是范西屏。"

"你我又不是第一次认识，能不能好好说话？"

"怎么叫好好说话？"

"你不是要下棋吗？"

"不错。"

"咱们不妨打个赌……"

"怎么个赌法？"

"三局两胜，你要输了就嫁给我。"

"我要赢了呢？"

"随你怎么处置。"

"那我就把你抓回山洞，拴一条锁链，叫你永远当我的奴隶。"

范西屏微微一笑："你还真把自己当作狐仙了。"

小狐仙拿出棋盘、棋子，两人纹枰对坐，准备战斗。

"三局两胜太长了，恐怕今天下不完。"小狐仙说。

"那你说怎么办？"范西屏说。

"咱们一盘定输赢好不好？"

"好啊，我无所谓，不过对你可是大大地不利。"

"怎么呢？"

"你想，三局两胜你输了一盘，还有一盘捞的余地。一盘定胜负，你要是输了，就连捞的余地都没有了。"

"你一定赢吗？"

"那自然了。"

"不仅一盘定胜负，还希望你让两子。"小狐仙一边说，一边在棋盘上摆上两子。

范西屏见小狐仙笑意盈盈，心都醉了，同意让两子。但他有点大意了，轻视小狐仙，一来小狐仙曾在他手下学棋，他深知小狐仙的棋力，二来他不相信小狐仙的棋力能在短短几年时间里突飞猛进，能达到他两子让不了的程度。

范西屏的第一手棋走的是右上"小目"，小狐仙一间高挂，这在过去从没人走过，范西屏本该提防小狐仙有什么阴谋，谁知他浑不在意，随手而应，结果双方走成"大雪崩"定式，这一下小狐仙可就如鱼得水了。

为什么呢？原来这个"大雪崩"定式千变万化，步数最长要一百多手，打完这个定式要占四分之一个棋盘。几年来小狐仙专门研究"大雪崩"定式，就是要让范西屏在对局中大大吃一回亏。试想范西屏第一次见到这个定式，每一步都要思考，走错一步就要吃大亏，乃至全盘皆输。

幸亏范西屏棋艺高超，虽是第一次走，但居然一步也没走错。后来范西屏的走法也就成了定式，棋手们纷纷仿效。也就是说，这个定式打完基本是平手，但黑方已占据两个角，白方没有开拆的余地，一下就落了下风。

范西屏竭力挑战，极尽腾挪之能事，但小狐仙棋力已今非昔比，应对无误，战至终盘，范西屏仔细审视了一下局面，发现与白还差两三目，盘面上只剩一两目的官子，要想挽回两三目的差距已是不可能，事已至此，范西屏不由得汗流浃背，难以自已。

他这盘棋太大了，要是输了的话，不仅是输一盘棋，连老婆都输出去了。想到这里，他更不敢走棋，只能瞧着棋盘发呆。

整整一个半小时过去了，范西屏仍未想出起死回生的良策。

小狐仙问："你还走棋不走？"

范西屏脸一红："你总得容我想想吧？"

这在范西屏还是第一次，他一向以快棋著称，还从未如此窘迫过，今天算是遇到敌手了。

"你想吧，我先到里屋歇一会儿。"小狐仙说，"你想好了，通知我一声。"

小狐仙起身走到里屋，歪身躺到床上。

范西屏仍旧全神贯注思考，一瞬间一百多个变化从他头脑中掠过，又被他一一否定。实在无计可施，他只好老老实实地认输："小狐仙……"

小狐仙没有回答，范西屏走进里屋，见小狐仙头朝里侧身躺着，似乎睡去。

"小狐仙……"小狐仙仍不答。

范西屏坐到床沿上，扶住小狐仙的肩膀，推了一下："小狐仙……"

小狐仙翻身坐了起来："干吗……"

"咱们俩谈谈好不好？"

"谈什么？"

"你我都老大不小了，我也没有精力再追你了……"

"你想说什么？"

"你就嫁给我算了……"

"你先说，咱们这盘棋怎么样了？"

"这盘棋我输了。"

"你既然输了，还好意思让我嫁给你？"

两人说了半天，小狐仙就是不答应嫁给范西屏。

"我已经出家了，怎么嫁人？"

范西屏也没辙，只好说："那我走了。"

"天都这么晚了，你还怎么走？"

"那我只能在你这儿将就一夜了。"

"你就在这儿睡吧,"小狐仙往里挪了挪,"不过说好了,你可不能碰我。"

"那可说不定。"

两人黑甜一觉,第二天一早,小狐仙把范西屏推醒,说:"你赶紧走吧,要是让人察觉了可不得了。"

范西屏走了,对他和小狐仙的婚事充满希望,认为是板上钉钉的事。谁知隔一天他去三生庵找小狐仙时,开门的小尼姑却说:"苦菊师父已经走了。"

"她去哪儿了?"

"不知道,苦菊师父只说去云游,并没说要去哪儿。"

范西屏回去等了几天,不见小狐仙的踪影,又苦等了十几天,仍不见小狐仙的踪影,一点消息也没有。

范西屏那个恨呀,恨不能拿一把刀,一刀杀了小狐仙。

所谓爱之深、恨之切,此之谓也。

21 众国手游宴瘦西湖

这一天，胡肇麟打发下人来请范、施，说两淮盐运使卢见曾大人十分仰慕二位，今日有闲，想请二位过去一会儿。

西屏说："你回去告诉胡爷，我和施先生今天要出远门，竟不得空，改日再说吧。"

"我家主人吩咐，一定要请二位爷过去。"下人为难地说，"二位爷若不去，小人可无法交差，求二位爷可怜小人吧！"

襄夏说："师兄，我们今天不如先去见卢大人，改日再出远门也是一样。"

"也罢，胡爷是怎么安排的？"

"我家主人说，先请二位到府小歇，然后由他带二位去见卢大人。"

"既然如此，那你先回吧，我和施先生随后就到。"

下人答应去了。

襄夏说："人家盐运使要见你，你还这么端架子，怕是不妥吧？"

西屏说："我一向懒得应酬这些做官的人，他做他的官，我下我的棋。犯不上去巴结他。"

"听说这个卢大人倒是个礼贤下士、儒雅好客的人，不见岂不可惜？"

"他若真礼贤下士，就该先来拜咱们，既然叫咱们去见，这礼贤下士四个字又从何谈起？"

"你还想怎么样，难道叫人家三顾茅庐请诸葛？"

两人收拾了一下，揣些散碎银两，出了门，不想迎面碰上愿船。

愿船问："二位先生要去哪儿？"

襄夏告诉他先去胡府，然后去见盐运使。

"何不带上我？"

"出家人也要见官吗？"

"出家人吃百家饭，见人化缘，当官的有钱，有钱为何不见？"

"化缘化到做官的头上，可不是玩的，这个缘不化也罢。"

"这也有一说，当官的刮够了民脂民膏，死后是要下十八层地狱的。出家人去化缘，帮他做点善事，把他从十八层地狱提到十七层，难道不是一件功德？"

西屏和襄夏哈哈大笑。

"只是胡铁头没说请你，"襄夏说，"我们怎好私自做主把你带去？"

"愿船是胡铁头的克星，两人碰到一起就是一台戏，"西屏说，"我们不妨把他带去，量胡铁头也说不出什么。"

三人说说笑笑来到胡府，肇麟迎了出来，一见愿船，心中不悦，碍着范、施的面子，不好下逐客令，只好把三人让了进去，只见韩学元已等在里面。

众人喝茶，休息了一会儿，卢见曾派人来传话，说他已到梅花坞，就请各位一并过去相见。

这梅花坞是瘦西湖边的一处小码头，肇麟一听卢见曾在梅花坞等候，知道八成是要游瘦西湖，心里说："瘦西湖有什么游头？没劲，没劲。"

于是领着众人去梅花坞，老远就见卢见曾在湖边，身边还站着吴敬梓和袁枚。湖里有一只大船，雕梁画栋，足有两层楼那么高。

肇麟与卢见曾很熟，忙抢前两步问候，并为他引荐西屏和襄夏。

卢见曾说："久仰大名，如雷贯耳，今日一见，原来二位竟如此年轻。"

西屏和襄夏也谦虚了几句，卢见曾打量愿船，"韩先生是认识的，这一位却有点面生"。

"这一位是白马寺的游方和尚，"肇麟介绍说，"也是当今年轻一辈的得道高僧，棋下得极好。"

愿船打稽首说："贫僧愿船，见过卢大人。"

卢见曾听说是得道高僧，也不知是真是假，只好说："久仰、久仰……"

肇麟因说："人都到齐了吧？还傻站着干什么，上船去吧。"

"还要等一个人，这早晚也该到了……"卢见曾说。

肇麟心想，这扬州的棋手基本都来了，还等谁呢？难道是童和衷？见卢见曾不说，他也不好再问。

正说着，只见一顶花轿由远处缓缓而来，一直到众人面前停下，轿帘一掀，下来一位年轻女子，花枝招展，巧笑嫣然，还未站稳，先招呼说："哎呀，卢大人，累您老久等了，实在对不起！"说着朝众人福了一福。

肇麟说："原来是绣琴姑娘。"不由得眉开眼笑。又向范、施介绍说："这位是鸣玉坊的头牌绣琴姑娘，不仅人长得漂亮，琴棋书画无一不精，二位多亲近亲近。"

"瞧这胡大爷，刚见面就把人家夸得天仙似的，"绣琴佯嗔说，"叫人家怎么好意思呢？"

鸣玉坊在瘦西湖北岸，乃扬州青楼名妓会聚之所。

襄夏为人谨厚，见了年轻女子，眼皮也不敢抬。西屏却洒脱多了，听说绣琴姑娘会下棋，不由得端详了一番，只见她身材娇小，面皮白净，模样也算过得去，但也不见大出色处，心里说："鸣玉坊的头牌不过如此。"

卢见曾见人已到齐，就请各位上船。肇麟故意落在后面，凑到绣琴耳边，低声说："什么时候钓上卢大人的？"

"胡说,"绣琴俏脸一沉,"再胡说看我不撕你的嘴!"

说着举手做欲打状,肇麟笑着一缩脖子,紧走几步到前面去了。

众人上船,只见船上布置得极为古朴、典雅,舱中央放着两张小桌,上面摆着棋盘、棋子,旁边还有一个小香炉。

卢见曾吩咐一声:"开船。"两个船工用长篙向岸边点去,那船缓缓移动,掉转船头慢慢向湖中驶去。

"今日不为游湖,只为下棋,"卢见曾说,"有范、施二先生和诸高手在,我们可以办一个棋会了。"

西屏说:"在湖中下棋还是第一次,果然大有情趣。"

卢见曾说:"不如先请范、施二位先生下一盘,也好让我们大家开开眼界。"

肇麟等人知道,范、施虽亲如手足,但在棋上也暗中较劲儿,把输赢看得很重,因此在公众场合基本不下棋,现在让他们对局,不是有点难为他们吗?

肇麟说:"若是范、施二位先生下,只怕下到天黑也下不完,谁有这个耐性,还是让绣琴跟施先生下一盘吧。"

肇麟这个建议也没安什么好心,襄夏为人腼腆,见了年轻漂亮女子,未语先脸红,说不上三句话,就满头流汗。肇麟是存心想看襄夏的笑话,一面建议,一面给绣琴使眼色,绣琴也不知他葫芦里卖的是什么药,忙说:"好啊,那我就跟施先生学一盘。施先生让我二子吧!"

襄夏说:"随便。"

"开什么玩笑,"肇麟说,"起码要摆九个子。"

"九个子是不是太多了?"

"九个子你要能赢,在扬州城也算有一号了。"

绣琴噘起了小嘴,似乎有点不服气的样子。

西屏笑道:"初次见面,也别让得太多,还是让四子吧。"

肇麟说:"四子怎么下?家都找不着。"

"卢大人,"绣琴说,"您给我瞧着点儿。"

"瞧什么?"卢见曾说。

"别回头走着走着,一不留神叫施先生吃一块棋,就不好了。"

"施先生要吃你,还不跟吃白菜豆腐一般,只怕我瞧着也不中用。"

肇麟笑道:"白菜就免了,豆腐倒可以吃一点。"

绣琴杏眼一瞪,似恼非恼:"胡大爷,您说什么呢?"

"我说什么了?"

"您以为施先生像你一样,没事就想吃人家的豆腐。"

一句话把襄夏闹了一个大红脸,也不敢抬头看绣琴了,正襟危坐,眼观鼻,鼻观心,一副非礼勿视的样子,走的棋也中规中矩,丝毫没有欺负绣琴的意思。

"施先生,这棋闭着眼走就行了,这么正经八百的做什么?"

襄夏也看出绣琴的棋力着实不弱,一般的着法她都认识。心想:"若照这样平平淡淡走下去,还不定耗到猴年马月呢。"

正巧绣琴有一块孤棋,照平常杀不死,里面补一手即活,外面出路也很顺畅。杀她还是不杀她,襄夏一时颇为踌躇:杀她吧,人家一个女流之辈,又是初次见面,恐怕不大礼貌;不杀她吧,又怕肇麟拿自己开玩笑,什么怜香惜玉啦、手下留情啦,他那张臭嘴,什么下作话吣不出来呢。

这个问题还真不好解决,襄夏考虑了半天,最后决定还是数一数船上的栏杆,单数就杀,双数就不杀。一数那船上的栏杆,恰恰是二十七根,襄夏心里说:"这可就没办法了,既然老天爷要我杀你,我又怎敢违背他老人家的意愿呢?"

杀!一旦下定决心,襄夏"啪"的一声就去点眼。把众人都吓了一跳。大家明白施先生大约是怒了,准备大吃活棋了。但这棋吃得住吗?怎么看也不像会死的样子。

绣琴也不相信这块棋会死。

于是,绣琴在前面跑,襄夏在后面追,跑可以,想做活可不行,把绣琴的棋往自己的空里撑。一般说这是违反棋理的,因为一旦绣琴的棋活了，襄夏的空也就全光了。

但襄夏已给自己下了"必杀令"，什么棋理不棋理，一锅烩也就是了。

按绣琴的棋力，这块棋是死不了的。但她有两个军师意见相左，卢见曾说这么走，胡铁头说那么走，绣琴也弄不清该听谁的了。

卢见曾是棋力不够，属于好心办错事。胡铁头棋力虽高，但他存心使坏，故意把绣琴往瞎道上引，要叫她车毁人亡。还说什么"棋长一尺，无眼自活"，"这棋都一尺五了，害怕不活呀，脱先，脱先"！

结果那棋还真没活，看着满盘的累累尸骨，绣琴目瞪口呆，粉脸涨得通红，额上也布满细密的汗珠……

"这盘不能算，都是胡大爷在旁边瞎搅和，"绣琴忽然伸手把棋胡噜碎了，"要不这么大一块棋怎么会死？"

"你这可是拉不出屎赖茅房了，"肇麟说，"再说卢大人也给你支着了，你怎么就不怪他？"

"我要是听卢大人的话，那棋早就活了。"

"原来是这么回事，那以后乖乖听卢大人的话吧，卢大人正好还缺一位如意夫人呢。"

"放屁，狗嘴里吐不出象牙！"

"肇麟，你怎么拿我开起玩笑来了，"卢见曾说，"这可得小心一点了。"

"小心什么？"

"别人咱管不着，你可是咱正管的盐商，回头随便寻你个不是，先打四十大板，再扔到监狱里，叫你顿顿吃豆腐，非吃得你哭爹喊娘不可。"

众人听了，不由得哈哈大笑，都说早该如此，似肇麟这等奸商，不让他蹲大狱、吃豆腐，留着他做什么呢？

"我有一个问题，想要请教各位，"吴敬梓说，"比如一人是官，一人是商，像绣琴这样的姑娘嫁人，是嫁官还是嫁商呢？"

绣琴说："你说的商有钱没钱？"

"没钱说他做什么？"

"那我也嫁官，不嫁商。"

"这又是为什么，难道有钱不好吗？"

"当官的有权，有权还怕没钱吗？再说光有钱又怎样，没听卢大人说吗？好不好先把你抓去打四十大板，再送进大狱让你顿顿吃豆腐。"

"透彻！"众人都说，"三年清知府，十万雪花银。天下老鸹一般黑。哪有猫儿不吃腥的！"

"话虽如此，但也不可一概而论，"众人这么一说，卢见曾有点架不住了，忙说，"比如学生，上叨皇恩，下承庭训，别的不敢说，这廉洁二字，却也丝毫不敢违背。所以自从当了这盐运使以来，除了朝廷的俸禄，从不曾拿一丝一厘不义之财。"

"似卢大人这样清廉的好官，"肇麟说，"天底下又有几个呢？"

绣琴也说："卢大人在我们扬州做官，真是百姓的福气了。"

这里正胡乱吹捧，那边酒席已准备停当。卢见曾就请大家去前舱，围着一张大八仙桌坐下，四五个仆人流水般将菜端了上来。

先是八色凉菜：鸭包鱼翅、凉拌海参、鱼鳃腰片、蒜泥肚丝、油焖烤麸、糖醋双脆、花鼓干贝、桂花咸水鸭。

又是八道热菜：大煮干丝、醋熘鳜鱼、蟹粉狮子头、大烧马鞍桥、知了白菜、香炸云雾、镜箱豆腐、扁大枯酥。

最后是四色点心：三丁包子、双麻酥饼、千层油糕、翡翠烧卖。还有一盘扬州炒饭。

酒是上好的女儿红，众人先是就着凉菜喝酒，斯斯文文聊些闲话。后来热菜上来了，先上的是扁大枯酥，卢见曾说："请。"众人一齐举筷，直如风卷残云一般。卢见曾还未曾动筷子，那盘子已经见了底……

22 花边围棋国手之棋

绣琴说:"卢大人,您倒是吃呀。"

卢见曾说:"我瞧着你们吃,比我自己吃还香甜呢。"

绣琴就把自己碗里的一块扁大枯酥夹给了卢见曾,胡肇麟一见,忙说:"好吃,好吃。"

"胡大爷,您嘴里吃着,还这么多话,"绣琴怒目而视,"也不怕噎着?"

"我说好吃也不行?"

卢见曾打圆场说:"我今天请的是菜根香的名厨,这每一道菜都是有讲究的。"

西屏说:"扬州的名菜莫过于蟹粉狮子头,这我就一直不解,狮子头无非就是肉丸子,肉丸子难道也能成名菜?"

"这个问题恐怕得请教袁先生了,"卢见曾说,"他在这方面最有研究。"

"过去有句话'腰缠十万贯,骑鹤下扬州'。算是人生一大快事,"袁枚说,"我有点疑问,腰缠十万贯来扬州做什么呢?难道是像咱们一样游游瘦西湖?再不就是去鸣玉坊会会绣琴这样的姑娘?后来看到宋人的一句诗才恍然大悟,其诗曰'却将一脔配两螯,世间真有扬州鹤'。原来

'腰缠十万贯，骑鹤下扬州'，竟是来尝蟹粉狮子头的，你说这道菜有名没有名？"

正说得热闹，蟹粉狮子头端上来了。西屏细看，只见一个小砂锅里码着四个雪白肉圆，每个肉圆顶上嵌着一小撮蟹黄，浅浅的一锅浓汤，上面漂着几根碧绿的菜叶，瞧着就叫人垂涎欲滴。

"我就不客气了。"西屏伸筷子去夹，但那狮子头颇大，夹不住，索性用筷子叉了过来，咬一口果然鲜美异常，不禁连声赞好。

襄夏也叉过一个，吴敬梓和袁枚分了一个，剩下一个就没人动了。肇麟、韩学元等人都是老扬州，对狮子头早已没了兴趣。愿船本已伸出筷子，但见卢大人和绣琴姑娘都瞪大眼睛瞅着他，就把筷子缩了回去。

"和尚，"肇麟说，"想吃就吃，扭捏什么？"

"你们把个肉丸子说得那么邪乎，"愿船笑道，"我还敢吃吗？"说着夹了一块狮子头放进嘴里。

卢见曾说："我还怕一时难办素斋，原来愿船师傅并不忌口。"

"他忌什么口，一锅一锅地吃狗肉，"肇麟说，"见了肉比见了佛祖还亲呢。"

卢见曾说："果然是得道高僧。"

绣琴说："高僧就可以不守清规戒律吗？"

"清规戒律只能约束一般僧众，高僧自有不同凡响之处。"

"贫僧也只是不忌口而已，"愿船说，"至于其他戒律倒也丝毫不敢违背！"

肇麟说："恐怕未必吧？"

"你这话什么意思？"

"哪天我带你去绣琴家里坐坐？"

愿船微微一笑："坐坐又何妨？"

一时菜已上齐，众人吃得满嘴流油，谈笑甚欢。

"诸位，我有一个提议，"吴敬梓忽然说，"我们今天也可算一个盛会。如此盛会，岂可无诗？我们不如分韵作诗吧？"

"吴大爷，快别捉弄人，"绣琴忙说，"知道您老才高八斗，学富五车，我们哪能跟您比呢？"

"说的也是，"卢见曾笑道，"我看还是请绣琴姑娘唱一曲，以助酒兴。"

众人拍手叫好，绣琴推辞不得，只好起身，唱道："两个冤家，都难丢下……"

"俗、俗，快打回去，"一句未了，卢见曾摆手说，"拣好的唱来。"

绣琴没办法，打起精神，又细细唱了一段汤显祖的《袅晴丝》方罢。

吃完饭后，大家下棋的兴味不减，又重启战端。这边韩学元主动邀战，西屏欣然迎战。那边肇麟和愿船互不服气，要在棋枰上见个真章。当时下棋都是有彩的，但大家碍着卢见曾的面子，不好明目张胆地赌钱。

西屏说："刚才吴先生说到作诗，我们也附庸风雅，就赌一首诗吧。"

"可以，"韩学元说，"不过我要是输了，就请卢大人代作一首吧。"

卢见曾笑着点头应允。

那边肇麟和愿船也在商议赌点什么，愿船提议赌一锅狗肉，肇麟说："狗肉就狗肉，先凑合吃你一锅狗肉吧。"

"还不一定谁吃谁呢。"愿船说着"啪"的一声把棋子打到"天元"上。

肇麟瞧着这颗子运了半天气，气哼哼地说："你第一步就走天元是什么意思？"

愿船说："犯规不犯规？"

"不犯。"

"既然不犯规，你管我走哪儿呢，这棋盘上三百六十一个点，我愿意走哪儿就走哪儿。"

肇麟哑口无言。

此时那船驶到一片荷花之中，方圆一百多顷的水面，尽是粉的花、绿的叶。卢见曾吩咐把船停住，与吴敬梓、袁枚两位秀才，走到船栏杆旁观赏一番。

吴敬梓说："李啸村《贺园诗序》有云：'香生玉局，花边围国手之棋。'是语可谓写尽湖上围棋风景了。"

"怎么，来湖上下棋的人很多吗？"卢见曾说，"我还以为我是始作俑者呢。"

正说着，只见一条小船从荷花、荷叶中慢慢荡了出来，船上坐着一个小丫头，梳着两只朝天牛角辫，挽着高高的裤腿，两只天足雪白耀眼。

小船划过来停在大船旁边，那小丫头未语先笑，嫩声嫩气地说："大爷、大叔，买点莲蓬、菱角吧，刚摘的，可新鲜呢。"

袁枚掏钱买了一些，正要招呼大家来吃，忽听见那边肇麟和愿船又吵了起来。众人忙围了过去，想看是怎么回事。

原来那盘棋肇麟的形势一直大优，但他因愿船第一着走在天元上，心中窝着一肚子火，非要杀人家个片甲不留。恰巧愿船有一块孤棋，仿佛鸡肋，食之无味，弃之可惜。肇麟就像狮子发现了猎物，张着血盆大嘴，非要一口吞下肚去。

愿船本来还有点犹豫不决，一见肇麟是这种态度，能弃也不弃了。心里说："你想吃就吃？非不让你吃！"于是孤棋仓皇出逃，左冲右突，满盘乱钻乱跑地找眼。

按一般常识，攻孤总要声东击西，也不一定非要杀死人家，只要在攻击中占点便宜也就可以了。像肇麟这样揿着脑袋吃人，就有点不讲理了。况且他也没有西屏、襄夏那么大的杀力，杀着杀着就杀出毛病来了，不仅没吃住人家，自己反有十几子被卷了进去，那棋就没法下了。

肇麟气得抓耳挠腮，七窍生烟，他不怪自己无能，反倒质问愿船："这棋你早就输了，一个劲穷耗，不认输，什么人性？"

"咱们下一盘还是下半盘？"愿船说，"这棋我是早输了，可你不会赢，我有什么办法。"

"不跟你下了。"

肇麟把手中的棋子往盘上一扔，起身走到一边去了。

"你还欠我一锅狗肉，别忘了。"

众人瞧他们拌嘴比瞧他们下棋还有意思，都忍俊不禁。

卢见曾对吴敬梓说："他们不下，咱们下一盘如何？"

吴敬梓说："何不跟施先生下一盘，机会难得呀。"

襄夏也不推辞，让六子与卢见曾杀了起来，吴敬梓和袁枚在旁边支着，演一出"三英战吕布"。关键时刻卢见曾还要悔棋，而且一悔就是二三十步，襄夏也随他去悔，一笑了之。

绣琴在卢见曾身后看了一会儿棋，见卢大人一心下棋，便想找旁人聊聊。一抬眼看到肇麟一个人远远坐在船舷边生闷气，就悄悄走了过去，用扇子轻轻敲了肇麟一下："不就一锅狗肉吗，还至于这样？"

"不是狗肉的问题，"肇麟说，"主要是那头秃驴太可气，叫人忍无可忍。"

他上下打量绣琴几眼，像是忽然发现了"新大陆"，眼珠一转，嘿嘿笑了起来："绣琴，来来，坐下说话。"

绣琴笑着一撇嘴，紧紧挨着他坐下了。

"绣琴，大爷一向对你怎么样？"

"那还用说，大爷您哪年不照顾我们生意？"

"不要提生意，提生意就远了，只说咱们两人的交情。"

"胡大爷，您今天是怎么啦？"

"我有一件事，你只要给我办好了，我重重谢你一笔，如何？"

"只要我能办到的……"

肇麟附在绣琴耳边，如此这般暗授一番机宜，绣琴一边听一边笑，又拿扇柄狠狠敲了他一下："你这也太损了吧？"

"谁让他吹牛，说什么丝毫不敢违背呢？我要叫他大大出一回丑，方解我心头之恨。"

"按说我们门户人家，做这种事倒也有限，只是你给多少钱呢？"

"给你五百两银子行不行？"

"一千两。"

"你也别太黑了。"

"做这种缺德事，阎王老子要在生死簿上记一笔的，比如我原来能活八十岁，现在只能活七十五了，我能不跟你多要点吗？"

肇麟心疼得要吐血，但一想到方才愿船得意扬扬的样子，咬咬牙说："行，依你，一千两！"

"先给五百两定金，事成之后再付剩下的五百两。"

"要是办不成呢？"

"办不成定金也不退！"

"尽可着你合适了，哪有这样做买卖的？"

"胡大爷，您尽管放一万个心，不是咱说句大话，只要他不是活菩萨下凡，您想他能逃出咱的手心吗？"

肇麟一听这话，没的说了，从怀里摸出一张银票，正要递给绣琴，冷不丁背后有人拍手大叫一声："这下可让我逮着了。"

两人吓了一跳，回头一瞧，原来是袁枚。两人心里有鬼，不由得恼羞成怒，因问："你逮着什么了？"

袁枚是何等聪明之人，一见二人的神态，心里明白自己来得不是时候，索性装疯卖傻地说："一对孤男寡女，背着人窃窃私语，还有银钱暗自相送，你说我逮着什么了？"

一句话提醒了绣琴，一把从肇麟手中夺过银票，折成一小块，塞进左脚的绣花鞋里。眼睛一眯，笑道："袁先生，您这话可就差了。"

袁枚说："怎么差了？"

"您要是愿意，咱也不妨跟您窃窃私语一番。"

"我倒早有此心，但不知'窃窃私语一番'得多少钱？"

"我们鸣玉坊的姑娘，不比寻常人家，倒还懂得敬重斯文。像胡大爷有钱，咱就磨快了刀，狠狠宰他一下。像先生您有学问，咱就不好宰您了，只收个成本价吧。"

"成本价是多少钱？"

"不多，胡大爷刚给的是五百两的银票，对您咱就打个对折，您瞧怎么样？"

"我的妈呀！"袁枚一吐舌头，"二百五十两，你看把我卖了，值不值二百五十两？"

这里正说笑，那边西屏和学元的棋也下完了，学元中盘认输。

吴敬梓招呼说："快过来，卢大人要作诗了。"

三个人忙起身走过去，只见卢见曾用手指点着额头，做沉思状，过了一会儿，说："在下素乏捷才，作诗不行，容我再想一想。"

肇麟等得不耐烦，说："既然卢大人这么作难，不如由我代劳吧。"

西屏诧异说："原来你还会作诗？"

"不就是作诗吗，这谁不会呢？"

众人都说："那你就作一首，让我们也见识见识。"

"你们都听好了，我可张嘴就来。"肇麟站起身，咳嗽两声，清一清喉咙，装腔作势念道："一日夫妻百日恩，张飞喝断当阳桥。绣琴姑娘嘴似刀，袁枚无奈只有逃。"

众人听了，都笑得前仰后合，卢见曾笑岔了气，连连摆手，直说受不了。绣琴正喝茶，忍不住一口茶全喷到愿船脸上，愿船一动也不动，任茶水从脸上往下流。

绣琴忙拿手绢去擦："你是死人哪，怎么不擦一下？"

愿船一脸严肃："我不下地狱，谁下地狱？"

"胡大爷，您也真是的，"绣琴又埋怨胡肇麟，"怎么连人家的名字也写进诗里去了？"

"这也叫诗？"吴敬梓说，"这样的诗我一天能写一千首！"

"你们爱怎么说就怎么说吧，反正我诗照作，诗人也照当，气死你们没商量。"

众人都说："做个诗人虽好，但也要顾及自己的脸面，若叫大家把胃里的东西都吐出来，那就不好了。"

肇麟一听急了，忙说："诸位，我又没得罪大家，怎么一个个都像跟我有仇似的！"

众人笑道："谁让你放着好日子不过，非要做这个狗屁诗人呢？"

"诸位，先静一静，"卢见曾说，"我已经有了，念出来大家听听。"

绣琴忙说："不念也知道，卢大人的诗肯定是好的。"

"马屁也不是这样拍法，"众人说，"等卢大人念出来再拍也不迟。"

卢见曾念道："老夫只解饮醇酒，一着输赢曾放手。市井有地寄闲身，却觅南山橘中叟。"

众人都去瞟吴敬梓，敬梓说："果然好诗。"

众人也忙赞好，唯独肇麟说："不好，不好。"

绣琴说："怎么不好？"

"他这诗我听不懂，自然不好。"

"我有一点不同看法，"袁枚说，"要同卢大人商量。"

卢见曾说："请讲。"

"'橘中叟'指的是象棋，用在这里似乎有点牵强。"

"也不尽然，'橘中叟'典出唐朝牛僧孺《玄怪录》，原指的是象棋，"吴敬梓说，"但宋版的《玄怪录》中有这样的字句：'巴邛人家桔园有大桔如三斗盎，剖开有二叟对弈……'这大约是后人的笔误，或有意篡改。卢大人用'橘中叟'指代围棋，也还说得过去。"

"如果是这样，那就是我考核不精。"袁枚说，"看来还是吴兄和卢大人的学问深。"

卢见曾说："其实我也不知道这里面还有许多枝节，只是作诗不同于考古，若一味地胶柱鼓瑟，怕就没有诗了。"

卢见曾此说，不独吴敬梓、袁枚两位秀才深以为然，就连西屏和襄夏也点头称是，感觉下棋和作诗是一个道理，"通灵"是第一要义。

这一天众人一直玩到太阳下山，方尽兴而散。

23 范西屏迎娶小狐仙

这一天，两淮盐运使卢见曾派人请范西屏到宅邸一叙，范西屏也不知什么事，匆匆赶到。原来卢见曾特备家宴，请范西屏小酌。

范西屏说："卢大人既要请客，何不把我师弟、袁枚、吴敬梓、胡肇麟等一块请来，人多一点，岂不热闹？"

"今天我专请你一人，"卢见曾说，"不请其他的人。"

"卢大人莫非有事求我？"

"也没什么大不了的事，来，先尝尝我这酒如何。"

范西屏一尝，果然好酒，不由得连干了三杯。

两人一边吃一边聊。卢见曾说："贤弟今年多大岁数了？"

"三十有三。"

"怎么还不成家？"

"一向穷忙，都耽误了。"

"听说贤弟曾扬言，要娶就娶一个天下最绝色的。"

"说是说过，只是笑谈。"

"我有一个女儿，虽不能说天下最绝色，但也花容月貌。你若愿意，倒也是天造地设的一对。"

范西屏一听，就知道卢见曾这位千金岁数一定不小了，因说："贵千金何至于耽误至今？"

"她跟你一样，高不成低不就，蹉跎至今。"

"但我恐难遂小姐之愿。"

"你是当今之棋圣。"

"不行，不行，"范西屏百般推辞，"我之所以独身至今，实有不得已之苦衷，卢大人可愿听我倾诉一二？"

"请讲。"

"我心中有一个人，我和她心心相印，早已定下百年之好，我心中已难容第二个人了。"

"既有此人，贤弟为何不早早成婚，耽误至今呢？"

"此人生性活泼，在一个地方待不住，半年前突然不辞而别，我至今不知道她的任何消息。"

"人要太活泼也不是好事，尤其是女儿家，"卢见曾笑道，"你还是见见我的女儿吧。"

"还是不见了吧。"

"真是花容月貌，不见会后悔的。"

"后悔就后悔。"

"你可真是死心眼，"卢见曾一笑，"既然劝不动你，喝酒、喝酒。"

那一天范西屏喝得酩酊大醉，告辞而去。

范西屏走后，卢见曾来到女儿闺房，说："我劝了半天，他说什么也不愿见你。"

女儿说："为什么不见？"

"心里只有你，除了你，不愿见其他人。"

"只有我就好，他要敢见其他人，看我饶得了他！"

父女俩哈哈一笑。

原来卢见曾的义女就是小狐仙，她是个尼姑，要想嫁人，先得还俗，于是找到卢见曾，请他牵线做媒。卢见曾和小狐仙的父亲是世交，感情很好，也无可推托，遂答应了下来。认小狐仙为义女，安排她在家养发。

养了半年多，小狐仙自觉满意，遂叫卢见曾去请范西屏，可惜范西屏不知内情不愿见她，倒叫小狐仙的一番心血落了空。

过了几天，卢见曾摆家宴请客，这一次请的人多了，有范西屏、施襄夏、袁枚、吴敬梓、胡肇麟、韩学元等，人多自然就热闹多了。

棋友们聚到一起，商议要来一次比赛，正议论时，丫鬟来报："小姐来了。"

只见一位盛装少女笑吟吟走了进来，众人一时惊为天人。胡肇麟眼尖，惊讶说："小狐仙，你什么时候来的？"

"听说你们来了，"小狐仙说，"我来看看大家。"

众人的目光都集中到她的身上，范西屏更是喜出望外。

卢见曾说："大家都是熟人，我就不用介绍了。不过有一点，小狐仙已认我作义父，我们如今已是父女关系了。"

袁枚拱手说："恭喜老大人，贺喜老大人。"

"喜从何来？"

"当年皇上曾认小狐仙为干妹妹，并封为'忘忧格格'，老大人认小狐仙为义女，岂不是跟皇上攀了亲？"

"我说不行，你非说没关系，咱们回头还是把名号改过来吧。"

"没关系就是没关系，"小狐仙说，"回头见了皇帝哥哥，我跟他解释就是了。"

范西屏上前拉住小狐仙的手，笑说："你上哪儿去了？让我这一通好找，要是找不到你……"

小狐仙说："那又怎样？"

"我就不活了……"

"吹牛，你能放下棋圣名号吗？"

"那我就一辈子不娶……"

"你学学人家黄龙士，放下棋圣名号，跟心爱的人远走高飞，隐遁山林。"

"我也一样，你要走，我就走，咱们也隐遁山林，去过世外桃源的幸福生活。"

两人旁若无人地说着情话，众人瞧在眼里，都老大吃惊，心里明白，一场婚事怕是免不了。

众人都为范西屏高兴。

袁枚说："小狐仙今天来了，不由得使我想起当年在张永年家对诗的情景。小狐仙，你还记得吗？"

小狐仙笑说："怎么不记得？"

"今天可谓盛会，不可无诗，咱们一人一首吧？"

胡肇麟说："知道你是诗人，动不动就一人一首，我们不会作诗，你叫我们还活不活了？"

"那你说怎么办？"

"还是来一盘吧，在座的都是会下棋的人，不比作诗痛快？"

"要来也是范先生跟小狐仙来，"吴敬梓说，"有纪念意义。"

"什么纪念意义？"胡肇麟说。

"百年好合，海枯石烂。"

"你们下吧，我就不下了。"范西屏说，"前些日子，我刚输过小狐仙一盘，而且输得很惨。"

"怎么下的？"

"两子。"

胡肇麟大不服气，心说："你跟我也让两子，我还输得多，赢得少，小狐仙凭什么赢你，还输得很惨……"

"我和小狐仙下一盘，看看她的棋涨了多少。"

小狐仙也不推辞，坐到棋盘前，和胡肇麟下了起来，众人都围在一旁观战。下了一会儿，胡肇麟的棋已渐落下风，他是一盘胡杀乱砍的棋，不注意大局，岂是小狐仙的对手。只见他抓耳挠腮，脸也红了半边。

此时下人来报："酒宴已经备齐，请诸位入席。"

"既然如此，"胡肇麟找到了台阶，"咱们还是先吃饭，怎么样？"

小狐仙说："那你认不认输？"

"棋还没下完，我怎么认输？"

"那就继续下，不分出个输赢，谁也别吃饭。"

"哈哈，吃完饭再下行不行？"

众人也都纷纷劝说，小狐仙只好同意，随众人一起入席。吃完饭，胡肇麟再也不提下棋的事，他存心耍赖，小狐仙大度，一笑了之。

这盘棋只下了一半，但棋谱却留了下来。后人都知道，这是棋圣范西屏结婚时留下的棋谱，是由棋圣的夫人和大名鼎鼎的胡肇麟下的一盘棋，虽然没下完，但弥足珍贵。

又过了几天，卢见曾对外宣布：棋圣范西屏与小狐仙结下百年之好，扬州城的棋人都喜笑颜开，胡肇麟主动请缨，操办婚事。送给范西屏和小狐仙一套小小的院落，装修一新，权当小两口的爱巢。这套新居离白马寺也不远，范西屏要见施襄夏也很容易。卢见曾择日摆下宴席，招待前来贺喜的人，主要是扬州城下棋的人，有施襄夏、胡肇麟、袁枚、吴敬梓、韩学元等，以及外地来游玩的程兰如、黄及侣，大家高高兴兴庆祝了三天。

棋圣范西屏33岁左右才成婚，可谓晚婚的模范。一方面，他要娶绝色女子，但绝色女子岂是那么好就遇见的？另一方面，他苦心研究棋艺，四处征战，也没有时间操办结婚成家这样的俗事。等他成为棋圣，国内数一数二，功成名就，都已过而立之年，不仅把婚事耽误了，连子嗣也耽误了。棋圣范西屏没有后代，留下了终身的遗憾。

可见，一艺之成，不仅要千辛万苦，而且要有所牺牲。袁枚曾说："余不嗜弈而嗜西屏，初不解所以，后接精髹器者卢玩之，精竹器者李竹友，皆醇粹如西屏，然后叹：艺果成皆可以见道。而今日之终身在道中，令人见之怫然不乐。尊官文儒，反不如执伎以事上者，抑又何也……"

一个棋手的技艺究竟几岁可以达到登峰造极？从黄龙士、范西屏、施襄夏、吴清源的经历看，一般是十八九岁。成就越大，达到登峰造极的时间就越长。

从 40 岁到 50 岁，时间一晃就过去了。范西屏、施襄夏稳坐棋圣宝座，四处巡游，广交同好。

这十年也有一些棋手留下了棋谱，其中最著名的是程兰如。乾隆二十年，程兰如已逾 60 岁，他和韩学元、黄及侣自扬州谒高东轩于晚香亭。三人对弈，共 15 局，兰如评骘为《晚香亭谱》。兰如此时已不复年轻时的威望，声名已被范、施大大盖过。他自然不敢挑战范、施，只好找两个二流棋手过过瘾。清薛雪有诗《赠弈士程兰如》："忆昔白门道，别君风雪中。九年重把袂，四海各飘蓬。敌手知何处，故人皆老翁。从教烂柯尽，一局与谁同？"

24 胡肇麟无事生非

又过了几天，胡肇麟闲着无事，忽然想起他和绣琴的约定。他想去鸣玉坊找绣琴，但又觉得一个人去没什么意思，最好将愿船带上，也好探探他的虚实。于是先去了白马寺，见着了襄夏，恰巧西屏、韩学元也在，肇麟说："今天天气还不错，二位先生可有兴趣出去逛一逛？"

西屏说："去哪儿呢？"

"去绣琴家坐坐，如何？"

"老听人家说鸣玉坊，也算扬州一个有名的去处，去见识见识也好。师弟，你说呢？"

"我没多大兴趣，"襄夏说，"不过，你们要去，我跟着就是了。"

肇麟说："怎么不见愿船？"

襄夏说："问他做什么？"

"把愿船叫来，问问他，他要去就去，不去就算了。"西屏说，"他是得道高僧，这点把持总还有，不用我们替他担忧。"

说着肇麟出门找了一个小沙弥，叫他把愿船请来。不大一会儿，愿船来了，肇麟说："和尚，我们要去绣琴家里坐坐，顺便下两盘棋，你去不去？"

愿船说："要下棋在这里也可以下，跑那么远做什么？"

"这里下棋冷冷清清，那里下棋软香温柔，情调不同。不过你一个和尚，不去也罢……"

"我若不想去，你用激将法也没用。"

襄夏说："你一个和尚有诸多不便，你可要考虑影响。"

"菩提本无树，明镜亦非台。本来无一物，何处染尘埃？"

襄夏听他念偈，知他主意已定，也就不再阻拦。

四人遂动身去了鸣玉坊。

等到了鸣玉坊，西屏等人发现街道上的行人不多，显得有点冷冷清清，与他们想象中的情景不大一样。问肇麟，肇麟说："一看你们就很少逛妓院。"

西屏说："此话怎讲？"

"她们忙活了一夜，现在大概还蒙头大睡没起床呢。"

说话间，肇麟带路，来到绣琴家。只见大门紧闭，门上有一块匾，上书"怡红书寓"。门旁有一块招牌，上写："苏州佳丽韦绣琴，琴棋书画、吹拉弹唱、写扇作诗，无一不精。赐顾者幸识此门价格不菲，希三思而后入。贩夫走卒、衣冠不整、胸无点墨者，恕不接待。"

西屏看了，笑道："这个招牌还有点意思。"

襄夏说："这样一来，不是把许多人都拒之门外了吗？"

"这也是做买卖的老把戏，越吹得邪乎，价格抬得越高，他越心痒难熬，非要试一试不可。"肇麟说，"你要说价格便宜，打折优惠，人家还以为是卖不出去的破烂，谁还买呢？"

说着上前叫门。里面是一个小小四致的庭院，花草繁荫，正北一座二层小楼，半新不旧。

老鸨早迎了出来，满脸堆笑，将四人让进屋去奉茶。西屏和襄夏坐下之后，因是第一次来鸣玉坊，不免四下打量一番。只见正北墙上裱着"扬州八怪"之一郑板桥的一幅山水画，旁边一副对联，拟的是唐朝诗人杜牧的诗句："二十四桥明月夜，玉人何处教吹箫。"上款题"绣琴校书把玩",下款题"护花使者、怡红院主人手书"。东面是一排镂空雕花檀木书架,上面摆的多是线装书,也有一些器皿、古玩之类。西面墙上挂了一些笙、箫、琵琶、胡琴等乐器。墙边一张条桌,上面摆着文房四宝,旁边有一张小方桌,上面放着一方棋盘,两个棋盒。

看这屋里的摆设,倒像个书房,没有丝毫俗媚之气。

西屏和襄夏不由得点头叹道:"鸣玉坊的姑娘果然非庸俗脂粉可比。"

肇麟问:"绣琴姑娘还没起吗?"

老鸨说:"起是早起了,只怕还在梳妆打扮。"因向楼上喊了一嗓子:"绣琴,胡老爷来了。"

只听绣琴应道:"就来。"

众人都伸着脖子仰头望去,又等了半天,方见绣琴出现在楼梯口,然后款款而下。兴许是刚刚梳洗完毕,绣琴更显靓丽逼人。她一边下楼,一边和众人打招呼,又问肇麟:"胡大爷,今天怎来得这么早?"

肇麟说:"我们来鸣玉坊转转,顺便看看你,讨杯茶喝。"

"既然扬州城四大高手都来齐了,"绣琴说,"何不在我这里摆开战场,杀他个天翻地覆?"

众人笑道:"正有此意。"

绣琴说:"上回在瘦西湖输给施先生一盘,我还不大服气,今天可要捞一盘了。"

"四子绝对没戏,"肇麟说,"九子还得施先生打个盹儿,让你赢一盘。"

"只是我这里只有一副棋,谁先来呢?"

"还是让和尚与范先生学一盘吧。"

"奇怪、奇怪、真奇怪!"愿船摇头晃脑,一脸怪相。

"什么奇怪、奇怪、真奇怪?"绣琴掩嘴笑问。

"平日这个人一说下棋必抢在前面,谁也争不过他,今日忽然变得谦虚有礼起来,倒叫贫僧心里犯疑,也不知他打的什么主意。"

一席话说得肇麟心里发毛,不由得讪笑说:"这个和尚真是怪,让你倒不好，不让你又该争了。"

西屏说："绣琴姑娘不是要捞一盘吗？还是让绣琴姑娘和师弟来一盘吧。"

"我和绣琴姑娘已经下过一盘了，"襄夏说，"还是别人来吧。"

"施先生是不是嫌我的棋臭，不愿意和我下呀？"绣琴笑问。

"哪里……"襄夏脸一下子红了，多说也无益，只好坐到桌子旁边。

绣琴问："让几子？"

襄夏还未说话，肇麟抢着说："起码九子。"

"让不了，让不了……"襄夏也忙着打圆场。

最后商定让六子，绣琴认真下了起来，决心说什么也要拿下这盘棋，不能让施先生看扁了。

中盘时，绣琴有一块棋处于两难之中，可杀可不杀，要是遇到一般人，襄夏早就点进去，不让这块棋活，然后追着它四处乱跑，即便杀不死，也能坐收攻孤之利。但现在对面坐的是绣琴，她一副楚楚可怜的样子，似乎哀求自己不要下狠手。襄夏心想："自己一个男子汉、大丈夫，岂能欺负一个弱女子？"于是手下留情，在外面封了一手，让绣琴在里面补活。

绣琴也知感激，吐一下舌头，朝襄夏偷偷一笑。

在襄夏的呵护之下，最终绣琴以一子获胜。在场的人都瞧出来了是襄夏有意相让，但大家也都不说话，唯独肇麟心里不忿，心说："瞧人家长得漂亮，就让棋，让一步不行，还得一直让到输。可遇到我却不让，心就那么狠，非一宰到底不可，不杀个几十子，一百来子，绝不善罢甘休。一子二两银子，一百来子就二百来两，大爷虽然有钱，可想想也怪心疼的……"

绣琴赢了这盘棋，心中得意，脸上满是笑，众人也都纷纷赞她下得好。

"其实是施先生有意让着我，我心里明镜似的。"绣琴说，"施先生真要杀我，我哪儿顶得住啊！"

"下得不错，"襄夏说，"要是有人好好调理一下，还能进步。"

"施先生，我有个提议，"肇麟说，"不如您收绣琴姑娘为弟子，好好调理一下，将来还不成为青楼第一？"

"那敢情好，"老鸨说，"我们这里的门户人家倒有个传统，专门请高手来教棋，不过像范、施二位先生这么高的棋手，我们可没请过。"

"原来你也知道范、施二位先生的名头？"

"怎么不知道？就连绣琴都跟我念叨过十几回了。"

"不行，不行，"襄夏连连摆手，"我从没收过徒弟，不要说女徒弟，男徒弟也一个没收过。"

"施先生是太高了，"韩学元说，"不如我收绣琴这个徒弟？"

韩学元的棋虽然不如施襄夏，但充当绣琴的老师绰绰有余，众人也都认为没什么不妥，但绣琴却不说话，不说同意，也不说不同意。

"女儿，韩先生毛遂自荐，"老鸨说，"要给你当学棋的先生，你同不同意？"

绣琴像是没听见，不说话。

又过了一会儿，韩学元有点忍不住了，又追着绣琴问："你倒是同不同意？"

"韩先生，我这儿有一首诗，"绣琴拉着学元的手走到墙边，"您念一念。"

学元抬头一看，那诗写的是："曾经沧海难为水，除却巫山不是云。"不由得笑道："原来绣琴姑娘志存高远，那我只好知难而退了。"

在众人的极力鼓动之下，最终襄夏收了绣琴这个徒弟。

肇麟掏出一锭银子，递给老鸨说："妈妈，你叫人办一桌一两二钱银子的席，中午我们就在你这儿吃饭吧。"

老鸨瞟着愿船光光的头皮，问："是不是要办一桌素席？"

肇麟说："办素席做什么？"

老鸨说："在座的有出家人，总不能办两桌席吧？"

"我们这位是酒肉和尚，"肇麟说，"你只管大鱼大肉地招呼，没关系的。"

老鸨听了,也忍不住笑,忙答应去了。

肇麟的目的是想跟绣琴商量他们的计划,但也不能太露行迹,只好假装观战,还不时和襄夏评论一二,又和绣琴扯两句闲篇。

这时愿船拉范西屏下一盘,西屏欣然同意,两人拍快棋,噼里啪啦,棋盘上的形势逐渐紧张起来,愿船已将西屏的一块孤棋包围,做活是不可能了,但要杀死也不容易,原因是愿船的棋较薄,万一走出漏着,就一发不可收拾了。愿船抱着脑袋拼命计算,意欲毕其功于一役。西屏却谈笑自如,浑不在意。

肇麟一看机会来了,遂问绣琴:"我叫你绣的屏风绣好没有?"

绣琴一怔,心里说:"你什么时候叫我绣屏风了?"一看肇麟冲她抹脖子、使眼色,心里就明白了,忙说:"哪儿那么快呢?才绣了一半,要不要看一看?"

"看看也好。"

"那您随我上楼。"

两人上楼,关上门,绣琴问:"你又搞什么鬼呢?"

肇麟说:"我让你办的事怎么样了?"

"什么事?"

"跟我装傻是不是?定金都拿了,你说什么事?"

"我只是听喝的,您那边没动静,我只好装没事人。您要是忘了呢,我正好白落五百两银子。"

"美得你,还知道不知道自己姓什么?你以为大爷的钱是那么好拿的?"

"那您说怎么办吧?"

"我这不是把秃驴带来了吗?就今天你把事办了,不就结了?"

"在我这里绝对不行。"

"怎么不行?"

"万一闹出点乱子,你让我的脸面往哪儿搁?"

肇麟仰天打个哈哈："我还不知道，原来你把脸面看得这么重要。"

绣琴脸一红："我这里来的多是达官贵人，要是跟个和尚闹得不清不楚，您想谁还上门呢？"

"那依你怎么办？"

"您还是找一家好一点的客栈，包一间上房。等一切安排妥当，您再派一个牢靠的人通知我，我这里随时候命。"

"行，就照你说的办。"

绣琴又说："此事只可你知、我知，再不能让第三个人知道。我这脸可是帘子做的，说卷上去就卷上去，说挂下来就挂下来。万一走漏点风声，我可不管您胡大爷有钱有势，过去有多深的交情，咱们一推六二五，翻脸就不认人。"

两人正说着，忽听下面老鸨喊："绣琴，有条子叫你，快下来吧。"

绣琴听了，忙和肇麟下楼，问："谁来的条子？"

老鸨说："卢大人的条子……"

原来有朝廷的钦差过境，扬州城的官员在盐运使衙署为钦差大人接风洗尘，卢见曾发条子，招绣琴去陪客，轿子已在门口等候。

绣琴说："这个卢大人，早不来叫，晚不来叫，偏偏我这里有客人，他又来叫了。"

西屏等人说："姑娘只管去，不要因为我们耽误了正事。"

绣琴说："那我就告罪了，去应酬一下，一会儿就回来。"又对肇麟说："您替我招呼一下范先生、施先生和愿船师傅，还有韩师傅。你们就在我这儿下一天，吃了晚饭再走。"

"行啦，行啦，要走就走你的吧，"肇麟说，"别顾着那头，又丢不下这头。"

绣琴一笑，带上她的贴身丫鬟，出门上轿而去。

这里西屏等人下了几盘棋，中午草草吃了一顿饭，又等了一会儿，见绣琴也没有回来的意思，五个人待不住，就告辞回白马寺去了。

肇麟回去以后，就按他和绣琴商议的方针，着手进行准备。他给这次行动起了个名字，叫作"天茧行动"，目的是拯救寺庙里的和尚，要拯救的第一个对象就是愿船。肇麟以为，愿船作为一代高僧，居然不通人事，岂非一种遗憾？他胡肇麟胡大善人，有责任有义务拯救老朋友于"水火"之中。让他不仅知道狗肉的滋味，也要知道女人的滋味。这样在他临死的时候，就可以说：我也吃了，我也喝了，我也玩了，酸甜苦辣都尝遍，可以死心瞑目了！

肇麟的积德行善，在扬州城也是大大的有名。他虽然不是佛门弟子，但似乎比佛门弟子还喜欢做善事。比如他从不杀生，别人杀了他吃可以，但自己从不杀，平日走路看见蚂蚁，他也会让到一边，害怕一不小心踩死这些小生命。有时身上痒痒，脱衣一看，原来是只虱子，他也不敢捻死，好歹是个生命呢。找一个脑满肠肥的家伙，趁他不留意，偷偷把虱子放到他衣领里去。

肇麟的积德行善大抵如是，他的口头禅：善哪，要不怎么叫扬州城胡大善人呢？

"天茧行动"正式启动！

这一天，胡肇麟胡大善人派一下人去白马寺，给愿船送来一张纸条，上面没头没尾，只几个字："有狗肉、好酒，敢不敢来杀一盘？"

狗肉、好酒、杀棋，这是愿船平生的三大嗜好。其中任何一样都足以让他不要命，何况现在三样都齐了呢？就像那河里的大头鱼，乖乖吞下鱼饵，被人钓到岸上，晒成鱼干。

愿船兴冲冲来到胡府，见到肇麟，说："你的狗肉、好酒在哪里，快端上来让佛爷尝一尝！"

肇麟说："我这里狗肉、好酒尽有，但你得先让我狠狠切几盘。大爷赢了棋，心里一高兴，不要说狗肉、好酒，整封整封银子捧出来送你也没关系。"

"那我要赢了呢？"

"你要赢了，大爷就不高兴了，哪儿还有什么狗肉，狗屁也没有了！"

愿船叹了一口气，"看来今天只能吃棋了！"

两人也无须客套，摆开棋枰杀了起来。若论棋力，两人可谓旗鼓相当，而且棋风相近，都嗜杀成性。使的也都是大力开碑手、空手夺白刃一类的外家功夫，碰碰就死，磕磕即伤，直以性命相搏。一时战场上尸骨累累，惨不忍睹。

两人从未时起，一直下到太阳下山，一共拍了十盘快棋，结果五比五平分秋色。

肇麟见时候已差不多了，推开棋枰说："不下了，不下了！"

愿船说："还没分出胜负，怎么就不下了？再下三盘！"

"你不饿，我可饿了，咱们还是去菜香根吃狗肉吧。"

"就在你这里随便弄一锅狗肉，咱们边吃边下不好？"

"要吃狗肉还得去'菜香根'，我这里哪弄得出人家那个味儿。"

"我听人说，扬州的盐商总是先泡一碗锅巴吃了，才去饭馆。十两银子的燕窝，只呷一口汤就随手递给下人去吃，有这样的事吗？"

"你说有就有，你说没有就没有，这我就不跟你争了。"

肇麟说着叫两个下人跟着，与愿船动身去菜香根。

菜香根是当时扬州城最有名的饭馆，今天仍极脍炙人口的扬州菜，如大煮干丝、蟹粉狮子头、三套鸭、将军过桥、醋熘鳜鱼、蛋炒饭，据说都是出自菜香根的大厨之手，堪称是扬州名菜的发祥地。

肇麟是这里的常客，老板一见他来了，忙亲自上前招呼。

"别的什么都不要，"肇麟说，"你就给我来一锅狗肉，再来一坛陈年高粱烧。"

"知道您胡老爷要来，"老板说，"下午刚宰了一只狗，捡好肉煨在锅里呢。"

"给我加足作料，回头端上来，要是不合我的口味，我可不付钱！"

"您老放心，小的心里有数。"

老板叫伙计搬来一坛老酒，打开泥封，舀一勺倒在碗里，说"这酒已窖藏二十年了，您老尝尝如何？"

肇麟说："和尚，还是你尝吧。"

愿船尝了一口，点头说："果然好酒，只怕醉得死人呢！"

肇麟心说：醉得死人好，就怕醉不死人。吩咐老板说："这酒我们恐怕受不了，还是往里面兑五斤新酿的白酒吧。"

老板忙答应，命伙计如法炮制。

不大工夫狗肉端上来了，一只砂锅，下面放一个炭炉，锅里的浓汤滚开着，一块块狗肉油红透亮，散发着浓浓的香气。

愿船不觉食指大动，伸筷子进锅，夹起一大块狗肉，忽然问老板："你这是狗肉，还是猪肉？"

老板一听这话，吓了一跳，忙说："怎么会是猪肉？"

"狗肉有这么肥的吗？"

"大师，原来您不知道，我这是家养的菜狗，不比外面的野狗。天天圈在笼子里，喂的是精饲料，您想能不肥吗？再说肉肥了才香，不信您尝尝就知道了！"

愿船将肉送到嘴里，那肉已煨得酥烂，入口即化，也顾不上烫，囫囵吞下肚去。又夹一块放进嘴里，这一回细嚼慢品，发现那肉竟有好几道不同的滋味。其中肉味、药味还分辨得出，但另有几种不同的味儿就分不太清了。

愿船端起碗喝了一大口酒，又吃了几块狗肉，连呼："痛快，痛快！"

25 释愿船一心礼佛

世上的人喜爱狗，有悠久的历史，"狗是人类最亲密的朋友和助手"。韩国人喜爱吃狗肉，同样也有悠久的历史。喜爱一种动物，到喜爱吃这种动物，西方人往往不能理解这种秉性，把自己"最亲密的朋友和助手"吃下肚去，天哪！

为什么有人喜欢吃狗肉，据说狗肉大补，有壮阳的功效，所以特别受有些人的青睐。至于是否真有壮阳的功效，也从未得到科学的验证。大家都这么说，也都这么认为，于是就成了一种说法。不过吃狗肉浑身发热倒也是真的，俗称"升虚火"是也。肇麟请愿船吃狗肉，是他"天茧行动"计划的重要一环。依肇麟的设想，先用酒把愿船灌醉，再用狗肉催发他长期禁锢的情欲。在他迷迷糊糊、情欲难当之际，忽然眼前出现一个赤身裸体的美人，试想会是怎样一种情景？

尽管愿船是一代得道高僧，恐怕也很难抵御这样的诱惑。等他醒来以后，大错已经铸成，后悔也来不及了。

愿船哪知道肇麟要算计他，仍旧一口酒、一口肉吃个舒服。吃到畅快处，不由得得意忘形，拍案唱道："漫揾英雄泪，相离处士家，谢慈悲剃度在莲台下。没缘法转眼分离乍，赤条条来去无牵挂。那里讨烟蓑雨笠卷单行？一任俺芒鞋破钵随缘化！"

眼见酒坛已空，锅也见底，肇麟吩咐伙计添酒添肉。又劝愿船少喝酒，说道："你已经醉了，再喝就趴下了。"愿船不爱听，说："谁醉了？别看我脸有点红，心里却清楚，再喝一坛也醉不了，要不要赌三碗，看看谁先醉？"肇麟说："好啊。"愿船倒满三碗酒，喝凉水似的一气灌下肚去。示威似的瞟着肇麟，"该你了！"肇麟拱手说佩服佩服，话音未落，只见愿船身子一歪，溜到桌子底下，醉得不省人事了。

肇麟微微一笑，叫过两个下人，架起愿船，送到楼上预订的房间，扔到床上。肇麟又吩咐下人把愿船身上的衣服扒个精光，替他盖上被子，主仆三人这才退出房间。

肇麟命一个下人过来，低声吩咐了几句，下人忙答应去了。不大一会儿，绣琴飘然而至。一身青衣打扮，用纱巾蒙住脸，见了肇麟等人也不搭话，轻轻将门推开一道缝，闪身进去。

肇麟一看大功告成，满意地搓搓手，带仆人下楼，嘱咐他们守住楼梯口，不许闲人打扰，若有事速回去报讯。

说完他老兄就回家静候佳音去了。

绣琴进屋以后，先把门拴牢，然后蹑手蹑脚走到床前，探头一看，只见愿船闭着双眼，鼾声如雷，正浓醉未醒。看着愿船光光的头皮，觉得十分有趣。心想：都说和尚的手段十分高强，今天倒要领教一二。又一想这一位据说是得道高僧，大约也跟《西游记》里的唐僧一样，吃他一块肉就可以长生不老，和他做一回夫妻，强似修行一千年。不想我绣琴天天送往迎来苦熬这么些年，一件天大的造化竟着落在这里！

想到这里，绣琴不由得春心荡漾，竟有点迫不及待的样子，忙回身至桌前，一口吹灭蜡烛，三下五下扒掉身上的衣服，光溜溜跳上床，钻进被窝，贴身挨着愿船躺下。

这一躺不要紧，只觉一股酒气扑鼻而来，熏得绣琴翻肠倒胃，差点没晕过去，不禁骂道："臭猪！"

和一只"臭猪"睡觉，这在绣琴还是第一回，一时脑筋转不过弯来。

但事到临头，断没有退缩之理，只好试一试吧，于是伸手往愿船身上轻轻摸去，见愿船没有反应，绣琴又推他一下，仍不见反应，气得狠狠掐了他一把，愿船原本鼾声大作，被绣琴一掐鼾声就低了下去，绣琴心里说"有戏"，谁知愿船的鼾声又逐渐高了起来。

绣琴暗暗恨道：脏猪、臭猪，跟老娘装死是不是？老娘一文钱不要上赶着贴你，你反倒装腔作势地装死鬼，也别太过分了。

心里有气，下手就狠，也没把愿船当人，只把他当作一卷被子，又推又掐又摇又拽，胡一折腾。但那愿船竟如死人一般，仍旧一点反应没有。

这一下绣琴没咒念了，心想：若是这样耗下去，一直耗到天亮，就什么事也做不成了。干脆趁他酒醉未醒，偷偷把事办了，等他醒来，生米已煮成熟饭，想赖也赖不掉了。

……

绣琴见愿船再三不肯，不由得恼羞成怒，心里说都什么时候了，还这么严守戒律，也太没水准了。这样的人也能称作高僧，那咱不就是王母娘娘了！忽然两手松开愿船，"腾"地跳下床，走到桌边，点起蜡烛，然后举着烛台走到愿船面前。

愿船连忙闭住双眼，绣琴冷笑说："和尚，原来你也有害怕的东西？"

愿船默然，半晌后念佛说："善哉，善哉，施主教训的是！"

猛然睁开双眼，朝绣琴望去，微微一笑说："也不过如此！"

绣琴说："难道你就不动心？"

愿船说："在贫僧眼里，世上的人除了一张臭皮囊，不过都是些骷髅架子，有什么分别？"

一席话说得绣琴透心冰凉，不由得气急败坏地说："你到底是不是男人？"

愿船说："我也不知道我是不是男人。"

绣琴一怔："此话何意……"

愿船说："父母生我，自然是男人。自我皈依佛祖，也就无所谓男人、女人。观音菩萨为普度众生，也以女相示人，难道菩萨也分男女吗？"

绣琴叹息说："世上的男人见了女色，无不如蝇逐臭，今天我才知道，原来天底下也有不受诱惑的人！"

愿船说："施主还是穿上衣服，小心着凉。"

绣琴虽然是个惯家，但事到如此地步，也不由得有点自惭形秽，忙穿起衣服，自嘲说："今天的面子可丢大了，倒叫大师见笑了。"

愿船也穿起衣服："离天亮还有一会儿，施主不如在此暂歇，贫僧告辞。"

"我暂歇无妨，只怕天亮就有一场是非，大师也难逃干系，所以不如我先走一步！"

"既然如此，待贫僧送施主一程。"

"不必。"绣琴一边说，一边走过去开门，又回头冲愿船一笑，似有留恋之意，出门悄然而去。

绣琴走后，愿船紧绷的神经总算松弛下来，不由得用袖子擦汗，心里说：好险、好险，今天差一点就栽在这女妖精手里。前后一想，发现这事有点蹊跷，不像是绣琴一人所为，背后肯定是肇麟的主使。但彼此之间也没有深仇大恨，何故设计陷害于我，难道就因为我赢过他几盘棋吗？

一时也想不太清，心里说：反正绣琴也不在了，不如先安稳睡上一觉。忽然想到绣琴一个妇道人家走夜道，万一碰上歹人，岂不是我的罪过？俗话说"送佛送到西天"，少不得要辛苦一趟。于是起身下楼，见肇麟的两个下人正伏案呼呼大睡，愿船心想：果然是胡铁头搞的鬼！

出了街门，四下张望，哪里有绣琴的踪影？

愿船心下着忙，紧走几步来到街口。前面就是瘦西湖，沿湖面向东望，天际边已露出一丝光亮。

愿船凝神细听，发现北面有细微的脚步声传来，忙大步向北追去，果然看见前面有一个模模糊糊的人影。愿船估计是绣琴，就加快了脚步。

忽然前面那个人影身子一歪，倒在地上，嘴里"哎哟"一声。愿船忙高声说："姑娘慢走，贫僧在此！"

绣琴听见是愿船的声音，这才定下心，喘了一会儿气，用手揉揉胸口，爬起身又走。心里"死和尚""臭和尚"骂个不停。但臭和尚自愿充当保镖，她也不反对，至少不怕那些吊死鬼、大头鬼来找麻烦了。

愿船只远远跟着绣琴，把她一直送至鸣玉坊，见她进了家门，方转身离去。

第二天一早，肇麟醒来，闻说派到菜香根蹲守的两个下人正在外面"候旨"，便叫进来问话，两个下人说："天亮之前，绣琴姑娘和愿船和尚已先后离去，所以回来请老爷示下。"

肇麟心想：这么早正该搂着睡一个回笼觉，怎么都走了？又一想明白了，这对狗男女肯定是害怕闹出绯闻，所以趁天未亮一走了之。

想一走了之，走得了吗？

肇麟匆匆擦把脸，也没吃早饭，急急赶往鸣玉坊找绣琴。见了面第一句话就问："得手没有？"

绣琴说："没戏！"

"不会吧？"

绣琴就把昨天晚上的事细说了一遍，肇麟老大吃惊。诧异地说："难道这头秃驴竟有鲁男子柳下惠坐怀不乱的定力？"

"只怕比鲁男子还鲁男子呢！"

"是不是你的功夫不行？"

"我的功夫不行？比我功夫行的只怕还没出世呢！"

肇麟摇头咂嘴地叹息了一回："这头秃驴，倒叫我有点佩服他了！"又说："既然如此，把那五百两银票退回来吧！"

绣琴说："不是说好事没办成，定金也不退吗？"

"那是你说的，不是我说的，要不你把我同意的凭证拿出来看看？"

"好你个胡铁头，提上裤子翻脸就不认人，银票可以退给你，不过你等着，看我怎么治你！"

"你无非是去找卢大人，但只怕卢大人未必会替你出面！"

"这等小事还用麻烦卢大人？我只去找范、施两先生，把你陷害愿船和尚的阴谋诡计全抖搂出来，看你以后怎么混！"

肇麟一想，卢大人倒不怕，可范、施两位却得罪不起，否则以后还真没脸见棋界的朋友了。忙赔笑说："瞧瞧，小脸都变色了，不过开个玩笑，何必当真呢。"

释秋航名湛静，字愿船，仪征人。一生经历了清乾隆至道光数朝，平生交往的棋手极多。乾隆年间曾与范西屏、施襄夏交过手，被授二子，范、施死后，秋航才以国手名动天下。道光年间，周小松年轻时曾从秋航学棋，受益不浅。但秋航的棋谱流传极少，很难对他的棋艺水平作全面评价。从他与两代国手范、施及周小松的关系来看，无疑是一位承前启后的人物。

愿船约在中年的时候来到北京，长期留住梁家园寿佛寺。他虽托身佛门，但不受佛教清规戒律的束缚，而是茹荤饮酒，以棋为佛事。

白天和慕名前来的棋友手谈，夜晚不枕不卧，结跏趺坐，蒲团面壁。

愿船生性好客，时常约人聚餐，饮啖之后，必以角逐棋艺为乐事。有时也受地方士绅的招待，参加棋会。弈棋之余，秋航也常至街坊里弄收集废纸焚化（当时称为"惜字纸"），这也是僧侣所从事的善事之一，目的是了却前生的宿债，祈祷冥福。

关于愿船的辞世，颇具传奇色彩，据《清朝野史大观》载：

> 金陵陈伯敏奉朝命知衢州府，秋航心乐西湖景物，与俱至杭州。及明年正月，忽遍辞同人，云将西归。且促为之饯行，诸相知乃于元宵前一日肆筵饯之。秋航故饮酒食肉，无异常人。是日，欢呼畅饮，亦与常日无异，且与一人对局。弈竟，敛子入枰，曰："今日之会难再，即此局亦是绝着也！"众不解所谓，叩之，不告而去。及明日，则报秋航趺坐逝矣。

愿船不仅棋高，享寿也高。人们常说下围棋的人长寿，愿船无疑是个典型例证。关于他的生年和卒年，诸说不一。《待月簃弈存》《寄青霞馆弈选》均称：释愿船死于同治二年癸亥秋间，年九十余。《勇庐闲诘》载："僧湛静，字秋航，卒年百一岁。"众说纷纭，聊录备之。

从愿船一生的行迹看，他性格洒脱，不拘礼法，行为常有不被世人理解者，颇像一位隐身寺庙的世外高人。

26 施襄夏洞房花烛夜

施襄夏自从收绣琴为徒以后,每个星期用两天时间去鸣玉坊的绣琴书寓教棋。绣琴聪明伶俐,进步很快,两人的感情也逐渐升温。

这一天,施襄夏又去鸣玉坊,遇见了吴敬梓。绣琴正和吴敬梓下围棋,见施襄夏来了,就一胡噜棋盘,不下了。

施襄夏说:"你们俩怎么下?"

绣琴说:"自然是平下。"

"输赢如何?"

"我连输了两盘,不过这两盘一开始我都是赢棋,后来走出'勺子',结果输了。"

"绣琴的棋涨了,"吴敬梓笑得合不上嘴,"再过些日子我就下不过她了。"

绣琴因为输棋,有点恼怒,瞟了吴敬梓一眼,说:"要不,你跟我师父下一盘?"

吴敬梓说:"正想跟施先生学一盘呢。"

"跟我学什么劲,还是你们俩下吧。"施襄夏说,"你也不能赢两盘就不下了。"

"师父，您来一盘。"绣琴跳起来，抓住施襄夏的胳膊就往桌边拉。施襄夏只好走过去坐下，问吴敬梓："咱们怎么下？"

吴敬梓还未答话，绣琴说："四个，起码让四个。"说着往棋盘上码了四个子。

吴敬梓嫌多，绣琴说："师父让我就四个子，让你还不得四个呀？"

"你跟我能比吗？"

"怎么不能比？"

"刚才你还输我两盘呢。"

"我那是一时大意，等下回小心了，你就该输了。"

两个人吵个不停，施襄夏不耐烦，开始走棋，吴敬梓急忙支应。不大一会儿，一块棋就陷入重围，想活活不了，想跑却越跑越大，最后还是跑不出去，那棋就没法下了。

吴敬梓急红了脸，连声说："这盘棋不算，这盘棋不算……"

施襄夏笑说："为什么不算？"

"绣琴老在一边吵吵，乱我心神，要不我这块大棋怎么会死？"

说着吴敬梓把棋胡噜下去，又码上四子。

绣琴笑说："四子恐怕不行吧？"

吴敬梓说："那你说几子。"

"六子吧。"绣琴说着拿出一锭十两纹银，"这一盘是带彩的，谁赢了就做东，晚上请大家吃饭。"

施、吴二人都微笑点头表示同意，于是又杀了起来。中盘时，吴敬梓有一块棋被围，他补了一手，以为活了。施襄夏不理，又走他处，吴敬梓左遮右挡，总算把棋都走活了。算算空大约可以小赢，不由得擦擦汗，定下心来。

谁知施襄夏待各处走定以后，又回过头来杀他补了一手的那块棋，原来那块棋并未活净。吴敬梓想了半天，结果还是被施襄夏"聚"死了。

吴敬梓涨红了脸，汗如雨下，说："施先生的棋实在是高，还得再让两子请教一盘。"

吴敬梓那块棋补了一手仍是死棋，俗称"后手死"。施襄夏早一目了然，而吴敬梓懵然不知。如果再补一手，那也让他补，不一定非杀他不可。但若一直不补，未免欺人太甚，只好动手杀之。

吴敬梓码上八子，非要再来一盘，施襄夏微笑说："太多了，这还怎么下？"浑不在意，随手而下。

这一盘吴敬梓倚仗八子优势，序盘占尽春色，谁知中盘时又被施襄夏闹出一个劫，吴敬梓昏头昏脑，打个不了，眼看那棋又要输了，绣琴抱一只乌云覆雪的猫，那猫往棋盘上一扑，棋就乱了。施、吴二人哈哈大笑，站起身来。

恰好老鸨来说："酒席齐备。"众人入席，绣琴高擎翠袖，将第一杯酒奉给施襄夏，第二杯奉给吴敬梓。

吴敬梓说："今天输得痛快，我要和施先生好好喝几杯，一醉方休。"

"我师父不能喝，"绣琴拦在前头，又对施襄夏说，"师父，你别理他，少喝几杯。"

"还没喝呢，就有人挡横，"吴敬梓笑道，"这酒还怎么喝？"

"我不能喝，"施襄夏说，"一喝就脸红、脖子红，连上半身都是红的，也不知怎么回事。"

"脸红好啊，俗话说，一喝酒就脸红的人好交。"老鸨说，"我们绣琴为什么那么喜欢你？还不是因为你为人和气好交嘛。"

"你看侬妈又韶刀了，"绣琴脸一红，"我什么时候说过喜欢他了？"

"没说过吗？"

"自然没说过。"

"那是我记错了，且罚我一杯。"

当下老鸨自己斟着，吃了一大杯。一干人说说笑笑，吃到很晚才散。

饭后施襄夏、吴敬梓告辞回家，半路上，吴对施说："我看绣琴对你挺有意思，你不想梳拢她吗？"

"我正有事想请你帮忙……"施襄夏说。

"咱们谁跟谁，只要我能办到的……"

"你帮我问问绣琴老鸨，要给绣琴赎身，得多少钱？"

"这么说，你是想娶绣琴？"

"有这个意思。"

"绣琴可是个好姑娘，不仅人长得漂亮，琴棋书画无一不精。"

"吴兄，你想怎么跟老鸨提这件事？"

"你放心，这件事交给我，包管叫你满意。"

第二天，吴敬梓又去了一趟鸣玉坊，见到老鸨，说："妈妈，绣琴长得很漂亮，人也聪明。我想给她说个媒，你看怎么样？"

"那敢情好，"老鸨说，"不过，你想说谁？"

"我说的这个人，你认识，绣琴也熟，说出来你们包管满意。"

"你不用说了，我早猜出来了……"

"那你猜是谁？"

"是施先生，对不对？"

"这个老家伙还真有两下子，一猜就准。"吴敬梓心中暗暗吃惊，嘴里却说："不是，怎么会是施先生？"

"真不是吗？"

"不是。"

"不是就好，算我白说。"

"我想问问，要为绣琴赎身，需要多少钱？"

"一万两银子吧。"

"得那么些钱呢？"

"吴大爷，绣琴是鸣玉坊的头牌。"

"您看能不能减一点？"

"一口价，绝不让。现在要出一万两为绣琴赎身的有好几个人呢。"

吴敬梓无奈，只好把老鸨要一万两的结果告诉了施襄夏。

施襄夏苦笑说："把我卖了值不值一万两？"

"你要真爱绣琴，就是借钱也要替她赎身。"吴敬梓说，"晚了可就被别人抢走了。"

"借一万两那么容易？咱们又都客居此处，谁有那么多钱？"

"我介绍一个人，他准有。"

"谁呀？"

"胡肇麟。"

"胡肇麟有是有，不过一万两银子他也未必肯借。"

"那又为什么？"

"你没听人说吗？扬州的盐商都比较吝啬，何况又是给绣琴赎身。"

"绣琴怎么啦？"

"你没看出胡肇麟对绣琴也挺有意思吗？"

"绣琴长得那么漂亮，谁对她能没点意思呢？"

"所以我要快一点，否则恐怕生变。"

施襄夏去找胡肇麟，提出想跟他借钱。

胡肇麟说："借多少钱？"

"借一万两银子。"

"借那么多钱做什么？"

"我想给绣琴赎身。"

胡肇麟吃了一惊，奇怪地瞧着施襄夏，半晌才说："施兄，你要给绣琴赎身我不反对，可你要跟我借钱我有难处，我上哪儿弄一万两银子呢？"

"你财大气粗，上哪儿不能弄一万两银子？"

"我说句不中听的话，就算我借您一万两银子，您怎么还我？什么时候还我？"

施襄夏无语。看来，光讲交情是不行的。

事情没谈成，两人不欢而散。

又过了几天，胡肇麟来白马寺找施襄夏，说："施兄，你不是要借钱吗？还借不借了？"

施襄夏说："借呀。"

"我正好收回一笔银子，可以借给你。"

"那太好了。"

"不过我有一个条件……"

"什么条件？"

"施兄，咱们来一回三盘两胜的比赛，好不好？"

"好啊，怎么下？"

"自然是您让我两子。"

"你跟梁魏今、程兰如怎么下？"

"一开始两子，后来就让先了。"

"这不结啦，我怎么能让你两子呢？"

"范先生就让我两子，您跟范先生差不多，怎么不能让我两子呢？"

为了坐实让两子的棋份，胡肇麟又说："我借您这个钱，您要赢了，我就不要了。"

"我要输了呢？"

"那就对不起了，只好让您如数还给我了。"

两人商议已定，观战者有范西屏、吴敬梓、韩学元、绣琴等人。众人一致认为，让先施襄夏占优，让二子势均力敌，输赢不好说。

第一盘，施襄夏攻击对方一块弱棋，一时心急火燎，将黑棋往自己的空里赶，必欲置之死地而后快。胡肇麟也不是吃素的，死活不投降，腾挪辗转，百般抵御，结果出了棋。施襄夏一看杀不死了，自己的空已被趟个精光，棋已没法继续进行，只好认输。

第一盘输了，形势变得极为严峻，后两盘一盘也不能输，才能挽回败局，施襄夏在心理上不由得背上很大的包袱。

范西屏说："师弟，你为什么非杀他不可呢？"

施襄夏苦笑着摇摇头，说不出话。

绣琴听说他输了，心里也很着急，问他："师父，你一向教导我说，不能把孤棋往自己的空里赶，可您怎么把孤棋往自己的空里赶呢？"

"我以为能杀他呢。"

"可结果杀没杀呢？"

施襄夏脸一红，说不出话。

"还有两盘棋，你可一盘也不能输了。"

"尽力吧。"

第二盘，施襄夏调整心态，慢慢下，不想毕其功于一役。谁知胡肇麟挟第一局之胜势，拼命挑衅，意图乱中取胜。

中盘时，双方四块棋缠斗在一起，都不活。施襄夏长考，仔细判断形势，发现硬拼不行。硬拼的结果是双方各死一块棋，黑棋要占些许便宜，决心弃子。黑棋果然上当，一看能吃七八个子，岂有不吃之理？高高兴兴去吃七八个子，结果被白棋围了一道外势。

接着白棋拆逼右边黑棋孤子，趁其逃跑之际，缓缓攻击，黑棋最后虽然活了，但也只是两眼活棋，被白棋围在了里面。

黑棋见白势过大，浅浅打入，白也不守空，占据要点加以攻击，在攻击中自然而然围了一块大空。

最终黑棋中盘认负。

第三盘双方愈加谨慎，直至收官，盘面胜负微细，执黑受二子，大约有二十目的优势。执白的一方要想赢下这盘棋，首先要克服二十目的差距，然后方能论胜负，因此要想赢下这盘棋是相当困难的。

棋到如此地步，施襄夏仔细算了一下目，发现自己盘面上略差一两目，而增目的地方已经没有，不由得脸都绿了。一时间想起绣琴期盼的眼神，想起借钱为绣琴赎身的疙瘩事，顿时汗如雨下。

范西屏和在座的其他人也都看出施襄夏棋势不妙，暗暗替他担心。

胡肇麟也算出自己已经胜定，心里也进行着激烈的思想斗争。从常理上说，他很想赢下这盘棋，因为2比1胜施襄夏，尽管是让二子局，也是值得夸耀的战绩。但从另一面来说，自己赢了这盘棋，等于破坏了施襄夏与绣琴的婚姻。俗话说："宁拆十座庙，不破一桩婚。"何况是施襄夏，破了他的婚，等于得罪他一辈子，自己将来还怎么在棋界混？

想到这里，胡肇麟走了一步2目的官子，施襄夏走了一步"逆官子"。这个"逆官子",胡肇麟什么时候走都是先手,但他故意不走,实际上是卖个人情。接着胡肇麟又走了一个2目的官子,被施襄夏先手挤出一个劫,胡肇麟劫材不够,只好忍痛粘上,等于被白便宜1目。两人又为一个劫争来争去,最终胡肇麟打赢了这个劫,施襄夏占了两个单官。

局终数子,黑有181子,贴还一子,正好180子,输半子。

施襄夏起身拱手,对胡肇麟说:"谢谢老兄!"

吴敬梓指责胡肇麟:"为什么不走'逆官子'?这棋我走都赢了。"

"晕了,晕了……"胡肇麟哈哈一笑。

过后,胡肇麟按约定将一万银票给了施襄夏,施襄夏拿银票为绣琴赎身。老鸨想想平时与绣琴的关系也不错,遂痛快地答应了。

施襄夏、绣琴二人准备喜事,第一个难题是没房子住。绣琴说先租一套,施襄夏找胡肇麟商量。胡肇麟很大方,把自己名下一套两进两出、六七间房的小院落当作新婚贺礼,送给了施襄夏。胡肇麟找来工匠将院落粉刷一新,配备家具,等收拾停当,施襄夏与绣琴二人择日搬了进去。

接着又张罗喜事。依施襄夏的意思,一切从简,请几位下棋的朋友热闹热闹就行了。但绣琴不干,说:"一生就这么一回,岂能不大办一场?"于是在他们的小院落里摆了十几桌席,请来她的好姐妹,叫胡肇麟请一些有头有脸的商界人物,又逼着施襄夏请一些官场的人物。商界及官场方面的人,看在范西屏、施襄夏的面子上,也都出席了婚礼。大家兴高采烈热闹了一天。

等人都走净了,只剩新郎、新娘两个人。施襄夏紧紧坐在绣琴的身边,抓住她的手,说:"这一回多亏了胡肇麟……"

绣琴倒在施襄夏的怀里,娇羞地说:"多亏他什么?"

"要不是他借我一万两银子,我怎么赎你呢?"

"你以为他那么好心?那是我的钱,是我叫他借给你的。"

"是吗?"

施襄夏捏住绣琴的下巴,深情地亲了她一口。

27 吴敬梓下雨宜弈棋

范西屏、施襄夏两人自出师以来，一直住在一起，如亲兄弟一般，自襄夏结婚以后，两人才分开。

不久，绣琴嫌居室狭窄、房屋破旧，就在东台附近买了一所小院落，环境幽雅，郁郁葱葱，两人择期搬了进去，离范西屏住的地方更远了。

范、施搬离以后，白马寺里就只剩下袁枚、吴敬梓两个人。

袁、吴二人都是文学大家，这两人与范西屏、施襄夏一起，对围棋的普及与发展起到不可估量的作用。

袁、吴二人平时也与范、施下下棋，但棋力相差太多，要被授四子左右，所以范、施也不愿与他们下。袁、吴二人的水平差不多，两人平时也下，但下下就烦了。

吴敬梓也有高着，就是自己跟自己下。一次，袁枚路过吴敬梓家，听见屋里丁丁的棋声，心说："这老小子跟谁下棋呢，难道是西屏？"推门一瞧，见吴敬梓一手拿黑子、一手拿白子，一个人下得还挺热闹。

袁枚问："你怎么一个人下起棋来了？"

吴敬梓说："你们都不跟我下，我只好学习范西屏，自己跟自己下。围棋唯一的坏处就是太迷人。烟酒可以戒，围棋却无法戒，一个人一旦学会了下围棋,就等于找到一个不可分离的情人,它将伴随你快乐地度过终生,而你却无从抗拒。"

"哈哈,说得不错。"

"来一首诗吧?"

"好,来一首诗,给我一张纸……"

吴敬梓起身,拿一张纸铺在桌面上,袁枚提笔饱蘸墨汁,略一思索,一挥而就:"何物共闲戏?围棋亦偶然。买碑争旧拓,染笔试新笺。食品何曾纂,茶经陆羽编。搜奇兼志怪,俱是小游仙。"

最后题《山中行乐词》,诗中所列举的围棋、金石、书法、餐食、茶饮、搜奇,构成了袁枚文化生活的主要内容。

袁枚写好后,两人进行了交换,袁枚拿走了吴敬梓的小品,吴敬梓拿走了袁枚的诗,两人都说裱好了挂在墙上。

正说着胡肇麟来了,问二人:"这两天见着范西屏没有?"

两人都说"没见",于是三人一起去找范西屏,走出白马寺,走到范的住处,推门一看,范西屏拿着本棋谱正在复盘。见三人来了,他把棋谱扔在棋盘上,起身迎接,说:"我正要去找你们呢。咱们一起去看看施襄夏,好不好?"

"看他做什么?"胡肇麟一屁股坐到椅子上,"人家老两口恩恩爱爱,咱们去了不是碍眼吗?"

范西屏笑道:"那你说咱们几个干点什么?"

"我要跟您学一盘。"

"好啊,"范西屏把棋盘上的棋子一把胡噜到桌子上,"怎么下?"

"老规矩,二子,一子二两银子。"

胡肇麟自从和施襄夏下三盘二子局以后,信心大增。他常说,第三局要不是本人大发慈悲、让施襄夏一局,那他可就连娶老婆都耽误了。

都说两大棋圣水平差不多,所以今天他憋着一股劲儿,要赢范西屏一盘。

两人也不布局了,一上来就杀作一团。范西屏稍一疏忽,胡肇麟走出妙手，快一气杀白十三个子。

这一下可不得了，十三个子啊，连一边观战的袁枚、吴敬梓也以为这一盘范西屏必输无疑。胡肇麟以为胜券在握，不由得得意扬扬。

范西屏不动声色，只当授对方四个子。他将黑方一块棋拆孤，远远攻击。黑方感到难办，害怕一旦走错，会遭受更大损失。

胡肇麟迟迟不敢走子，惹得袁、吴二人颇不耐烦，纷纷指责胡肇麟："太慢，浪费时间。""你一下就吃了十三个子，就是我，这棋也赢了，还磨蹭什么？""不如回家睡会儿觉去。"……

两人正气胡肇麟，胡肇麟忽然弯下腰，捂着肚子叫"哎哟"，问他怎么啦，他说："内急，我要上厕所。"他起身向外跑去，跑到门口，又回身说："这盘棋先留着，等我回来再下吧。"

跑到外面，胡肇麟恢复了常态，回头瞧瞧，后面也没跟着人，就一直走到瘦西湖边，向湖面眺望，只见一条小船缓缓驶来。

胡肇麟急忙招手喊船家，小船划到跟前，胡肇麟跳上船，说："快，送我到东台。"

东台在湖对岸。小船慢悠悠划去，费了不少时间。到了东台，胡肇麟找到施襄夏家，说："我和别人刚下完一盘棋，您给瞧瞧得失如何？"

说着就在棋盘上把棋复了出来，施襄夏瞧到黑提白十三子时，说："这你还不赢？怎么也赢了。"又往下瞧了几步，说："跟西屏下的吧？"

"不错，是跟范棋圣下的。"

"那这棋恐怕还难说。"

"所以我才找您帮我出出主意。"

施襄夏又仔细审视了一遍局面，找到了紧要之处，一一教胡肇麟怎么走，反复告诉他，不这么走就要吃大亏。胡肇麟一点就通，很快就掌握了要领。

胡肇麟立即起身告辞，施襄夏说："忙什么，我干脆把后面的棋都给你走一遍，省得你又出错。"

"有您这几步棋，我就不会错了。多谢，多谢！"

绣琴在后面喊："吃了饭再走。"

"范大棋圣还等着我呢，我是借上厕所溜出来的，不能耽误。"

胡肇麟疾步来到湖边，坐船回到范西屏的住处，进门一看，袁枚、吴敬梓都已经走了，只有范西屏一个人还在，胡肇麟拱手说："抱歉，抱歉。"

范西屏说："你这一去足足两个时辰。"

"肚子坏了，跑肚拉稀，回家去吃药，一耽误就……"

胡肇麟又问："咱们那盘棋还下不下？"

"下，我正等你下呢。"

两人摆上棋，胡肇麟就照施襄夏教他的手法一一走了出来，轻而易举就化解了难题。

范西屏凝神片刻，忽然笑道："奇怪，襄夏虽然没来，他的棋怎么先来了？"

胡肇麟脸一红，半天说不出话。

胡肇麟东台搬兵，施襄夏暗中指点，范西屏窥破机关，这一段故事流传甚广，生动表现了当时三大高手在扬州切磋技艺时的情景。

自范西屏、施襄夏定居扬州以后，扬州逐渐取代北京，成为全国的围棋中心，围棋高手向扬州靠拢，向棋圣挑战，更多的是向棋圣请益。

来请益的各地高手，从对子到授十一子，总有几十人之多。

现将两大棋圣从平摆到授四子的人，略述如下。

范西屏：

对子：施襄夏、梁魏今、程兰如、臧念宣、童和衷、陈苑游、俞永嘉。

授二子：胡肇麟、释愿船、李步青、周春来、吴凤来。

授三子：顾审音、张廷彦、黄贤书、姚聘三。

授四子：张廷彦、陈耆年、巴德符、陈九如、洪羽翔、倪克让、钱东汇、卞立言、张丹九、张振西、邵翼圣、姚聘三。

施襄夏：

对子：范西屏、梁魏今、程兰如、赵两峰、吴来仪、蒋再宾、陈苑游、胡肇麟。

授二子：胡肇麟、释愿船、黄及侣、朱天直、朱天叙、吴凤来、郑连漪、钮亮周。

授三子：朱天直、朱天叙、郭璜友、陈九如、金在田、张振西、张元若、洪羽翔、范紫纶、李景文、钮亮周。

授四子：张丹九、张振西、张元若、洪羽翔、卜沧如、李景文、钱东汇、邵含章、张大雄、刘继武、胡位三、张公书、王性有、姚聘三、俞永嘉。

这里面让四子的人多是区域好手，如倪克让，是上海第一高手，再如钱东汇，名家子，抱经世才，故四方善弈者，争游其门。但施襄夏授俞永嘉四子则有疑问，《怡怡堂》载，俞永嘉与施襄夏二局，皆授四子。浮云末斋谓："长侯为范、施少小之师，终身严事。范尚受先，施何至授以四子？此必好事者所为。"

授二三子者皆为当时高手，范、施仙逝后，这些人也都成为国手。

范西屏、施襄夏定居扬州后，经常外出游玩。乾隆六年，西屏32岁、襄夏31岁。西屏游松江，与钱长泽晨夕参究，成《残局类选》。

乾隆十二年，西屏38岁、襄夏37岁。

西屏游太仓，住毕见峰家。见到他的孙子毕沅17岁，于是下棋，让三子。

毕沅曾作诗记述此事，诗曰《秋堂对弈歌为范处士西坪作》：

处士姓范氏，字西坪，以字行，浙西人。以善弈游江湖间，少颖悟，年十三即成国工，百年来称第一高手，前辈弈师俱逊一筹。性倜傥任侠，潇洒不群。游历都邑，士绅急争致之。先祖爱围棋，寒暖不撒。君至娄，常主予家，寓"心远堂"之西斋。每对弈，州中善弈者毕至，环观如堵墙。君不思索，布局投子，初似草草，绝不经意。及合围讨劫，出死入生之际，一著著枰中，瓦砾虫沙尽变为风云雷雨，而全局遂获大胜。众口欢呼，神色悚异，啧啧称为仙。所获金无算，垂手散尽，囊中不留一钱。时予甫弱龄，隅坐旁观，偷闲与之弈，君让予三子。尝云："子若从予学，可至次国手。"先祖恐失学，时时禁绝之，遂作《秋堂对弈歌》以赠。

  明轩洞豁筠帘遮，众宾环堵且勿哗。东西对垒建旗鼓，圆奁方局无参差。五岳不动四目动，死灰槁木形神悚。冥茫淬历炼心兵，多算少算务持重。战国纵横术细论，车厢井栏旧谱存。日月九天黄赤道，风云八阵死生门。初投数子绝跬步，中边错落星辰布。玉滋霞岛冷暖殊，手落纹楸后先互。俄焉两敌渐纷争，虚堂杀气宵腾腾。每于袖手旁观眼，如听金戈铁马声。暗伏明挑先冥索，出入神鬼煎精魄。九边飞角取远势，一著攻心乃上策。淮阴将兵信指挥，巨鹿破楚操神机。鏖战昆阳雷雨击，虎豹股栗屋瓦飞。鸟道偏师方折挫，余子纷纷尽袒左。忽讶奇兵天上来，当食不食全局破。虎斗龙争古战场，嬴颠刘蹶势靡常。到底输赢归小劫，烂柯人已阅沧桑。坐隐仙家藉养性，君今海内推棋圣。奇童争并邺侯称，常势真勘积薪竞。元玉文犀照短檠，眼中成败最分明。夜半局终凉月上，满窗花影覆空枰。

乾隆十六年，西屏42岁，襄夏41岁。松江蒋昂宵招李良同学弈于襄夏。

乾隆十八年，西屏44岁，襄夏43岁。是年8月，襄夏与黄及侣弈于卢雅雨运使署中，及侣受二子。

乾隆二十年，西屏46岁，襄夏45岁。是年程兰如偕韩学元、黄及侣自扬州谒高东轩于晚香亭，三人对弈，共15局。兰如评骘为《晚香亭弈谱》，兰如时年逾六十。

乾隆二十二年，西屏48岁，襄夏47岁。西屏游江宁，与李步青弈六局，步青受二子。越二年，复于吴中对弈，受先四局，亦互有胜负。

28 如何一局成千载

人活在世上有何意义？吃得好点，穿得好点，住得好点，有花不完的钱，还有娇妻美妾，够了吗？一些稍有思想的人则以为，人活不能白活，死也不能白死，要留些东西给后世。留什么东西呢？各种人见解不同，像范西屏、施襄夏这样的人，想写一两本书，将自己的所学所想留给后世。

施襄夏动手较早，用了几年时间，写成《弈理指归》。

卢见曾为《弈理指归》作序并刊行之。

写完《弈理指归》后，施襄夏意犹未尽，开始写作《弈理指归续编》。

但是他为人很怪，他在《弈理指归续编》的序言中说："余非弈人也！"明明弈名盖世，却说自己非弈人也，是什么意思呢？

他的夫人绣琴问他："我看了你的序言，有一点不解。你说你非弈人，那你是什么人？"

"读书人，士大夫，琴棋书画无所不能，但不是个下棋的人。"

绣琴撇撇嘴，笑了笑，不说话了。

襄夏说自己"余非弈人也"，含有并非独擅棋艺的意思。他于乾隆三十三年写的《弈理指归续编》中的歌诀多为押韵和对偶的文言，其中九首自题诗，句法也颇为工整。但由于字句深奥，不够通俗，也就影响了在社会上的传播。书中还有一些五行八卦的理论，属于玄谈之类。《弈理指归》卷上有这样的歌诀："不挖夹粘渡打粘夹夹板断粘粘挤粘答扳吃收提扳堪作劫。"佶屈聱牙，如同佛经咒语一般。

清末棋家邓元鏸曾分析《弈理指归》流传渐晦的原因："百年来，《桃花泉弈谱》盛行，而《指归》渐晦。盖《指归》歌诀精奥，图式浩繁，篇页多于《桃花泉弈谱》几至二倍，非有坚定之性者不易穷变，非高手不易领略，故习之者少，转因深精而不甚显，此可为太息也。"

分析颇为中肯，襄夏自己显然也意识到《弈理指归》的不足，写作《弈理指归续编》时，力图浅显扼要，"囊括全局大意，包孕前人之枕秘，诂以十数语指点之，为图以志之，俾有蹊径可寻"。其中"凡遇要处总诀"乃一代大师总结的棋艺精华，至今仍有极大的指导意义。

施襄夏的棋，算路精密细腻，风格稳重老练，于棋理有精辟透彻的认识。襄夏对局时苦思冥想，谋略深远，意在子先。故他与范西屏那样的天才型棋手对弈时，能以朴拙的计算抓住对手的漏着，反败为胜。施襄夏一向反对随手落子，自题诗云："弗思而应诚多败，信手频挥更鲜谋。不向静中参妙理，纵然颖悟也虚浮。"这里所说"纵然颖悟也虚浮"，显然是对像范西屏那样"灵变有余，细密不足"的含蓄批评。如若结合施襄夏的实战对局研究他棋艺的优劣，就会发现他的棋灵变不如西屏，而细密胜之。

襄夏对局时的显著特点就是长考，袁枚曾形容说："然施（襄夏）敛眉沉思，或日昳未下一子，而西屏嬉游歌呼，应毕则哈台鼾去。"襄夏长考之慢与西屏落子如飞，恰成鲜明对照。长考或许是功夫型棋手的共同特点。功夫型棋手和天才型棋手，在思考问题的方法上是很不一样的。但他究竟如何计算，我们今天也无从揣测，只知他算得深，算得细，能看破几十手乃至几百手而无一遗漏。

如何评价天才型棋手和功夫型棋手的能力，即创作力和计算力孰优孰劣？恐怕很难简单予以判断。若从实战出发，功夫型棋手算得深，漏洞少，自然会占很大便宜，但若从艺术角度考虑，则天才型棋手的贡献要大一些。况且广大围棋爱好者，喜欢看富有创造性，即有生命力的棋，这或许可以解释，为什么世人更推崇西屏，民间有关西屏的传说故事也比襄夏多得多。袁枚曾说："余不嗜弈而嗜西屏。"对此民国裘毓麟在其《清代轶闻》中评论说："袁氏又称范为海内弈家第一，唯施定庵差相亚耳……谓此言扬范抑施，未免过当。范施弈品，如双峰对峙，各具高深，初难轩轾。专家评论：范如神龙，变化莫测首尾；施如老骥，驰骤不失尺寸，可谓知言。然范于弈，天分确超侪辈。"虽然对"扬范抑施"有所不满，但仍旧承认，西屏的天分比襄夏要高。

这一天，卞文恒前来拜见范西屏，拿出一本书，说："师父，师叔最近写了一本书，您不瞧瞧吗？"

西屏接过书，草草翻了一遍，笑道："襄夏早就说写一本书，如今终于如愿以偿。"

"您不写一本吗？"

"我没你二叔那么大才，况且写一本书需要很长的时间，我哪有那个耐性？"

两人正说着，两淮盐运使高恒派人来请，两人就随来人去了高恒的家。

原来此时卢见曾已退休在家，继任者即高恒，也是一位围棋爱好者，与范西屏、施襄夏交往甚为亲密。

范西屏、卞文恒二人来到高府，见到高恒。原来高恒写了一本《残局类参》，想请棋圣范西屏写一篇序。

西屏颇不耐烦，又不好驳回，就说："那就让文恒替我写一篇吧。"

"且慢，"高恒说，"我请你写，是要借助你的大名，你叫文恒写，不是有点小瞧我了吗？"

"高大人，我的文采确实不如文恒，让我写恐怕表达不出您要表达的意思。"

"要不这样吧，让文恒写也没关系，最后你署名就行了。"

"那没问题，我署名就我署名吧。"

范西屏答应署名，高恒也心满意足。当下高恒摆出家宴，招待西屏师徒二人。

席间，高恒问西屏："西屏，你的棋名之大，当今之世可谓舍你其谁……"

"岂敢，岂敢，"西屏说，"高大人太抬举我了。"

"难道你没想过要写一本书，收之名山，以传后世？"

"想是想过，只是俗事太多，一时还顾不到写书。"

"西屏，你有什么俗事缠身？不妨跟我说说，也许我能帮到你。"

"也没什么大不了的事，就是家里人多事杂，整天乱糟糟的，竟安不下心顾及写作，更不要说写一本书了。"

"我听说你除了一位夫人之外，连孩子都没有，怎么会人多事杂，整天乱糟糟？"

"我那里天天有人去下棋、看棋、学棋，整天不得安生，你说我可有时间写作？"

高恒点头叹息，想了一会儿，说："西屏，我倒有一法子，可解你后顾之忧。"

"您有什么法子？"

"我这衙署后院有一小花园，三间北房，幽静得很。不如借给你在此著述，你意下如何？"

"那敢情好了。只是如此麻烦高大人，叫我心中不安。"

"你若在此写出一两本好书，流传后世，我不是也跟着沾沾光嘛。"

吃完饭高恒带西屏二人去了后花园，园内有一口井，取名"桃花泉"。果然是个下棋的好地方。

范西屏回家以后，告诉小狐仙："我要去高大人家暂住……"

"好啊，有什么事吗？"

"我要写一本书。"

"日头要从西边出来了！"

"我是不写则已，一写就要一鸣惊人。"

"但愿如此。"

范西屏带着徒弟卞文恒住进"桃花泉"，开始构思他的传世之作，但怎么写他却一点没有把握，写书不像下棋。

大约住了半个月，西屏除了吃饭、找高恒聊聊天、教卞文恒下下棋以外，愣是一个字没写。

西屏心里说："这样可不行，总得写几个字，否则不是白住这里了吗？"

他问卞文恒："你手头有襄夏写的那本书吗？"

"我手头倒没有，"文恒说，"但市面上能买得到。"

"你去买两本。"

卞文恒遵命去街头买了两本襄夏写的《弈理指归》，范西屏翻了翻，说："襄夏真是下了功夫，但写得太繁复，一般人恐怕没有那个耐性看。"

西屏想了一想，心里有了主意。对卞文恒说："咱们就利用襄夏这本书，删繁就简，写另一本书。"

文恒说："好啊。具体怎么作呢？"

"我挑一些图，你把它剪下来贴好，我再加以说明和发挥，一本书就写出来了。"

卞文恒就将《弈理指归》里的棋局摆给西屏参阅，西屏拣择变化，加以解说。他是天才型棋手，与功夫型棋手襄夏不一样。他的解说主要着眼于变化、创新和发展，比《弈理指归》简明扼要，而且有许多新的东西。

过了三个多月，西屏将书写成，取名《桃花泉弈谱》，他将书拿给高恒，高恒阅后极为称赞，说："我给你写一篇序吧。"

"好啊，"西屏说，"正想借您大笔吹嘘一二。"

"刻版印刷还没有人吧？知道你也没有这个闲钱，就由我负责吧，一干费用也由我出。"

高恒要承担印书费用，西屏自是千恩万谢。

高恒的序写好以后，西屏看了一下，感觉意犹未尽，就又写了一篇自序：

> 勋自髫年，爱习前贤之谱，罔不究心。有明作者，皆浑而不尽，言先后，言虚实，言背向而已。国初弈乐园诸公，冥心孤诣，直造单微。于先后之中生先后，虚实之中生虚实，向背之中生向背。各就英分，所及自成一家，堂堂正正，怪怪奇奇，突过前人，可谓盛矣。至三十年国手，则又不然，较大小于毫厘，决存亡于渺冥。交易变易，时时存一片灵机；隔二隔三，处处用通盘打算。数至此尽，心至此息。使必执前人之谱以律今人之棋，政如安石官礼，房琯火牛，其不坐困于古也何哉！
>
> 因不揣固陋，即其心得，录为一书。皆戛戛独造，不袭前贤。为格二十，局二百一十有奇，变八百有奇。聊以自娱，菲敢问世。司农高公，人伦藻鉴，风雅主持，惜虚牝掷金，喜老马识路，急承宏奖，即付开雕。第以心制数，数无穷期；以数寓心，心无尽日。勋生今之时，为今之弈，后此者，又安知其不愈出愈奇。如昔人之数，用以复酱瓿耶？

在这篇序言中，西屏对有明至大清乾隆这一时期的围棋特点进行了总结，并说自己这本书"皆戛戛独造，不袭前贤"。

《桃花泉弈谱》在高恒的主持下顺利刻版印刷，书成上市，大受围棋爱好者的欢迎，势头压过了《弈理指归》，一时洛阳纸贵。

就在高恒掏钱印刷《桃花泉弈谱》之时，朝廷里的一些御史上疏乾隆，指责卢见曾、高恒在两淮盐运使任内贪赃枉法。军机大臣、《四库全书》总纂官纪晓岚和卢见曾是孙儿女亲家，修书一封给卢见曾，卢见曾打开一看，却是一个空信封，心里说："开什么玩笑？"又一想，以纪晓岚的为人，断不会跟他开什么玩笑，显然有话要说，但又有所顾忌。于是卢见曾拆开空信封，仔细一瞧，发现信封里只有一小撮茶叶，再就是封口处有盐渍。卢见曾大为震惊，这不就意味着"盐查封"吗？明白纪晓岚是在警告他，盐税一案东窗事发，早做打算。卢见曾不由得叹道："吾命休矣！"他连夜将财产转移出去，藏了起来。

乾隆看了御史的奏折，御史列举了卢见曾、高恒三大罪状，其中高恒有一条就是挪用衙署公款刻印《桃花泉弈谱》。

乾隆问："《桃花泉弈谱》是范西屏写的吗？"

御史回答："正是。"

"施襄夏没写什么书吗？"

"施襄夏写过一本《弈理指归》，还在《桃花泉弈谱》之前出版。"

"好啊，两大棋圣都有著作传世。"

"陛下，"军机大臣和珅问，"两淮盐运使卢见曾、高恒贪污一案，该如何处理？"

"我看必须从严发落，"乾隆说，"两个人在任上目无王法，公然贪污受贿，不严惩何以平民愤？"

刚巧纪晓岚也在，乾隆就说："纪爱卿，你说说你是怎么给卢见曾通风报信的？"

纪晓岚忙跪下，说："臣有罪。"他诚惶诚恐地将他借茶叶通风报信的经过通通交代了一遍。

原来此时卢见曾已退休回家五六年了，高恒原是贵妃的胞兄，倚仗贵妃的势力，谋得两淮盐运使一职。

两人在任上都贪污了不少钱，但两人的手法不一样：卢见曾喜欢金石字画，盐商要想贿赂他，都送名帖字画；高恒只爱钱，盐商送他不少金银财宝。

乾隆无比震怒，下旨拘捕卢见曾、高恒，查抄他们的家，把二人关进大狱，由大理寺严加勘问，最终是死罪。

乾隆原想严惩纪晓岚，但爱惜他的才学，不忍杀他，只把他发配了。

社会舆论也抨击高恒，说《桃花泉弈谱》眉书"高大司农鉴定"是沽名钓誉、狗尾续貂。以后"进到堂"再版《桃花泉弈谱》时，就将"高大司农鉴定"字样尽行删除，序言中凡有"高公"之处，一律改为"嵩公"，以示大山压顶之意。

范西屏、施襄夏的棋艺活动及他们著作的出版，使扬州成为海内棋人宗仰的圣地。各地的高手纷纷被吸引到扬州，无不以亲炙范、施的绝艺为快。"香生玉局，花边围国手之棋。"

"桃李不言，下自成蹊。"范西屏所著《桃花泉弈谱》及施襄夏所著《弈理指归》《弈理指归续编》乃一代大师心血的结晶，不仅是当时棋人的技艺宝典，至今仍有极大的指导意义。

29 试观一十九行,胜读二十一史

乾隆三十六年春夏,施襄夏因病去世,享年 61 岁。全国的棋人及爱好者无不扼腕。

当时,襄夏的《弈理指归续编》在徒弟李良手里,但他因为缺钱,无法出版。襄夏至死没有看到这个著作付梓。

乾隆四十四年,李良在友人的资助下,终于序刻《弈理指归续编》,但此时离襄夏辞世已有八年之久。

范西屏与施襄夏是师兄弟,平日亲如手足。但自襄夏驾鹤西去以后,史料中关于西屏的行踪,比如他是否还在扬州居住,到过全国什么地方,和什么人下过棋,均告阙如。有人推测,西屏自襄夏去世后心灰意冷,学习黄龙士,和小狐仙远走高飞,找一个山清水秀的地方,过起了世外桃源的生活。

范西屏何时辞世,从此就成了一个谜。

幸亏袁枚有一篇《范西屏墓志铭》,使后人多少可以揣测范西屏辞世的时间。

有清弈国手曰范西屏,吾浙海宁人。父某,以好弈破其家,弈卒不工。西屏生三岁，见父与人弈，辄哑哑然指划之。十六岁以第一手名天下。当雍正、乾隆间，天下升平，士大夫公余，争具彩币，致劲敌角西屏，以为笑娱。海内惟施定庵一人，差相亚也，然施敛眉沉思，或日昳未下一子，而西屏嬉笑歌呼，应毕则哈台鼾去。尝见其相对时，西屏全域僵矣，隅坐者群测之，靡以救也，俄而争一劫，则七十二道体势皆灵。呜呼，西屏之于弈，可谓圣矣。为人介朴，弈以外虽之术以千金，不发一语。遇媭人子、显者面不换色。有所蓄，半以施戚里。余不嗜弈，而嗜西屏，初不解所以，后接精髹器者卢玩之，精竹器者李竹友，皆醰粹如西屏。然后叹艺果成，皆可以见道。而今日之终身在道中，今人见之怫然不乐，尊官文儒，反不如执伎以事上者，抑又何也？西屏赘于江宁，无子。以某月日卒，葬某，有《桃花泉弈谱》传世。

铭曰：虽颜、曾世莫称，唯子之名，横绝四海而无人争。将千龄万龄，犹以棋鸣，松风丁丁。

据考：袁枚卒于嘉庆二年，其文集生前早经刊行，第五卷已有《范西屏墓志铭》。

因此范西屏应逝于1798年之前，毛祥麟《墨余录》载，嘉庆初，范西屏曾到上海一游，计是年范西屏已近90岁。棋圣如果真享寿近90岁，对中国棋坛、棋手及爱好者，无疑是一大幸事。

范西屏到上海后，首先想找一处下棋的地方，他找到豫园的一处茶馆，果然有许多人下棋，就找一桌看下棋，棋下得太臭，又换了两桌，实在看不下去，又换了一桌。有一桌的棋勉强还能看，围观的人也多，范西屏忍住不耐，站在一旁，看了下去。

这一桌下棋的两个人，其中有一个人叫富嘉禄，在上海是数一数二的高手，很有名气。他天天设局豫园，招四方弈客以逐利。今天这盘棋，他让对方三子，棋走得如行云流水，酣畅淋漓，局面已大优。富嘉禄扬扬得意,摇着纸扇,旁若无人。他的对手是一个胖子,面红耳赤,摇头叹息。

范西屏一时技痒,指出胖子几处应对错误。旁边一些老客不干了,纷纷指责范西屏,说:"这棋是赌彩的,怎么能胡言乱语?"

有一个说:"看你的样子,棋大约下得不错,何不下场一较胜负?"

范西屏说:"好啊。"

那些看客都挤眉弄眼,瞧着他乐,请他出注。

范西屏从怀中掏出一锭大银子:"这个作注行不行?"

众人贪其银子,争着来看。

范西屏笑道:"我下棋不禁人言,你们一块儿来吧。"

众人一听还有这等好事,于是你一言、我一语,一边研究,一边走棋,都为范西屏的银子。只是棋还未过中盘,众人已束手无策,只好认输。

众人请富嘉禄入局,富嘉禄拱手,说:"先生的棋实在高,我上场可以,请先生让我三先。"

范西屏问:"何谓三先?"

"开局头三步,不拘定所,我爱走哪儿就走哪儿,可以吗?"

"可以。"

富嘉禄前三步先占了一个小目,第二步小飞守角,第三步又占一个错小目,范西屏也不占角,小飞挂错小目,黑方又占一个空角小目,白方低挂这个角,黑方再占一个空角小目,白方又挂这个角。

这个布局很有意思,黑方等于占了四个角的小目,小飞守了一个角,白方挂了三个角。

局势如何?富嘉禄这前三步棋,极大地保持了局面的优势。可惜他遇到的对手不是一般人,是棋圣,是棋界第一把手。

范西屏的让子棋非常厉害,灵奇变化,莫测端倪,如武侯八阵图,五花八门,入其中者,莫能自免。你看他随手而应,不假思索,寥寥十数步,就将黑棋的优势化解于无形。富嘉禄守着空走,小心翼翼,缩手缩脚，但实力差距太大，只可望洋兴叹。中盘时白棋卖了一个破绽，黑棋一时性起，动了杀心，将白棋切断。对杀的结果，黑棋吃白五子，白棋在外面构成雄厚外势。白飞角迫黑出逃，黑费尽九牛二虎之力，最后总算做成两个眼，富嘉禄为此出了一身汗，而白棋借攻击围了20多目一块空。

富嘉禄一数，空已经不够，盘面上差十来目，瞧了半天，已没有争持的余地，只好认输，一边擦汗，一边掏银子，请求再来一盘。

这一盘仍旧是白让黑三先，富嘉禄头三步摆出一个三连星，范西屏占了一个星位角，黑棋也占了一个星位角。

富嘉禄自诩对"三连星"很有研究，他的"三连星"策略就是拼命围大空，损及其他地方也在所不顾。他的这种围空方式对棋力稍差的人是很大威胁，但是对范西屏犹如小孩子的把戏，完全不起作用。他要围尽管围，棋圣该消就消，该围就围，围的空一点不比黑棋少，等收完官子，黑空又差20多目。

富嘉禄长叹一口气，推枰认输。

旁边看棋的人无不垂头丧气，默默无言。有好事者急忙跑去告诉倪克让，说豫园来了一个老头，棋艺绝高，富嘉禄溃不成军，连输了两盘。

倪克让乃上海地区第一高手，平日里自视甚高，听了这个消息，二话不说，立刻和来人赶到豫园茶馆。一见那个老头，原来认识，抢先上前一步，恭恭敬敬地鞠了一躬，叫一声："范先生。"

范西屏抬头一瞧，笑道："你来了？"

"这是棋圣范西屏先生，"倪克让向众人介绍，"你们怎么能与他对敌？"

众人一听是范西屏，都佩服不已。

"倪先生，"有人说，"你与范先生怎么下？"

倪克让脸一红："我也得摆四个子。"

众人一向视倪克让为下棋的天才，一听他和范西屏下，也要摆四个子，都老大吃惊。

"倪先生，"有人提议，"您何不跟范先生来一盘，也让我们开开眼？"

"这里太嘈杂，"倪克让脸更红了，"我就怕乱。"

"那好办，我请范先生到我家去，"旁边有一位潘姓富翁说，"我家还算幽静，二位尽可以纹枰对坐，从容谈兵。"

"那要看范先生的意思？"

"我无所谓，要不咱们就一块儿去一趟，多结识一位朋友也好。"

众人也都嚷着要去，并且保证一言不发，潘姓富翁一一答应。

到此地步，倪克让也不好意思拒绝了。

倪克让，上海本地人，家居邑北郭。生有夙慧，儿时读书，过目成诵，稍长即能属文，而性不善之。每见人谈制艺，辄避去。其父倪载若，授徒乡里，颇好弈，尝与人对局，倪克让从旁边观看，即知虚实先后进击退守之法，说："这个没什么难的。"试着与人下棋，辄为所胜，遇到疑难的地方，往往翘首观天思考，而落子也很奇特，对手往往不能应。因此有人说，他的棋艺是老天教给他的，不是学出来的。

当时，朝廷盛行围棋，公卿中亦多能手。有某二品大员，棋力称公卿第一高手。一次他出差去上海，闻倪克让的名气，点名要与他下棋，两人一天下了两盘棋，二品大员连连败北，倪克让的名气由此大噪。

有人说："倪克让与二品大员下棋，毫不相让，就这品性，现在已不多见。"

但倪克让这个人秉性特异，既不屑治生产，又有洁癖，闻人咳嗽即惊走。终生不娶家室，所居仅一木榻，每日唯危坐对客，一句话也不说，人遂呼为"倪痴"。他到暮年技益精，大江以南无与敌。

众人对倪克让的棋艺赞扬有加，但说到底倪克让只是地区好手，跟范西屏无法比。所以当他和范西屏来到潘姓富翁的家，坐到棋枰两边，倪克让说："范先生，咱们怎么下？"

"随你的便，"范西屏微微一笑，"你想怎么下都可以，平摆也可以。"

"平摆不行吧？"倪克让脸一红，"还是四子吧。"说着往棋盘上摆了四子，这一盘倪克让小心谨慎，施展平生所学，费尽九牛二虎之力。范西屏的棋如行云流水，左右逢源。下了一百多手，范西屏一个妙手将黑棋分断，黑棋面临难以两全的尴尬局面。倪克让思考了半天，决心以攻为守，遂向白一块棋猛扑过去。范西屏看也没看，加一刀将黑一块棋吃下。倪克让横下一条心，要杀白一块棋，毅然点进去，想要聚死白棋。不料范西屏早已算准，走了几手以后，白棋竟然先手双活。倪克让目瞪口呆，瞧了老半天，只好认输。

这盘棋留有棋谱，后人都可以看到。若范西屏嘉庆初年去过上海属实，那这盘棋可能就是他和地区高手下的最后一盘棋。

那么有关范西屏嘉庆初年去上海一事属实不属实？历来争论颇多，说法不一。

《墨余录》云："嘉庆初，范曾至沪。计是时，范年当近九十，然随园卒于嘉庆二年，其文集生前早经刊行，第五卷已有《范西屏墓志铭》。是《墨余录》之误无疑。"

基本否定了"范近九十"之说。

但近人徐润周曾说：史上生前写墓志铭的事也有，袁枚在范西屏生前就为他写好墓志铭，也不是什么不可能的事。因此《墨余录》说范西屏"年近九十"曾至沪并非虚妄，基本肯定了"范近九十"之说。

在有清一代的围棋史料中，有关范西屏的传说故事很多，如《扬州画舫录》所载：

施定庵从母改适范氏，复生西屏，是施、范为异父同母兄弟。又云：范尝与村童弈，不胜。又范尝游鼋社湖，与担草者弈，亦不胜。又谓胡敬夫云：施、范少时在都对垒凡十局，施负其七，遂忌而秘之，戒弗以传，并忌害之。《墨余录》最后有朱雨苍附评：西屏晚年，仙曾与弈，以吐血死。

以上种种，前人均斥为荒诞不经之说，但为什么关于范西屏有这么多荒诞不经之说，而别人却没有呢？显然与范西屏不拘一格的性格分不开。

大将星落如斗。范西屏、施襄夏先后驾鹤西去,围棋爱好者再也看不到范、施的旷世绝艺,中国围棋由乾隆时期的巅峰状态一下子跌落了好大一块。范、施平时让二三子的人,如胡肇麟、李步青、释愿船,都成了顶尖国手。

清初著名文人尤侗所著《棋赋》有云:"试观一十九行,胜读二十一史。子曰:不有博弈者乎,为之尤贤乎已。"历来以兵法、政事、盛衰兴亡比喻围棋者,多矣,但还没有人像他这样说得爽直痛快。

围棋真有这么大的功能和魅力吗?这真是仁者见仁,智者见智的事情。